Yaffa Eliach

Träume vom Überleben

W0057299

HERDER / SPEKTRUM

Band 4478

Das Buch

Die Erzählungen des Chassidim zeichnen Liebe zum Menschen aus, Optimismus und kluger Humor – und ein grenzenloser Glaube an Gott und die Möglichkeit zum Guten. Die in diesem Band vorliegenden modernen chassidischen Geschichten reichen dabei dahin, wo die Literatur des Westens angesichts der Unfaßbarkeit des Holocaust Schweigen gebot. Sie haben ihre Wurzeln in der brutalen Wirklichkeit von Auschwitz: die hier erzählen, sind Überlebende. Aus der Erfahrung tiefen Leids geschrieben, gleichen diese Geschichten Märchen, haben die Botschaft von Träumen, die spirituelle Kraft zum Überleben. „Erzählen ist ein Versuch, zu verstehen und mit der schlimmsten Wirklichkeit fertig zu werden", sagt der Rabbi Israel Spira. Von der überwältigenden Erfahrung der Rettung wird erzählt wie von Respekt und Achtung der jüdischen Religion gegenüber.

Die in diesem Band gesammelten Geschichten und Legenden haben bahnbrechende Bedeutung. Es ist nicht nur die erste größere Sammlung echter chassidischer Märchen seit über hundert Jahren. Es ist auch die einzige umfassendere Zusammenstellung von Legenden und Erfahrungen des Holocaust. Sie sind entstanden aus Berichten und Interviews, die die Herausgeberin von Brooklyn aus führte. – In der Geschichte „Guten Morgen, Herr Müller", erkennt der SS-Mann an der Selektionsrampe einen Rabbiner, einen Bekannten aus Vorkriegstagen, wieder. Müller, der Tausende mit einer einzigen Bewegung seines Zeigefingers in den Tod schickt, weist den Rabbi nach rechts, zum Leben. „Sogar in diesem Mörder vermag der Chassidismus einen Funken zu sehen, einen Hoffnungsschimmer, und sei es nur für einen kurzen Moment, den Bruchteil einer Sekunde" (aus dem Vorwort Yaffa Eliachs).

Die Autorin

Yaffa Eliach überlebte selbst den Holocaust. Sie lehrt Geschichte und Literatur am Brooklyn College der Universität von New York und leitet das „Center for Holocaust Studies" in New York. Sie hat die Geschichten aus persönlichen Berichten und Interviews mit den Überlebenden zusammengestellt. Eine von ihr zusammengetragene Sammlung von Photografien gehört als „Tower of Life" zur Dauerausstellung des United States Holocaust Memorial Museum.

Als Pharao den obersten Mundschenk wieder in sein Amt ein-
setzte, wie Josef es ihm in der Deutung seines Traumes vor-
ausgesagt hatte, vergaß dieser den Josef. „Doch der Obermund-
schenk erinnerte sich Josefs nicht, sondern vergaß ihn" (Gen
40, 23).

Warum wiederholt sich die Bibel hier? Es ist klar, daß der
Mundschenk, wenn er Josef vergaß, sich nicht mehr an ihn
erinnerte. Trotzdem werden beide Verben hier verwendet:
erinnern und vergessen. „Indem die Bibel diese Sprache ge-
braucht, erteilt sie uns eine sehr wichtige Lektion", sagte der
Rabbi von Bluzhov, Rabbi Israel Spira, zu seinen Chassidim. „Es
gibt Ereignisse von so überwältigender Größe, daß man sich
nicht ständig an sie erinnern sollte; man darf sie jedoch auch
nicht vergessen. Solch ein Ereignis ist der Holocaust."

Der Rabbi von Bluzhov, Rabbi Israel Spira

Inhalt

Zweiter Teil: Freundschaft

Dritter Teil: Der Geist allein

Vierter Teil: Am Tor zur Freiheit

Vorwort

Der Chassidismus entstand in der ersten Hälfte des 18. Jahrhunderts in den ukrainischen Landstrichen Podolia und Volhynia als eine volkstümliche jüdisch-religiöse Erweckungsbewegung. Er tauchte auf als Antwort auf die Massaker des Kosaken Bogdan Chmielnicki ein Jahrhundert zuvor; aus der Enttäuschung über den Pseudomessias Sabbatai Zwi, der für das Jahr 1666 den Anbruch des messianischen Zeitalters verkündet hatte, und nicht zuletzt aus dem Zerfall der jüdischen Institutionen, insbesondere des Vierländerrats, der Zentralorganisation des autonomen jüdischen Lebens in Osteuropa.

Der Begründer des Chassidismus war Israel ben Elieser, genannt Baal Schem Tow, „Herr des guten Namens" (1700–1760). Er erkannte die Notwendigkeit einer Erneuerung jüdischer Lebensart, Literatur und Führerschaft, um der jüdischen Gemeinschaft Osteuropas neue Impulse zu verleihen.

Die neue Bewegung erschütterte die bis dahin gültige Wertordnung der jüdischen Gemeinde. Sie stellte Gebet, Ekstase, das Erzählen von Geschichten und die Heiligung des täglichen Lebens auf ein und dieselbe Stufe wie das Studium des Talmud. Gelehrsamkeit galt nicht mehr als alleiniger Weg zur Vereinigung und Nähe mit Gott.

Gleichermaßen waren die neuen Formen des Führertums nicht länger allein auf scholastische Gelehrsamkeit gegründet. Charismatische Persönlichkeiten leiteten nunmehr Gemeinden in Polen und der Ukraine. Schließlich wuchs der Chassidismus zu einer Bewegung heran, deren charakteristisches Merkmal, die Treue zu einem Meister (Zaddik), von einer Generation zur nächsten weitergereicht wurde. Dies führte zum Aufstieg regelrechter Dynastien von Zaddikim und deren chassidischen Gefolgsleuten. Benannt wurden die verschiedenen Sekten jeweils nach Gegenden in Osteuropa (später auch anderer Länder), die mit wichtigen Ereignissen im Leben des Zaddiks in Zusammenhang stehen, z. B. dem

Geburtsort des Zaddiks, der Stadt, in der er sein Lehrhaus errichtete oder auch in der er starb. Zu Ende des 18. Jahrhunderts war der Chassidismus von einer kleinen Schar Getreuer, die auf starken Widerstand besonders aus den Reihen der gebildeten litauischen Gemeinde stieß, zu einer weitverbreiteten, volkstümlichen Bewegung herangewachsen. Sie sollte eine der bedeutendsten osteuropäischen Strömungen mit einer großen Anhängerschaft in den jüdischen Gemeinden der österreichisch-ungarischen Monarchie werden.

Eine der wichtigsten Errungenschaften des Chassidismus ist sein Schrifttum, besonders seine Legenden und Anekdoten. Hauptthemen der chassidischen Erzählung sind Liebe zur Menschheit, Optimismus sowie ein grenzenloser Glaube an Gott und das Gute im Menschen. Eine klassische chassidische Legende zeichnet sich durch ihre einzigartige Mischung von folkloristischen Elementen und klugem Humor aus. Die erste Sammlung chassidischer Legenden, „Schiwchej ha-Bescht" (Lobpreisungen des Baal Schem Tow), mit Anekdoten aus dem Leben des Gründers erschien 1814. Ein Jahr später wurden die „Sippurej Maassijot" des Rabbi Nachman von Brazlaw (1772–1811), eines Urenkels des Baal Schem Tow, postum veröffentlicht. Diese dreizehn Erzählungen, zuerst in einer zweisprachigen – jiddisch-hebräischen – Ausgabe erschienen, gelten als klassisches Meisterwerk der chassidischen Literatur. Ihre allegorische Thematik ist eine unerschöpfliche Quelle der Inspiration und gelehrter Forschung.

Dieser ersten Sammlung folgte eine Flut von Anthologien chassidischer Legenden. Da die meisten von ihnen in der damaligen Volkssprache, dem Jiddischen, abgefaßt waren und nicht in der Gelehrtensprache Hebräisch, zogen sie auch viele Frauen zum Chassidismus und avancierten zu ‚Bestsellern' ihrer Zeit.

Die chassidische Legende hat seit ihrem Auftreten als ernst zu nehmendes literarisches Genre viele bedeutende Schriftsteller angezogen und inspiriert, unter ihnen Franz Kafka, I. L. Perez, Martin Buber, S. J. Agnon (den israelischen Nobelpreisträger für Literatur) sowie unzählige andere weniger bekannte, die in der chassidischen Erzählung ebenfalls traditionelle und thematische Elemente entdeckten, die ihrer jeweiligen Philosophie, Weltanschauung und Wesensart entsprachen. Perez drückte den Volksmärchen der Chassidim, die er zusammentrug, seinen eigenen ästhetischen Stempel auf. Er entdeckte in ihnen Zeichen moralischer Größe und Schönheit sowie eine tiefe mystische Wahrheit, die im Leben armer einfacher Menschen verborgen ist. Wie Perez war auch Buber, einer der Pioniere, die die chassidische Literatur weltweit berühmt machten, von der religiösen Botschaft des Chassidismus tief bewegt. Er fühlte sich verpflichtet, sie der Welt zu verkünden. Seine Begeisterung für die chassidische Literatur sollte sein Leben lang andauern. Im Jahre 1906 versuchte sich Buber an der Übersetzung der Geschichten des Rabbi Nachman ins Deutsche, entschloß sich jedoch später zu einer freien Bearbeitung des Stoffes. 1908 übersetzte er die Legende des Baal Schem Tow. Zeitweise arbeitete Buber mit S. J. Agnon zusammen, der einem chassidischen Haus in Galizien entstammte. Agnons Vater war ein Anhänger des Tschortkower Rebbe (1854–1934). In einem Großteil seiner Werke bemüht sich Agnon, die vom Untergang gezeichnete Tradition der frommen Juden, das Leben und die Liebe der Chassidim einzufangen.

Zur Zeit des Holocaust, als die Juden Europas systematisch ausgerottet wurden und die kulturellen Errungenschaften der westlichen Zivilisation in Scherben lagen, schuf der Chassidismus seine großartigen Geschichten in den Gettos, Lagern und Verstecken. Im Angesicht der beispiellosen Ausmaße einer automatisierten Vernichtung menschlichen Lebens bewahrte diese Bewegung sich ihre Werte und den Glauben an das Gute im Menschen. Tatsächlich sieht es so aus, als ob gerade in dem einzigartigen Charakter der chassidischen Legende die geeignetste Form zu finden war, um mit dem Holocaust und dessen Nachwirkungen fertig zu werden. Die überwältigende Zahl der Toten, die Anonymität der Opfer und das Ausmaß der Zerstörung scheinen den anderen traditionellen Literaturgattungen innerhalb Europas die Sprache geraubt zu haben. Der polnische Poet Tadeusz Rozewicz mag hier als Wortführer einer ganzen Nachkriegsgeneration gelten, wenn er seine Gedichte nach Kriegsende als „aus Wortresten, geborgenen Worten, reizlosen Worten, Worten von der riesigen Müllkippe, dem großen Friedhof" gestaltet bezeichnet. Anderen, wie dem Literaturkritiker George Steiner, gebot sich angesichts des Unaussprechlichen nur mehr Schweigen. Der englische Schriftsteller und Kritiker Stephen Spender deutete diese Unfähigkeit der westlichen Literatur, den Holocaust zu verarbeiten, als eine Folge der traditionellen Vorbelastetheit griechisch-christlicher Literatur mit dem Schicksal des vereinzelten, gequälten Opfers – Ödipus, Christus, auch Lear –, mit der Konsequenz, daß solch eine Literatur nicht das Rüstzeug hat, dem Unglück von Millionen Menschen zu begegnen.

Der jüdische Dichter scheint dagegen schon seit biblischen Zeiten besser dafür vorbereitet zu sein, eine solche Tragödie, die das Leben von Millionen anonymer Opfer betrifft, zu bewältigen. Es liegt in der Tradition des biblischen Dichters und Propheten, dem Leiden eines ganzen Volkes im Angesicht der Katastrophe Ausdruck zu verleihen. So sind die Klagelieder der einmütige Schrei um eine verödete Stadt, Nation, ein verwüstetes Vaterland wie auch Bitte um Erlösung. In der Bibel verliert die Zeit ihre rein chronologische Bedeutung. Es sind die historischen Augenblicke eines Volkes mehr als die wie auch immer geartete Erfahrung des Individuums, die Thema des biblischen Dichters sind. Die ästhetischen und künstlerischen Ausdrucksformen stehen im Dienst des kollektiven Bewußtseins eines Volkes.

Die chassidische Legende schöpft sowohl aus der Tradition der europäischen Literatur als auch aus unterschiedlichen jüdischen Quellen – den heiligen Schriften, dem Midrasch, der Kabbala usw. Im Zentrum steht häufig die sonderbare, fast mythologische, charismatische Gestalt des Zaddiks, des Heiligen. Anders als der griechische oder christliche Held besitzt der Zaddik eine ins Überlebensgroße gesteigerte Persönlichkeit mit mystischen Kräften, die es ihm erlauben, die historische Wirklichkeit seiner Umgebung zu transzendieren. Er hat die Macht, Schmerzen und Leiden seiner Chassidim (seiner Anhänger, wörtlich: Frommen), sei es eines Individuums, sei es der Gemeinschaft als eines Ganzen, mit persönlicher Hoffnung, mit nationaler wie auch universaler Bedeutung zu erfüllen. Der Zaddik kämpft darum, seinen Optimismus noch im Tal des Todes zu bewahren. Sein Ewigkeitsbegriff ermöglicht es ihm, die brutale Wirklichkeit zeitlichen Daseins zu übersteigen. Er besitzt den unerschütterlichen Glauben, daß das Böse nur kurze Zeit währt und das Gute letztendlich triumphiert. Dieser Glaube wirkt als Band, das die logische Kontinuität zwischen Vergangenheit und Zukunft gewährleistet, indem es das gegenwärtige Elend durch seinen Optimismus mit Würde erfüllt.

In der Geschichte „Guten Morgen, Herr Müller" erkennt der SS-Mann an der Selektionsrampe einen Rabbiner, einen Bekannten aus Vorkriegstagen, wieder. Müller, der Tausende mit einer einzigen Bewegung seines Zeigefingers in den Tod schickt, weist den Rabbi nach rechts, zum Leben. Sogar in diesem Mörder vermag der Chassidismus einen Funken zu sehen, einen Hoffnungsschimmer, und sei es auch nur für einen kurzen Moment, den Bruchteil einer Sekunde. Was den Rabbiner betrifft, heute ein Überlebender des Holocaust, so ist dieser bis zum heutigen Tag trotz all der unaussprechlichen Greueltaten, deren Augenzeuge er wurde, zu der Aussage fähig, daß das Grüßen des Mitmenschen ein verdienstvoller Brauch ist. Der Rabbi endet seine Geschichte mit den Worten: „Dies ist die Macht eines Guten-Morgen-Grußes. Der Mensch soll stets seinen Mitmenschen grüßen." So wirken der Glaube und die Überlieferung als historisches und normatives Bindeglied zwischen der Welt vor und nach dem Holocaust.

Dem anonymen, einfachen Chassid, der nichts als seinen unbegrenzten Glauben an den Zaddik besitzt, wird es eben durch diesen Glauben erleichtert, den Holocaust zu bewältigen. Er ist voll Zuversicht, daß die übernatürlichen Kräfte seines Zaddiks ihn über den Abgrund hinüberretten (siehe die erste Erzählung „Über dem Abgrund schweben"). Er glaubt, daß ein Segen, in ferner Vergangenheit geäußert, Überleben verspricht, ja daß die in seinen Unterarm eintätowierte Auschwitznummer sich durch den Segen seines Zaddiks in eine mystische Botschaft des Lebens verwandeln kann. Der nackte Junge in Mauthausen wird durch die Erinnerung an die Melodie seines geliebten Zaddiks vor dem Erfrieren im eiskalten österreichischen Winter gerettet („Eine Bobower Melodie").

Die hier vorliegenden Legenden sind nicht nur persönliche Berichte über einen bestimmten chassidischen Rabbi oder einen einzelnen Chassid. Vielmehr werden sie, durch die Bedingungen, unter denen sie entstanden, zu einem moralischen und sozialen Kommentar. Zu einer Zeit, da dem Menschen alles geraubt wurde, sogar der Name, war das einzig ihm verbliebene Gut seine spirituelle Kraft. Sie war *der* Kern ihrer Existenz. Von ihr berichten die Legenden. Dem Zaddik war es sein Glaube, dem Chassid war es zuweilen der Glaube an seinen Zaddik. Dieser Glaube allein verbürgte die Kontinuität von Geschichte und Humanität inmitten eines verzerrten, chaotischen Systems.

Seit den frühesten Anfängen der Bewegung, seit der Zeit des Baal Schem Tow hatte die chassidische Legende die Funktion, die Ordnung wiederherzustellen und den gestörten Kontakt zwischen den Mitmenschen, zwischen Himmel und Erde zu erneuern in Zeiten und an Orten, wo Glaube und Gebet versagten:

„Die Wahrheit jedoch ist, daß die Geschichten, die die Welt erzählt, viele erhabene Ideen bergen … Als der Baal Schem Tow – das Andenken eines Zaddiks sei gesegnet – sah, daß das Band zwischen Himmel und Erde zerschnitten und es unmöglich war, es durch Gebet wieder zu knüpfen, pflegte er es zu erneuern, indem er ein Märchen erzählte."

Diese Worte schrieb Rabbi Nachman von Brazlaw im Vorwort zu seinen großartigen Legenden, die viele Schriftsteller, darunter Franz Kafka, inspirierten.

Die chassidische Legende ist ihrem Wesen nach fähig, die Wirklichkeit der Konzentrationslager und ihre Nachwirkungen zu meistern. Wenn, wie Rabbi Nachman – lange vor dem Holocaust – sagt, die Beziehungen unter den Mitmenschen gestört, wenn gläubige Menschen zu einsamen, verlorenen und vereinzelten Gestalten werden, wenn die familiäre und soziale Ordnung erschüttert ist, dann kann die chassidische Legende denen Trost spenden, die der Glaube verlassen hat und deren Gebete ungehört bleiben. Die Macht der Zuversicht, in die chassidische Wundergeschichte gekleidet, trotzt den brennenden Öfen und glimmenden Schornsteinen einer Welt der Konzentrationslager.

Dem chassidischen Erzähler eröffnen sich, ungeachtet der Freudlosigkeit seines Daseins, unbegrenzte Möglichkeiten der Stoffwahl, einschließlich solcher aus folkloristischen und humoristischen Quellen. Er unterliegt keinerlei Restriktionen. Dies ist eine außergewöhnliche und sehr willkommene Freiheit für den schöpferischen Geist innerhalb einer religiösen Bewegung, die in dem Schrifttum anderer Religionen kaum ihresgleichen kennt.

Die in diesem Band gesammelten Märchen sind in ihrer Art beispiellos und von bahnbrechender Bedeutung. Dies ist nicht nur die erste größere Sammlung echter chassidischer Märchen seit über hundert Jahren. Es ist auch die einzige umfassendere Zusammenstellung von Legenden und Anekdoten aus der Erfahrung des Holocaust. Zum erstenmal treten in diesem Band nicht nur chassidische Männer, sondern auch chassidische Frauen als Hauptpersonen in Erscheinung. Frauen spielen hier eine zentrale Rolle nicht nur als die Töchter, Schwestern oder Frauen chassidischer Persönlichkeiten, sondern aufgrund ihres eigenen Glaubens, ihrer Überzeugungen und moralischen Tapferkeit.

Die hier vorliegenden Geschichten basieren auf persönlichen Berichten und Interviews, die ich mit der Hilfe und Begeisterung meiner Studenten an der Universität Brooklyn im Laufe der letzten sechs Jahre durchgeführt habe. Brooklyn bot für ein solches Unternehmen die denkbar besten Voraussetzungen. Dieser Stadtteil New Yorks weist die größte Konzentration chassidischer Überlebender des Holocaust überhaupt auf. Dies spiegelt sich deutlich in der Zusammensetzung meiner Studenten. Die Studenten in den Seminaren über Chassidismus und Holocaust sind vorwiegend Kinder von Überlebenden oder selber Überlebende. Viele kommen aus chassidischen Familien mit engen Beziehungen zu den hervorragendsten chassidischen Rabbinern und chassidischen Gemeinden. Nur in Amerika, und vielleicht auch nur an der Universität Brooklyn kann man Studenten mit einem derartigen Hintergrund finden. Die Interviews der Studenten mit ihren Eltern, Verwandten, Freunden und Nachbarn, die Kontakte, die sie mir herstellten, waren meine primäre Informationsquelle in Amerika, Israel, Europa und Australien. Nachdem meine Schüler mir derart den Weg geebnet hatten, gab es für mich innerhalb der chassidischen Gemeinde keine Schwierigkeiten mehr. Für eine Frau war dies ein bedeutender Durchbruch, der viele Türen öffnete – und viele von Glauben und Leiden erfüllte Herzen.

Die Geschichten in diesem Band sind mit oder ohne historische Randbemerkungen von eminenter Wichtigkeit. Sie vermitteln eine Ahnung von dem spirituellen Kampf des Menschen ums Überleben. Es darf jedoch nicht vergessen werden, daß dies eben nur die Erzählungen der Überlebenden sind. Möglicherweise hatten all die Tausende, Millionen unschuldigen Opfer, die nicht überlebten, dieselben Träume, denselben grenzenlosen Glauben, denselben Lebenswillen. Welche Geschichten und Träume sie mit sich genommen haben, das werden wir nie erfahren. Alles, was wir tun können, ist, mit den Lebenden zu reden und die Überreste des geistigen Wirkens zu bergen, das sie nährte.

Diese Sammlung chassidischer Erzählungen ist weder eine Mystifizierung des Holocaust noch ist sie als eine Absage an die Bedeutung des bewaffneten Widerstandes, des physischen Kampfes auf Leben und Tod zu verstehen; sie ist ganz einfach der Versuch, den Holocaust von einem anderen, bisher unerforschten Aspekt her zu beleuchten. Die Geschichten werden zum historischen Band zwischen der geistigen Welt vor und der Wiedergeburt nach dem Holocaust.

Sie haben ihre Wurzeln in der Realität von Auschwitz, ihre Schwingen jedoch berühren die Himmel. Eine solche Geschichte kann den Gläubigen über Gräben, angefüllt mit toten Körpern, hinwegtragen. Trotz Auschwitz drückt sie immer noch den Glauben aus, daß der Mensch von Natur aus gut und der Vervollkommnung fähig ist; sie kann einer chaotischen Welt Ordnung verleihen und bietet dem schöpferischen Geist unbegrenzte Freiheit bei dem Versuch, den Holocaust zu bewältigen. Sein reiches jüdisches Erbe, verknüpft mit der europäischen Tradition, macht sie zu einer einzigartigen Gattung moderner Literatur, in der die Grenzen zwischen Dokumentation und Kunst durchlässig werden. Denn im Anfang war eine Geschichte.

Beim Anhören dieser chassidischen Legenden, beim Niederschreiben und bei der Lektüre leuchten die Worte Bertolt Brechts auf: „Die Phantasie ist das allein Wahre."

Tel Aviv – New York 1981

Erster Teil

Vorfahren und Glaube

Jeden Tag, nach dem Studium der täglichen Lektion, wie von unseren Weisen angeordnet, soll jedes Kind über den Holocaust lernen, denn so steht es in unserer heiligen Tora:
„So soll es geschehen, wenn viele Leiden und Not es treffen, so soll dieser Gesang ihm ins Angesicht sprechen als Zeuge."

(Dtn 31,21)

Das Leiden und die Zeugenschaft, von Überlebenden des Holocaust geschildert, sind ein Lied, eine Lobeshymne, ein sichtbares Zeugnis der Ewigkeit des jüdischen Volkes und seiner geistigen Größe.

Der Rabbi von Bluzhov, Rabbi Israel Spira

Über dem Abgrund schweben

Es war eine dunkle, kalte Nacht im Straßenlager von Janowska[1]. Plötzlich drang ein markerschütternder Schrei durch die Luft: „Sofort alle Baracken räumen und auf dem Feld antreten. Jeder, der drinnen bleibt, wird auf der Stelle erschossen!"

In den Baracken brach die Hölle los. Nach ihren Angehörigen rufend, drängten sich die Menschen zum Ausgang. Von panischem Schrecken gejagt, stürmten sie nach draußen.

Erschöpft, nach Atem ringend, erreichten die Häftlinge das offene Feld. Mitten hindurch hatte man zwei tiefe Gräben gezogen[2]. Auf einmal erkannten die abgehetzten, am Ende ihrer Kraft angelangten Gefangenen, wohin sie eigentlich gerannt waren in jener verfluchten Nacht in Janowska.

Wieder brüllte die kalte, harte Stimme in die Nacht hinaus: „Jeder von euch Hunden, dem dieses elende Leben noch etwas wert ist und der an ihm hängt, muß über einen Graben springen und auf der anderen Seite ankommen. Wer die andere Seite verfehlt, wird bekommen, was er verdient – ra-ta-ta-ta-ta-." Das Knattern eines Maschinengewehres nachahmend, verlor sich die Stimme in der Nacht, gefolgt von einem wilden, rauhen Gelächter. Den Insassen war klar, daß sie alle in den Gruben landen würden. Selbst in besseren Zeiten wäre es unmöglich gewesen, sie zu überspringen. Um wieviel mehr in jener dunklen, kalten Nacht in Janowska. Die Häftlinge, die am Rand der Gräben standen, waren bis aufs Skelett abgemagert, fiebernd vor Krankheit und zu Tode erschöpft von der Zwangsarbeit und schlaflosen Nächten. Für sie würde dies über Leben und Tod entscheiden, doch für die SS und die ukrainischen Wachen war es, das wußten sie, nichts weiter als ein teuflisches Spiel.

Unter den mehreren tausend Juden auf dem Feld in Janowska stand auch der Rabbi von Bluzhov, Rabbi Israel Spira, mit einem Freund, einem Freidenker aus einer großen polnischen Stadt, den der Rabbi im Lager kennengelernt hatte. Zwischen beiden hatte sich eine tiefe Freundschaft entwickelt.

„Spira, all unsere Versuche, über die Gräben zu springen, sind sinnlos. Wir vertreiben den Deutschen und ihren Kollaborateuren, den Askari, nur ihre Zeit damit. Setzen wir uns in die Gruben und warten wir auf die erlösende Kugel, die unserer elenden Existenz ein Ende bereitet", sagte der Freund zum Rabbi. „Mein Freund", antwortete der Rabbi, als sie auf die Gräben zugingen, „der Mensch muß dem Willen Gottes gehorchen. Wenn der Himmel verordnet, daß Löcher gegraben werden, und uns ist befohlen zu springen, dann werden Löcher gegraben, und wir müssen springen. Und sollten wir – Gott behüte! – versagen und in die Gruben fallen, dann werden wir eine Sekunde später in das Reich der Freiheit eingehen. Deshalb, mein Freund, müssen wir springen."

Der Rabbi und sein Freund waren am Rand des Grabens angelangt, der sich im Handumdrehen mit Körpern füllte.

Der Rabbi warf noch einen kurzen Blick auf seine Füße, die geschwollenen Füße eines 53jährigen, von Hunger und Krankheit gezeichneten Juden. Dann sah er seinen jungen Freund an, ein Skelett mit brennenden Augen. Nun schloß der Rabbi seine Augen und befahl mit einem machtvollen Flüstern: „Wir springen!" Als sie ihre Augen öffneten, fanden sie sich auf der anderen Seite wieder.

„Spira, wir sind hier, wir sind hier, wir leben!" wiederholte der Freund immer wieder, während heiße Tränen aus seinen Augen hervorquollen. „Spira, um deinetwillen lebe ich, wirklich, es muß ein Gott im Himmel sein. Sag mir, Rabbi, wie hast du das gemacht?"

„Ich habe mich an den Taten meiner Vorfahren festgehalten. Ich habe mich festgehalten an den Rockschößen meines Vaters, meines Groß- und Urgroßvaters gesegneten Andenkens", sagte der Rabbi, mit seinen Augen den schwarzen Himmel über sich absuchend. „Aber sag mir, mein Freund, wie bist du auf die andere Seite gelangt?"

„Ich habe mich an dir festgehalten", antwortete des Rabbis Freund.

Nach einem Gespräch des Großrabbiners von Bluzhov, Rabbi Israel Spira, mit Baruch Singer, 3. Januar 1975.

Der Sohn des Schochet von Miedziborz

Bei Ausbruch des Zweiten Weltkrieges zog Rabbi Israel Spira von Istrik nach Lemberg, das zu jener Zeit unter sowjetischer Herrschaft stand[1]. Gemäß sowjetischer Praxis wurde von jedem Bürger erwartet, einer gewinnbringenden Arbeit nachzugehen, andernfalls sah man ihn als Parasit an, und er konnte nach Sibirien verbannt werden. Alle chassidischen Rabbiner mußten sich einträgliche Positionen suchen und durften nicht mehr den Titel Rabbiner führen.

Der Rabbi von Bluzhov[2], Rabbi Israel Spira, wurde Versicherungsvertreter. Am Ende eines jeden Monats hatte er ein Mindestverdienst von 1000 Rubeln vorzuweisen. Der Rabbi hatte in jenen Tagen noch viele Anhänger, und so war es für ihn kein großes Problem, am Ende des Monats eine Quittung über die geforderten 1000 Rubel sowie eine Liste Versicherter vorzulegen. Auf diese Weise konnte er die russischen Bedingungen erfüllen und gleichzeitig seinen Chassidim dienen.

Eines Abends berief der russische Kommissar ein Ortstreffen aller Versicherungsvertreter ein. Anwesenheit war Pflicht. Unter den Vertretern gab es noch einen anderen chassidischen Rabbiner, den Rabbi von Boyan, Abraham Jakob Friedman[3] gesegneten Andenkens.

Der Abend des Ortstreffens fiel mit dem ersten Chanukkaabend zusammen. Bei vielen Chassidim war es Brauch, sich für das festliche Anzünden des ersten Chanukkalichtes und die anschließende Zeremonie im Haus des Rabbi zu versammeln. Rabbi Israel Spira suchte nach Mitteln und Wegen, um sich vor dem bevorstehenden Treffen zu drücken, um in Gesellschaft seiner Chassidim den ersten Chanukkaabend feiern zu können.

Plötzlich hatte er einen Einfall. Schmunzelnd machte er sich auf den Weg zum Büro des Kommissars. Unterwegs holte er die Schnupftabakdose aus seiner Tasche und begann intensiv zu schnupfen. Als er im Büro des Kommissars eintraf, hatte er eine knallrote Nase und mußte ununterbrochen niesen. Zwischen zwei Niesanfällen erklärte der Rabbi dem Kommissar, er habe sich eine sehr schlimme Erkältung zugezogen und sei unfähig, an der Versammlung am Abend teilzunehmen.

Der Kommissar saß, über und über mit Orden behängt, hinter Bergen von säuberlich aufeinandergestapeltem Papier an einem riesigen Schreibtisch. Mit einem Ausdruck offensichtlichen Unglaubens hörte er sich die Geschichte des Rabbi an. „Ein merkwürdiger Zufall", meinte er und schaute dem Rabbi fest in die Augen. „Gerade vor ein paar Minuten war ein anderer Versicherungsvertreter hier, einer mit einem Bart und Schläfenlocken. Seine Nase war rot wie eine Fahne, und er nieste ununterbrochen, genau wie Sie. Auch er behauptete, er habe sich eine Erkältung geholt und bat, sich für diesen Abend entschuldigen zu dürfen."

Wahrscheinlich ist das der Boyaner Rebbe gewesen, dachte der Rabbi bei sich, während er versuchte, ein Lächeln zu unterdrücken. Als er sich gefaßt hatte, erwiderte er: „Es ist nichts Ungewöhnliches, wenn zwei Menschen sich in dieser Jahreszeit erkälten." Der Kommissar antwortete nicht. Er erhob sich von seinem Stuhl und verließ das Zimmer.

Kurze Zeit darauf kehrte er zurück, ein breites Grinsen auf seinem Gesicht, und nahm seinen Platz unter dem gewaltigen Porträt Stalins wieder ein. „Jetzt verstehe ich die Ursache eurer Krankheit", sagte er, „ich habe gerade meinen jüdischen Kalender überprüft. Heute abend ist Chanukka und das Anzünden des ersten Lichtes. Sie hätten es besser wissen sollen. Wenn man sich hier in Rußland eine Geschichte zusammenbraut, sollte man sich vergewissern, daß es eine gute ist. Man kann nie sicher sein, wer sich in der Uniform eines Sowjetkommissars verbirgt. Würde ein anderer Kommissar hier in meinem Sessel sitzen, dann könnten Sie und ihr niesender Freund sich Ihre Erkältungen im sibirischen Flachland kurieren. Ich bin der Sohn des Schochet von Miedziborz[4]. Gehen Sie nach Hause, und zünden Sie das erste Chanukkalicht an."

Nach einem Gespräch des Großrabbiners von Bluzhov, Rabbi Israel Spira, mit Aaron Frankel, Januar 1974.

Der Kuß

„Ich möchte Ihnen die Geschichte von einem Kuß erzählen. Manchmal kann ein Kuß einen Mann mehr erschüttern als ein Schlag ins Gesicht", sagte der Rabbi von Bluzhov, Rabbi Israel Spira.

„In Lemberg[1] war ich im Besitz eines südamerikanischen Passes[2]. Er galt auch für meine Rebbezen, seligen Angedenkens, und ein kleines Kind. Als ich den Paß endlich in Händen hatte, war es jedoch bereits zu spät. Es gab keine Rebbezen mehr, und mein geliebtes Enkelkind sowie meine Tochter und mein Schwiegersohn waren auch alle schon weg. Ich erkannte sofort die Chance, die sich mir bot. Ich konnte zwei jüdische Seelen retten, eine Frau mittleren Alters und ein kleines Kind. Als dies bekannt wurde, brachten Eltern mir um die vierzig Kinder, weinende kleine Buben, die bettelten, gerettet zu werden. Sie versprachen, lieb zu sein und mir nicht zur Last zu fallen. Wie konnte ich wählen? Wie konnte ich ein Kind dem anderen vorziehen? Ich bat den Judenrat, mir ein Kind in meine Wohnung zu bringen.

Zwei Tage später kam ein Vater mit seinem sechsjährigen Sohn. ,Ich bin Perlberger aus Auschwitz', stellte er sich vor. Dann fuhr er fort: ,Rabbi, ich gebe Ihnen mein Kind. Gott helfe Ihnen, daß es Ihnen gelingen möge, meinen Sohn zu retten.' Er bückte sich, küßte das Kind aufs Haar und sagte: ,Schraga, von diesem Augenblick an ist dieser Jude, der hier neben dir steht, dein Vater.'

Diesen Kuß werde ich nie vergessen. Wo ich mich auch befinde, dieser Kuß verfolgt mich mein ganzes Leben. Bevor er die Tür hinter sich zuzog, ließ der Vater seinen Blick noch einmal auf seinem Sohn ruhen. Danach hörte ich nur noch den Widerhall seiner leidenden Schritte, als er die Treppe hinabstieg. Wenige Tage später, als wir nach Bergen-Belsen deportiert wurden, prüfte ein Gestapomann meinen Paß, warf einen Blick auf den Knaben und dann auf mich, beugte sich zu dem Jungen herab und fragte mit einem breiten, freundlichen Lächeln: ,Sag mir die Wahrheit, wer ist dieser alte Mann an deiner Seite?' Schraga schaute mich mit großen, liebenden Kinderaugen an, ergriff meine Hand, wandte sich dem Gestapomann zu und erwiderte: ‚Mein Vater.'

Gott hat uns geholfen. Wir schafften es, Bergen-Belsen zusammen zu überleben. Trotz großer Schwierigkeiten habe ich jeden einzelnen Tag im Lager mit ihm gelernt. Mit Gottes Hilfe wurden wir am Neumondtag des Monats Ijar, am 13. April 1945, von der amerikanischen Armee aus dem Todeszug befreit.

Nach der Befreiung wurde Schraga zusammen mit anderen Kindern, die den Krieg überlebt hatten, nach Israel verschickt. Er studierte an einer Talmud-Tora-Schule und später auf der Jeschiwa der Gurer Chassidim. Er wuchs zu einem feinen, vornehmen Burschen heran, war erfolgreich in seinen Studien und bei allen sehr beliebt.

Auch Schragas Vater, Herr Perlberger, überlebte den Krieg und hatte das unerwartete Glück, seinen Sohn noch einmal sehen zu dürfen. Herr Perlberger hatte sich mehr als zwei Jahre in Höhlen und dumpfen Kellerlöchern auf dem Gut christlicher Freunde versteckt gehalten. Als man ihn befreite, war er ein kranker, gebrochener Mann. Dennoch machte er sich sofort auf die Suche nach seinem Sohn. Als er die Nachricht erhielt, daß ich mich mit seinem Sohn in Belgien aufhielt, reiste er von Polen nach Belgien. Dort angekommen, mußte er erfahren, daß ich Belgien im November 1946 verlassen hatte und mich auf dem Weg nach Amerika befand. Sein geliebter Sohn war inzwischen im Heiligen Land eingetroffen. Trotz der britischen Blockade um Palästina erreichte der kranke Vater mit anderen illegalen Einwanderern die Küste Israels. Endlich in Erez Israel angekommen, war er bereits schwerkrank und vom Tode gezeichnet. Er sah seinen Sohn ein einziges Mal und verstarb. Es war ihm gelungen, so lange zu überleben, nur um sein geliebtes Kind noch einmal zu sehen, um sich zu vergewissern, daß sein Sohn tatsächlich lebte und es ihm gut ging. Man berichtete mir, daß er mit einem friedlichen Lächeln auf seinen Lippen dahinging.

All die Jahre hindurch blieb ich in Kontakt mit dem Jungen und verfolgte seine Fortschritte beim Studium. Als ich meine jetzige Rebbezen heiratete, wurden ihre zwei Söhne Zwi und

Itzchak mir so lieb wie meine eigenen Kinder. Schraga war mein dritter Sohn, und wir hielten unseren engen Kontakt aufrecht. Jahre später heiratete Schraga ein sehr nettes Mädchen. Ihr Londoner Heim wurde bekannt als eine Stätte der Tora und Gelehrsamkeit.

Vor ein paar Jahren besuchte mich Schraga mit seiner Frau und drei Töchtern. Als wir uns verabschiedeten, sagte er zu mir: ‚Rabbi, Vater, ich wünschte, wir hätten einen Sohn, damit meines Vaters Name erhalten bleibt!‘ Ich erwiderte ihm: ‚Schraga, du wirst einen Sohn haben, und ich werde – mit Gottes Hilfe – bei der Beschneidung als Pate anwesend sein.‘ Ein Jahr später erhielt ich einen Telefonanruf aus London. Ich eilte zum Telefon. ‚Hab keine Angst, es ist nichts passiert‘, hörte ich Schragas beruhigende Stimme. ‚Meine Frau hat gerade einem Jungen das Leben geschenkt.‘ Für einen Augenblick war Stille am anderen Ende der Leitung. Ich spürte, daß Schraga etwas sagen wollte, er traute sich nur nicht, mich zu sehr zu beanspruchen.

‚Ich weiß, Schraga‘, nahm ich das Gespräch wieder auf, ‚wahrscheinlich willst du mein Gedächtnis auffrischen bezüglich des Versprechens, deinem Sohn Pate zu stehen. Nächsten Sonntag – so Gott will – werde ich zur Beschneidung deines Sohnes kommen. Aber ich möchte, daß du eines verstehst: ich komme nicht in meiner Eigenschaft als Rabbi von Bluzhov. Ich werde keine Kwitlach annehmen, noch in irgendeiner anderen Weise als Rabbi fungieren. Ich komme als glücklicher Vater, um die Geburt eines Kindes seines eigenen Sohnes zu feiern.‘

Sonntag flogen wir nach London. Am Flughafen bot man uns einen überwältigenden Empfang, der nur noch von dem in Schragas Haus übertroffen wurde. Die Aufnahme in diesem Haus mit wohlerzogenen Kindern, voll heiliger Bücher und aller Annehmlichkeiten des Lebens ist mir unvergeßlich. Ich dankte Gott, daß er mich zum Gesandten erwählt hatte, um den Vater dieser Familie zu retten. Die ganze Nacht taten wir kein Auge zu. Wir erzählten, riefen uns Geschichten und Erlebnisse aus unserer gemeinsamen Vergangenheit in Erinnerung.

Am frühen Morgen kam Rabbi Aschkenasi und bat mich im Namen der Gemeinde und der Chassidim, doch noch ein paar Tage in London zu bleiben. Ich erklärte ihm, der Sinn meines Besuches in London sei es gewesen, zu erkennen, was ich während des Krieges verloren hatte, und dankbar zu sein für das, was ich fand. Unsere Weisen sagen, wenn einer ein Waisenkind in sein Haus aufnimmt und es großzieht, ist es gemäß den heiligen Schriften, als hätte er ihn selbst geboren[3]. Warum sagt die Gemara dies? Seinen eigenen Sohn aufzuziehen ist für einen Vater eine natürliche Sache; die spirituelle Befriedigung jedoch durch das Aufziehen eines Waisenkindes ist besonders groß.

An jenem Morgen, als wir mit unseren Strejmelach und in unseren festlichen Schabbatkleidern zur Beschneidung gingen, die drei Söhne an meiner Seite, da spürte ich etwas von der Größe dieses spirituellen Genusses. Jener Augenblick hatte nicht seinesgleichen. Ich bat Rabbi Aschkenasi, mich nicht mehr zum Bleiben zu bewegen. Ich wollte die Wirkung dieser geistigen Erhebung in mir bewahren, sie durch nichts verwässern.

Wir brachen zum Flughafen auf und bestiegen die Maschine. Am selben Abend betete ich Maariw, das Abendgebet, hier in der 58. Straße in meinem Bet Hamidrasch in Brooklyn.

Die große Erhebung der Seele, die ich während meines Besuches in London empfand, war tatsächlich Teil der Erkenntnis dessen, was ich verloren hatte, und des großen Schatzes, der mir zuteil wurde. Die ganze Zeit über jedoch hallte in meinen Ohren das Echo des Kusses wider, den der kleine Schraga erhalten hatte. Vor meinen Augen sah ich einen Vater sich niederbeugen und seinen geliebten Sohn küssen, auf mich deuten und sagen: ‚Von jetzt ab ist dieser Mann dein Vater.‘ Dieser letzte Kuß eines Vaters an seinen Sohn verfolgt mich mein ganzes Leben. Aber an diesem Tag in London wurde er mir lebendiger, als er es eine Generation zuvor in Lemberg gewesen war.

Ich hoffe, daß der Wert dieses Kusses, der mich in der Vergangenheit beschützte und mir den großen Schatz von Kin-

dern und Enkelkindern gab, die in der jüdischen Tradition auf-
wachsen, uns alle in der Zukunft beschirmen möge."

Nach einem Gespräch des Großrabbiners von Bluzhov, Rabbi Israel Spira,
mit seiner Schwiegertochter, Dina Spira, vom 12. Mai 1976.

Das Halatl des Rabbi Baruch von Miedziborz

Als kleiner Junge liebte es Rabbi Israel Spira von Bluzhov,
mit seinem berühmten Vater, dem Rabbi Joschua von Ribatisch, auf Reisen zu gehen. Am meisten freute er sich auf die
Pessachbesuche bei seinem Großvater, Rabbi Jakob von Delatin. Die denkwürdigste Reise in das kleine rumänische
Grenzstädtchen Delatin fiel in das Jahr seiner Bar-Mizwa. Zu
diesem Anlaß erhielt Israel von seinem Großvater Jakob ein
sehr kostbares Familienstück, ein Halatl, ein Seidenhemd, das
einst im Besitz des Enkels des Baal Schem Tow gewesen war,
Rabbi Baruch von Miedziborz (1757–1811)[1]. Rabbi Jakob
überreichte seinem geliebten Enkel das herrliche schneeweiße Halatl mit den Worten: „Möge es dich heute und in
kommenden schweren Zeiten beschützen."

Israel freute sich sehr über dieses einzigartige Geschenk
nicht nur wegen des mit ihm verbundenen Segens oder weil
es dem Enkel des Begründers des Chassidismus gehört hatte,
sondern weil sein eigener Großvater, Rabbi Jakob von Delatin, es zu Pessach in der Synagoge getragen hatte, wenn er das
Gebet um Tau vortrug.

Israel hatte ihm oft geholfen, dieses wundervolle schneeweiße Halatl überzuziehen. Dann stand er vor dem geöffneten Toraschrein neben seinem Großvater, wenn dieser mit
klangvoller Stimme anhub zu beten:

> Wir beten um Tau ...
> Denn Du bist der Herr, unser Gott, der Du den Wind we-
> hen machst und den Tau herniedersenkst.
> Er sei ein Segen und kein Fluch! Er sei zum Leben und
> nicht zum Tod. Er bringe Fülle und nicht Mangel.

Das Halatl wurde Israels kostbarster Besitz. Er trug es zu allen wichtigen Anlässen in seinem eigenen Leben und dem seiner Gemeinde. Israel Spira wuchs zu einer der prominentesten chassidischen Persönlichkeiten in Polen heran. Jedesmal, wenn er das schneeweiße Halatl trug, erklang ihm die melodische Stimme seines Großvaters in den Ohren, und Felder, gesegnet mit Tau und mit Frieden, erstanden vor seinen Augen.

Der Zweite Weltkrieg brach aus. Der Rabbi entschloß sich, das Halatl unter seiner gewöhnlichen Kleidung anzuziehen und sich nicht mehr davon zu trennen. Nach vielen Leiden in Gettos und Todeslagern wurde der Rabbi in das berüchtigte Straßenlager von Janowska verlegt. Unter seiner Lagerkleidung trug er das, was einmal sein schneeweißes Halatl gewesen war.

Eines Tages wurde Rabbi Israel Spira mit einer Gruppe von Insassen des Lagers Janowska zum Badehaus in der Spitalnastraße nach Lemberg gebracht. Jede dieser Reisen zu den Duschen endete in einem Blutbad. Die eigenartige Prozession müder, schmutziger Häftlinge wurde von SS-Untersturmführer Rokita, den blutrünstigsten Askaris und leeren Fuhrwerken zum Abtransport der Toten begleitet. Jeder Häftling wußte, daß er an der Schwelle des Todes stand, sobald er das Tor des Spitalna-Badehauses[2] durchschritt.

An jenem Tag war es der Rabbi von Bluzhov, der zusammen mit anderen wahllos herausgegriffenen Opfern zum Sterben bestimmt worden war. Vor dem Badehaus befahl man den Unglücklichen, sich zu entkleiden. Einer nach dem anderen wurde zu Tode geprügelt, während Rokita nicht mit Beleidigungen sparte und die Gruppe der Askaris auf der Mundharmonika sentimentale ukrainische Weisen erklingen ließ.

Jetzt war der Rabbi an der Reihe. Er weigerte sich, das Halatl des Rabbi Baruch von Miedziborz abzustreifen. Die Askaris begannen, mit Knüppeln auf ihn einzuschlagen. Rokita, außer sich vor Wut, trat den Rabbi mit seinen blutbefleckten Stiefeln. Rabbi Israel Spira jedoch nahm nichts wahr als des Großvaters klangvolle Stimme, die um Tau, Leben und Frieden flehte. Als man versuchte, ihn mit Gewalt zu entkleiden, kreuzte der Rabbi seine Arme so über seinen Körper, daß sie ihm das Halatl nicht zu entreißen vermochten. Ein Ukrainer zerrte an dem einen, ein zweiter an dem anderen Ärmel, bis sich das Halatl um Rabbi Israels Hals gewickelt hatte, und würgten ihn. Sein Gesicht wurde weiß wie Schnee. Blutgetränkt hatte sich das einstmals reinweiße Halatl um des Rabbis Hals gewunden. „Der Hund ist tot", verkündete einer der Askaris. Sie traten ihn noch einmal. Sein Körper reagierte nicht mehr auf ihre Stiefel. Mit anderen toten Körpern wurde er auf den Wagen geworfen.

Einer seiner Chassidim, ein Vetter des Menachem Freifeld, und einige andere Juden wurden mit dem Begraben der Toten betraut. Als sie die Körper hochhoben, meinte Menachems Vetter einen Reflex in einer der Zehen des Rabbi bemerkt zu haben. Er befühlte den Körper und merkte, daß er noch warm war. Mit Hilfe einiger Häftlinge trug er ihn in den Block zurück. Hier machte er einen jüdischen Arzt namens Solomon ausfindig, der für seine Aufopferung zur Rettung von Menschenleben bekannt war. Dr. Solomon eilte mit gestohlenen Medikamenten in die Baracke des Rabbi und gab ihm zwei Spritzen. Nach einer Weile öffnete Rabbi Israel Spira seine Augen und erwachte zu neuem Leben, das berühmte Halatl des Baruch von Miedziborz, das sein Großvater ihm zu seiner Bar-Mizwa geschenkt hatte, noch um seinen blutigen Hals gewickelt.

Diese Begebenheit wurde mir mitgeteilt im Haus des Großrabbiners von Bluzhov, Rabbi Israel Spira, am 26. April 1979.

Das erste Chanukkalicht in Bergen-Belsen

In Bergen-Belsen wurde am ersten Chanukkaabend eine Selektion durchgeführt. Frühmorgens betraten drei deutsche Kommandanten in feierlichen schwarzen Uniformen und sichtlich guter Stimmung den Männerblock. Sie forderten die Häftlinge auf, sich neben ihren dreigeschössigen Schlafkojen aufzustellen. Dann begann die Selektion. Keine Pässe wurden kontrolliert, keine Papiere überprüft, es gab keine Namensaufrufe und kein Köpfezählen. Einer der drei Befehlshaber hob nur seinen Zeigefinger, der in einem schneeweißen Handschuh steckte, deutete auf ein blasses Gesicht und verkündete das Todesurteil mit einem einzigen Wort: „Komm!"

Wie eine Maschinengewehrsalve ratterten die Befehle: „Komm, komm, komm, komm, komm!" Die herausgegriffenen Männer wurden ins Freie gebracht, wo sie von SS-Männern mit Gummiknüppeln und Eisenstangen empfangen wurden. Die unschuldigen Opfer wurden getreten, verprügelt und gefoltert. Wenn der geschundene Körper nicht mehr reagierte, kam der Revolver an die Reihe ...

In den Blocks ging die willkürliche Selektion weiter, während draußen das brutale Gemetzel bis Sonnenuntergang andauerte. Als die schwarzen Todesengel der Nazis sich entfernten, ließen sie Berge mit Hunderten gemarterter und entstellter Körper hinter sich zurück.

Dann kam Chanukka nach Bergen-Belsen. Es wurde Zeit, die Chanukkalichter anzuzünden. Kein Ölkrug war aufzutreiben, keine Kerze, und eine Chanukkia gehörte längst vergangenen Zeiten an. Und so verwandelte sich der Holzschuh eines Häftlings in einen Chanukkaleuchter. Fäden, aus einer Lageruniform herausgezogen, dienten als Docht, und die schwarze Lagerschuhcreme – reines Öl.

Unweit der Haufen lebloser Körper versammelten sich lebendige Skelette, um dem Anzünden der Chanukkalichter beizuwohnen.

Der Rabbi von Bluzhov zündete das erste Licht an und sang mit seiner angenehmen Stimme die beiden ersten Segenssprüche. Die festliche Melodie war von Trauer und Schmerz erfüllt. Als er gerade zum dritten Segensspruch ansetzen wollte, hielt er plötzlich inne, drehte sich um und blickte wie hilfesuchend in die Menge. Doch sogleich wandte er sich wieder den zitternden kleinen Lichtern zu und rezitierte mit starker, sicherer und beruhigender Stimme den dritten Segen: „Gelobt seist Du, Ewiger, unser Gott, König der Welt, der Du uns hast Leben und Erhaltung gegeben und uns hast diese Zeit erreichen lassen."

Unter den Beteiligten fand sich auch ein Herr Zamietchkowski, einer der Führer des Warschauer Bundes[1]. Er war ein kluger, ernsthafter Mensch mit einer Diskussionsleidenschaft für Religions- und Glaubensfragen, die sich sogar hier im Lager von Bergen-Belsen nicht erschöpfte. Nie versäumte er die Gelegenheit, sich in ein Gespräch verwickeln zu lassen.

Sobald der Rabbi von Bluzhov die Zeremonie des Lichterzündens beendet hatte, bahnte sich Zamietchkowski seinen Weg durch die Menge zum Rabbi hindurch und sagte: „Spira, Sie sind eine kluge und ehrliche Person. Ich kann verstehen, daß Sie in diesen jämmerlichen Zeiten Chanukkakerzen anzünden müssen. Auch die historische Bedeutung des zweiten Segens kann ich nachvollziehen: ‚Für die Wunder, die Du für unsere Väter vollbracht in jenen Tagen zu dieser Zeit'. Die Tatsache jedoch, daß Sie den dritten Segen rezitieren können, übersteigt mein Fassungsvermögen. Wie können Sie Gott danken und sagen: ‚Gelobt seist Du, Ewiger, unser Gott, König der Welt, der Du uns hast Leben und Erhaltung gegeben und uns hast diese Zeit erreichen lassen'? Wie konnten Sie so etwas aussprechen, wenn Hunderte toter jüdischer Körper buchstäblich im Schatten der Chanukkalichter liegen, wenn Tausende lebende jüdische Skelette im Lager umherirren und Millionen weitere niedergemetzelt werden? Dafür sind Sie Gott dankbar? Dafür loben Sie den Herrn? Das nennen Sie ‚uns am Leben erhalten'?"

„Zamietchkowski, Sie haben vollkommen recht", antwortete der Rabbi. „Als ich beim dritten Segen anlangte, zögerte auch ich, und ich fragte mich, was soll ich mit dem dritten Segen machen? Ich wandte mich um, den Zaner Rabbi und andere verdiente Rabbiner, die in meiner Nähe standen, um Rat zu fragen, ob ich wirklich den dritten Segen aussprechen sollte. Aber gerade, als ich meinen Kopf umwandte, bemerkte ich die Menschenmenge, die hinter mit stand, die große Zahl dicht aneinandergedrängter lebendiger Juden, deren Gesichter Glaube, Hingabe und Sammlung widerspiegelten, als sie der Zeremonie des Chanukkalichtzündens lauschten. Ich sagte mir, wenn Gott – gesegnet sei Er – in solchen Zeiten ein Volk hat wie dieses, das im Angesicht aufeinandergestapelter Körper von Vätern, Brüdern und Söhnen, wenn der Tod aus jedem Winkel starrt, trotz alldem dichtgedrängt beieinandersteht, um dem Chanukkasegen zu folgen: ,Für die Wunder, die Du für unsere Väter vollbracht in jenen Tagen zu dieser Zeit', wenn ich wirklich solch ein Volk mit einem so großen Glauben und solcher Hingabe erleben durfte, dann stehe ich unter der besonderen Verpflichtung, den dritten Segen zu sprechen[2]".

Einige Jahre nach der Befreiung erhielt der Rabbi von Bluzhov, jetzt in Brooklyn, Grüße von Herrn Zamietchkowski. Dieser hatte den Sohn des Skabiner Rabbi gebeten, Israel Spira, dem Rabbi von Bluzhov, auszurichten, daß die Antwort, die er ihm in jener düsteren Chanukkanacht in Bergen-Belsen gegeben hatte, ihn seither nicht mehr verlassen habe und ihm eine ständige Quelle der Hoffnung in harten und sorgenvollen Zeiten sei.

Nach einem Gespräch des Oberrabbiners von Bluzhov, Rabbi Israel Spira, mit Aaron Frankel und Baruch Singer am 22. Juni 1975 im Haus des Rabbiners.

Sederabend in Bergen-Belsen
„Heute abend haben wir nur Matza ..."

Einige Wochen vor Pessach schlossen sich etwa siebzig Juden aus dem Block für ausländische Staatsbürger in Bergen-Belsen zu einer Gruppe zusammen. Die Mehrzahl von ihnen waren chassidische Juden, die man aus dem Getto Bochnia ins Lager deportiert hatte. Die meisten aus diesem Transport hatten südamerikanische Pässe, einige hatten britische Papiere aus Erez Israel[1]. Sie organisierten sich, um Mehl zum Backen von Matzen zu Ehren des bevorstehenden Pessachfestes zu erbitten. In der schriftlichen Anfrage an den Lagerkommandanten schlugen sie vor, ihnen statt der tägliche Brotration Mehl zu gewähren, von dem sie Matzen backen wollten. Auf diese Weise würden sie die Nahrungsvorräte des Lagers nicht zu sehr schmälern. Jeder der Siebzig unterzeichnete die Petition, und der Rabbi von Bluzhov, Rabbi Israel Spira, ein alteingesessener Bergen-Belsener Häftling, wurde zum Sprecher der Gruppe ernannt.

Der Lagerkommandant Haas las die Bittschrift aufmerksam durch und wandte sich mit einem Ausdruck offensichtlichen Spottes und Verachtung dem Rabbi zu. „Ich werde die Anfrage nach Berlin weiterreichen", meinte er nach längerem Schweigen, während er nachlässig mit seinem Revolver spielte, „und wir werden nach deren Anordnungen verfahren."[2]

Die Tage vergingen, ohne daß eine Antwort aus Berlin eintraf. Mit jedem Tag, der verstrich, wurden die Unterzeichner der Petition schwermütiger. Manche waren überzeugt, daß sie einen großen Fehler begangen hatten mit ihrer Unterschrift, weil sie sich dadurch von den Mithäftlingen absonderten und somit wahrscheinlich ihr eigenes Todesurteil mitunterschrieben hatten. Aus früheren Erfahrungen wußten sie, daß die Deutschen die jüdischen Feiertage mit Vorliebe zu Folterungen, Terrormaßnahmen und Mord zum Anlaß nahmen, und so fürchteten die siebzig Bittsteller nun, als Pessachopfer zu enden – als Pessachlämmer von Bergen-Belsen.

Wenige Tage trennten sie noch von Pessach, und noch immer war keine Antwort aus Berlin eingegangen. Auf dem Höhepunkt ihrer Verzweiflung, als alle Hoffnung schon aufgegeben und das bittere Ende unausweichlich schien, betraten zwei hochgewachsene SS-Männer mit zwei gewaltigen Hunden sichtlich beschwingt den Ausländerblock. Sie bestellten den Rabbi von Bluzhov zum Lagerkommandanten. In jenen dunklen Zeiten konnte ein solcher Befehl eines SS-Offiziers nur eines bedeuten: Tod. Der Rabbi schied von seinen Freunden und begann, das Viddui zu sprechen, das Sterbegebet, während er sich auf den Weg zum Dienstgebäude des Kommandanten machte. Die Lagermütze in der Hand stand der Rabbi vor dem Lagerleiter und hörte sich an, was dieser zu sagen hatte: „Wie immer ist Berlin den Juden gnädig gestimmt. Ihr könnt euer religiöses Brot backen." Der Rabbi bewegte sich nicht vom Fleck in Erwartung der Schreckensbotschaft, doch zu seinem großen Erstaunen folgte nichts dergleichen.

Statt dessen rief der Kommandant einige Insassen aus einer anderen Abteilung herein, die bereits vor dem Eingang zum

Büro gewartet hatten, und forderte sie auf, dem Rabbi beim Bau eines kleinen Ofens zum Matzebacken in der Ausländerabteilung zu helfen. Der Rabbi dankte dem Kommandanten und eilte, noch immer ungläubig angesichts der Tatsache, daß man ihm erlaubt hatte, Matzen zu backen, zu den Baracken zurück.

In fieberhafter Eile machten sie sich an den Bau des Ofens, denn die Chassidim fürchteten, der Lagerkommandant könnte es sich im letzten Augenblick noch anders überlegen. In den wenigen Tagen vor Pessach wurden nun von dem wenigen, rationierten Mehl Matzen gebacken, Matzen, die nur dem Namen nach an die hausgemachten Vorkriegsmatzen erinnerten. Die Menschen jedoch waren überglücklich über die formlosen, schwarzen Fladen, besonders der Kinder wegen; sie sollten erfahren, daß sogar im Tal des Todes die Feiertage eingehalten werden.

Pessach war gekommen. In einer der Baracken wurde ein Seder vorbereitet. Die dreigeschossigen Schlafkojen dienten als Tisch mit den Sitzen zum traditionellen Zurücklehnen. Drei kostbare, ganze Matzen wurden auf den Tisch gelegt. Ein alter kaputter Topf diente als Sederteller. Keine gebratene Lammkeule lag auf ihm, kein Ei, kein Mus, nicht die traditionellen Kräuter, nur eine gekochte Kartoffel, die ein freundlicher alter Deutscher, der bei den Duschen arbeitete, beigesteuert hatte. Auch an bitteren Kräutern war kein Mangel. Bitternis gab es im Überfluß. Das Leiden spiegelte sich in den Augen dieser Menschen wider.

Der Rabbi von Bluzhov leitete den Seder. Eine Gruppe kleiner Kinder und ein paar Erwachsene hatten sich um ihn geschart. Dann begann er die Haggada aus dem Gedächtnis zu zitieren. Er deckte die Matzen auf, hob den Pessachteller hoch und fing an, die Geschichte vom Auszug aus Ägypten zu erzählen:

Dieses ist das armselige Brot, das unsere Vorfahren im Lande Mizrajim gegessen haben. Wer hungrig ist, komme und esse mit uns; wer bedürftig ist, komme und feiere das Pessachfest mit uns. Dieses Jahr hier, künftiges

37

Jahr im Lande Israel; dieses Jahr Knechte, künftiges Jahr freie Leute!

Das jüngste der Kinder stellte die vier Fragen, sein entzückendes Kinderstimmchen trug die traditionelle Melodie vor: „Warum unterscheidet sich diese Nacht von allen anderen Nächten? In allen anderen Nächten können wir Brot oder Matze essen, in dieser Nacht aber nur Matze."

In den Baracken war es dunkel geworden. Der silberbleiche Mondschein ruhte auf den blassen Gesichtern. Es war uns, als ob die Tränen, die still unsere Wangen herabliefen, geradewegs dem legendären Engel mit dem riesengroßen Tränenkrug zuflössen, welcher, wenn bis an den Rand gefüllt, das Ende allen menschlichen Leidens verkündete.

Gemäß dem Brauch antwortete der Rabbi auf die vier Fragen, indem er die Bedeutung des Pessachfestes darlegte. An diesem Sederabend jedoch, im Schatten von Bergen-Belsen, waren diese uralten Fragen der Haggada von ungewöhnlichem Gehalt erfüllt.

„Nacht", sagte der Rabbi, „bedeutet Exil, Dunkelheit, Leiden. Morgen meint Licht, Hoffnung, Erlösung. Warum ist diese Nacht anders als alle anderen Nächte? Warum ist dieses Leiden, diese Massenvernichtung, anders als alle früheren Leiden des jüdischen Volkes?" Keiner wagte eine Antwort auf die Fragen des Rabbi. Er fuhr fort: „Denn in allen anderen Nächten essen wir Brot oder Matze, aber heute nacht nur Matze. Brot ist gesäuert, es geht auf. Matze ist ungesäuert und völlig flach. Während aller unserer früheren Leiden, während aller unserer früheren Nächte im Exil hatten wir Juden Brot und Matze. Wir hatten Zeiten des Brotes, schöpferische Augenblicke, und Licht, und wir hatten Zeiten der Matze, des Leidens und der Verzweiflung. Aber heute nacht, in dieser Nacht der großen Vernichtung, erleben wir unser größtes Leiden. Wir haben die Tiefen des Abgrunds erreicht, den Höhepunkt der Erniedrigungen. Heute nacht haben wir nur Matze, wir haben keinen Augenblick der Linderung unserer Leiden, keine Schonung für unsere gedemütigten Seelen ... Doch verzweifelt nicht, meine jungen Freunde."

Mit eindringlicher, vom Glauben erfüllter Stimme fuhr der Rabbi fort: „Denn dies ist auch der Beginn unserer Rettung. Wir sind Sklaven, wir haben unter Pharao in Ägypten gedient. Sklaven heißt auf hebräisch ‚avadim‘, die hebräischen Buchstaben des Wortes avadim bilden ein Akronym für die hebräische Wendung: David, der Sohn Jesses, euer Diener, euer Messias[3]. So finden wir sogar in unserem Zustand der Knechtschaft Anspielungen auf unser letztendliches Freiwerden beim Kommen des Messias. Wir, die wir die dunkelste Nacht der Geschichte durchleben, den tiefsten Stand der Zivilisation, werden auch das große Licht der Erlösung miterleben, denn vor dem großen Licht wird es eine lange Nacht geben, wie unsere Propheten es uns verheißen haben: ‚... aber es geschieht, um die Abendzeit wird es Licht werden‘ und ‚Das Volk, das im Finstern wandelt, schaut großes Licht, die im Lande des Todesschattens wohnen, Licht glänzt über ihnen.‘[4] Zu uns, meine lieben Kinder, haben unsere Propheten gesprochen, zu uns, die wir im Schatten des Todes weilen, zu uns, die wir leben werden, das große Licht der Erlösung zu schauen."

Der Seder klang aus. Irgendwo über uns verdunkelten schwarze Wolken den silbernen Schein des Mondes. Der Rabbi von Bluzhov küßte jedem Kind die Stirn und versicherte immer wieder, daß auf die dunkelste Nacht der Menschheit der hellste aller Tage folgen werde.

Als die Kinder zu ihren Baracken zurückkehrten, Sklaven eines modernen Pharao inmitten einer menschlichen Einöde, waren sie überzeugt, daß das Echo der Fußstapfen des Messias in ihren eigenen Schritten auf der blutgetränkten Erde von Bergen-Belsen widerhallte.

Ich hörte diese Geschichte im Haus des Großrabbiners von Bluzhov, Rabbi Israel Spira, am 22. Juni 1975.

Der Berlin–Bukarest-Expreß

Bronia wohnte in der Nähe des Bahnhofs und des Hauptquartiers der Wehrmacht in Slotwina Brzesko. Es war dies eine günstige Lage. Jede Nacht punkt 1 Uhr 20 hatte der Expreß eineinhalb Minuten Aufenthalt, Zeit genug für Bronia, um ein- bzw. auszusteigen. Sie war als Kurier tätig, sie besorgte Juden in den verschiedenen Teilen Polens arische Papiere und ausländische Pässe. Sie verfügte über zwei ausgezeichnete Verbindungsmänner, Benjamin Sander Landau in Bochnien, in dessen Besitz sich die Siegel jedes gewünschten Konsulats der freien Welt befanden, und einen Kartenverkäufer im Bahnhof, ein freundlicher Nichtjude, der Bronia mit den nötigen Fahrkarten ausstattete.

Eines Tages reiste Bronia nach Lemberg, um Reb Hirsch Landau und dessen Frau arische Papiere zu bringen und Reisevorbereitungen zu treffen. Es ist schwer, die verzweifelte Lage zu beschreiben, in der sich Reb Hirsch und seine Frau befanden. Als Bronia den dunklen, feuchten und engen Raum betrat, strahlten ihre Gesichter in einer Dankbarkeit auf, wie Bronia es noch nie zuvor gesehen hatte. Die beiden waren überglücklich, daß man sie nicht vergessen hatte und jemand gekommen war, sie zu retten. Reb Hirsch lobte Gott, der seinen treuen Diener nicht im Stich gelassen hatte, und Frau Landau wurde nicht müde, Bronia immer wieder zu erklären, daß ein vom Himmel herabgestiegener Engel kein so großes Wunder gewesen wäre wie Bronias Ankunft in diesen schweren Zeiten. Bronia verfrachtete beide auf einen Lastwagen, und zwei Tage später kamen sie sicher in Tarnow an.

Bronia bestieg den Bukarest–Berlin-Expreß. Es war Dezember 1941. Draußen fiel leichter Schnee. Der Zug war vollgestopft mit Soldaten von der Ostfront, die über Weihnachten in ihre Heimat fuhren. Neben Bronia saß eine Frau, eine deutsche Sekretärin, die bei einer deutschen Firma in den besetzten Gebieten arbeitete. Auch sie fuhr zu Weihnachten nach Hause.

In Gorodenko kam der Zug plötzlich mit einem Ruck zum Stehen. Paßkontrolle. Die Frau neben Bronia bekam einen

Schreck. Zu Bronia gewandt, sagte sie: „Wir sind alle dunkel in meiner Familie. Früher war das ein Vorzug. Man bezeichnete uns immer als die ‚spanischen Schönheiten‘, aber jetzt ist mein dunkler Einschlag ein Fluch. Jedesmal, wenn ich reise, verdächtigt man mich – na, Sie wissen schon –, als sei ich eine von denen. Wir sind eine alteingesessene deutsche Familie. Nicht einmal ein Österreicher hat bei uns eingeheiratet!"

„Die Pässe bitte!" Bronia suchte nach ihrem Reisepaß. „Nicht nötig, meine Dame", sagte der Offizier, der die Pässe kontrollierte, zu der blonden, blauäugigen Bronia. „Folgen Sie mir!" befahl er der deutschen Sekretärin. Sie verließ das Abteil, um nicht mehr zurückzukehren. Schließlich fand Bronia ihren Paß. Er war in Berlin ausgestellt, wo sie seit ihrer Kindheit gelebt hatte, mit ihrem echten Namen: Bronia Koczicki, geb. Melchior, geboren in Sosnowiec. Sogar das korrekte Geburtsdatum war angegeben. Langsam schob Bronia den Paß wieder zwischen die Seiten ihres Taschenbuchs.

Ein deutscher Offizier nahm neben Bronia den Platz der Sekretärin ein. Ein blendend aussehender Mittdreißiger, seine Züge jedoch waren von großem Leid und Schmerz gezeichnet. Der Zug setzte sich wieder in Bewegung. Noch immer schneite es, und von dem schmalen Gang fiel ein schwaches Licht ins Abteil. Aus den geschlossenen Augen des Offiziers begannen Tränen die Wangen herunterzulaufen. Er schien einen Alptraum zu haben. Sein Gesicht zuckte, und seine Lippen stammelten tonlose Worte. Plötzlich öffnete er seine Augen und wandte sich Bronia zu. Noch immer rannen die Tränen seine hohlen Wangen herab. Er sei auf dem Weg nach Hause, erklärte er Bronia, da er es einfach nicht länger ertragen konnte. „In Shitomir[1] war es besonders schrecklich." Und er war dafür mitverantwortlich; er hatte das Kommando, er gab die Schießbefehle. „Man versammelte sie alle, Männer, Frauen und Kinder. Wir haben alle umgebracht, alle, jeden einzelnen", sagte er unter Tränen. Er zeigte Bronia Bilder und Dokumente, um seine entsetzliche Geschichte zu belegen. Bronia betrachtete sie unter dem fahlen Licht der Korridorlampe. Sie spürte, wie sich alles in ihrem Kopf zu drehen begann; gleich würde sie das Bewußtsein verlieren, fürchtete sie. Wie war so etwas möglich?

Wie war es möglich, unschuldige Menschen zu ermorden, harmlose Juden in ihrer festlichen Schabbatkleidung? Bronias Blut kochte. Warum? Warum? Warum? Es gelang ihr, ihre Gefühle unter Kontrolle zu halten, doch der Offizier spürte ihren großen Schmerz und legte ihn als Mitleid mit seinem verwirrten Gemütszustand aus. Bronia bat ihn um eines der Photos als Beweismaterial, doch der Offizier lehnte ab, das könne er nicht, so gern er es auch tun würde.

Nach einer Weile bat er Bronia, die Reise mit ihm fortzusetzen. Ihr Verständnis und Einfühlungsvermögen seien ihm eine große Hilfe, meinte er. Sie könnte ihm die schreckliche Last erleichtern, die er nicht mehr alleine zu tragen imstande sei. Bronia erwiderte, so gern sie ihn begleiten würde, ihre Pflichten erlaubten es ihr nicht. In Tarnow verabschiedete sie sich eilig. Und sie stieg aus dem Zug in die kalte trübe Dezembernacht hinaus.

Bronia überbrachte die Neuigkeiten aus Shitomir den Stadtverordneten. Sie hörten sich die entsetzliche Geschichte an und entgegneten: „Hier wird das nicht passieren. Die töten Juden nur in den ehemals russischen Gebieten, weil sie einen Kommunisten nicht von einem Juden unterscheiden können. Wir hier standen nie unter russischer Herrschaft."

Bronia sah eines der Bilder mit toten Kindern vor ihren Augen. Ungläubig wandte sie sich an den Sprecher der Gruppe: „Wie kann man kleine Kinder, Säuglinge an den Brüsten ihrer Mütter, für Kommunisten halten?" fragte sie nach. „Hier passiert das nicht", versuchte man sie zu beruhigen, „erschrecken Sie die Leute nicht mit überflüssigen Greuelmärchen."

Jede Nacht, wenn der Berlin–Bukarest-Expreß an Bronias Haus vorbeirollte, hörte sie in dem Klicketiklack der Räder immer neue Greuelmärchen, Namen anderer jüdischer Gemeinden. Lange, nachdem der Zug schon in der eiskalten Winternacht verschwunden war, vernahm sie noch deutlich die Stimme des deutschen Offiziers, der ihr die fürchterliche Geschichte von Shitomir erzählte.

Nach einem Gespräch der Rebbezen Bronia Spira mit ihrer Schwiegertochter Dina Spira vom 10. Mai 1976.

Die Erscheinung der roten Sterne

In den Unruhen des Sommers 1941 befand sich Bronia mit ihren zwei kleinen Kindern, ihrem Mann und anderen Mitgliedern der Familie Koczicki in dem endlosen Heer von Flüchtlingen auf der Suche nach einem Zufluchtsort. In dem allgemeinen Durcheinander verlor sich die Familie aus den Augen. Bronia ging mit ihren zwei Söhnen nach Dembitz, während ihr Mann sich nach Warschau durchschlagen konnte, das die Deutschen seit September 1939 besetzt hielten.

Eines Tages erhielt Bronia einen Brief ihres Mannes, in dem er sie bat, ihm mit den Kindern nach Warschau zu folgen. Er habe die Angelegenheit mit seinem Rabbiner, dem Großrabbiner von Radomsk[1], besprochen, und beide waren der Ansicht, Bronia und die Kinder sollten so schnell wie möglich nach Warschau zurückkehren.

Bronia fürchtete Warschau. Sie hatte das Gefühl, in Kriegszeiten an kleineren Orten sicherer zu sein als in den großen Städten. In dem geräumigen Haus der Verwandten ihres Mannes in Dembitz glaubte sie allen eine bessere Überlebenschance bieten zu können. Trotzdem begann sie sofort nach Erhalt des Briefes mit dem Packen. Wer war sie, dachte sie bei sich, den Rat eines Großrabbiners anzuzweifeln?

Josef Koczicki, der Onkel ihres Mannes, ein Bürger Palästinas, der, vom Krieg überrascht, in Dembitz gestrandet war, versuchte sie zu beruhigen. Er spürte ihre Unruhe und entschied, daß er ihr die Last am ehesten erleichtern konnte, wenn er beim Packen behilflich war und mit den Kindern spielte. Denn der Beschluß war bereits in Warschau gefaßt worden, und niemand konnte in Dembitz etwas daran ändern.

Als sie mit dem Packen fertig waren, schlief Bronia erschöpft auf dem Sofa ein, umgeben von Päckchen und Bündeln, die verstreut auf dem Fußboden lagen. Sie träumte: Sie, die Kinder und eine große Anzahl von Juden werden auf einem gigantischen offenen Platz zusammengetrieben. Es ist sehr kalt, alles ist mit Eis und Schnee bedeckt, der Wind pfeift. Die Menschen versuchen sich zu wärmen, Schutz zu suchen, aber in allen Richtungen sind Wachen postiert. Die uniformierten Aufseher schlagen die in Lumpen gehüllten Gefangenen mit Knüppeln und langen Peitschen zusammen. Die Juden wollen sich zwischen den Schlägen hindurch in Sicherheit bringen, doch der riesige Raum ist hermetisch abgeriegelt. Es gibt kein Entrinnen, sie sitzen in der Falle. Auf einmal sind sie alle in Warschau. Die Juden werden gruppenweise in den Tod getrieben. Langsam leert sich Warschau von seinen lebenden Juden und füllt sich mit Leichen. Eine seltsame Stille senkt sich über Warschau herab. Alles ist ruhig, kein einziger Laut ist zu hören. Dann, plötzlich, flammt die Nacht auf, Warschau brennt – die Häuser, Höfe und Straßen sind ein einziges Flammenmeer. Das Feuer erlischt. Warschau hat sich in eine verkohlte, schwarze Trümmerlandschaft verwandelt. Und mitten zwischen den Ruinen sprießt ein Baumstumpf mit fünf Blättern hervor. Nur fünf Menschen überleben in den Trümmern, Bronia, ihre beiden Kinder und zwei erwachsene Fremde, deren Gesichter Bronia nicht erkennt. Gemeinsam suchen sie vergeblich nach anderen Überlebenden. Es gibt keine. Unter ihren Schritten beginnt die Erde zu beben. Die Kloaken öffnen sich. Aus der Erde recken sich mächtige graue Röhren empor, verstopfen die Straßen. In gewaltigem Fluß strömen aus den Röhren rote Sterne. Bäche von roten Sternen wälzen sich durch die Straßen. Aber Bronia steht mit ihren Kindern und den beiden Fremden auf sicherem Grund. Die Sterne wandeln sich zu Reihen, zu Kolonnen einer marschierenden Armee, der Roten Armee ...

Von ihrem eigenen Traum aufgeschreckt, fiel Bronia vom Sofa. Als sie da mitten auf dem Boden zwischen all ihrem Gepäck saß, faßte sie den Entschluß, nicht nach Warschau zu reisen, sondern in Dembitz zu bleiben. Fieberhaft begann sie auszupacken, während sie leise zu sich selbst sprach: „Es gibt Zeiten, da muß man seinen eigenen Träumen folgen."

Nach einem Gespräch der Rebbezen Bronia Spira mit Dina Spira am 2. Mai 1976 und meiner eigenen Unterhaltung mit der Rebbezen am 22. Juni 1975.

Du sollst deine Mutter ehren

Die Tage vor Rosch Ha-Schana 1942 waren für die Familie Koczicki im Getto von Slotwina Brzesko besonders schwer. Sie waren sich im klaren darüber, daß sie bald auf ihre letzte Reise geschickt werden würden[1].

Bronia, die Frau des Rabbi Israel Abraham Koczicki, hatte gefälschte Papiere, nicht jedoch ihr Mann und die Schwiegermutter. Nach langen Beratungen wurde die schwerwiegende Entscheidung getroffen. Die Familie würde sich wieder einmal trennen: Bronia sollte das Getto verlassen und versuchen, für ihren Mann und die Schwiegermutter arische Papiere aufzutreiben.

Es gab einen schmerzlichen Abschied. Bronia nahm den kleinen Itzchak mit sich, der sechsjährige Sohn Zwi blieb bei Vater und Großmutter zurück.

Mit ihrem Sohn bestieg Bronia einen Zug, der mit deutschen Offizieren besetzt war. Ihr blondes Haar, die blauen Augen und ihr Berliner Tonfall waren eine perfekte Tarnung, doch fürchtete sie sich wegen des kleinen Itzchak. Da die Familie bis zur Sbaszyn-Affäre in Berlin gelebt hatte, sprachen sie alle deutsch, Itzchaks Deutsch aber war mit jiddischen Brocken vermischt, da er im besetzten Polen geboren und aufgewachsen war[2]. Bronia setzte das Kind auf ihren Schoß, den herrlichen blonden Lockenschopf entblößt. Itzchak schlief, und Bronia flehte zu Gott, daß er bis Bochnia, ihrem Bestimmungsort, durchschlafen würde.

Die deutschen Offiziere, die neben Bronia Platz genommen hatten, fingen ein Gespräch mit ihr an. Nach kurzer Zeit waren sie bei ihrem Lieblingsthema angelangt, den Juden. Ihre Bemerkungen waren brutal und vulgär, sie entschuldigten sich sogar bei Bronia für ihre widerliche Ausdrucksweise in Gegenwart ‚einer Dame'. Ein Offizier erinnerte sich, wie er auf einer ähnlichen Fahrt einen Juden entdeckte, der mit arischen Papieren fuhr: „Ich habe ihn herausgeschnüffelt, ich habe ein besonderes Talent für so was. Genau hier, in der Mitte des Abteils, zwang ich ihn, die Hosen herunterzulassen. Ich hatte recht. Der arme Teufel hat die nächste Station nie mehr erreicht." Genüßlich erzählte er seine Geschichte, bemüht, die schöne Bronia zu belustigen.

Der Kopf des kleinen Itzchak bewegte sich im Schlaf. Der Gedanke daran, daß ihr Sohn beschnitten war, ließ Bronias Herz lauter pochen als das Schnaufen der Lokomotive, das Blut raste durch ihre Adern wie der Zug durch die dunkle Nacht. Trotzdem brachte sie ihr ruhiges, charmantes Lächeln zustande. Auf das schlafende Kind deutend, sagte sie: „Meine Herren, Sie wollen doch sicher nicht einen zukünftigen Soldaten aufwecken." Mit gedämpften Stimmen setzten sie das Gespräch fort. Ein Offizier bemerkte, Bronia sei die Verkörperung deutscher Mutterschaft. Sie erinnere ihn an eine herrliche Madonna mit Kind in seinem bayerischen Heimatdorf St. Ottilien.

Als der Zug in Bochnia hielt[3], blieb Bronia ohne Anzeichen, daß dies ihr Ziel sei, im Abteil sitzen. Erst als der Zug sich wieder in Bewegung setzte, sprang sie mit einem Satz auf den Bahnsteig hinunter. Während der Zug aus der Stationshalle rollte, winkte Bronia noch den deutschen Offizieren zu, die ihren Gruß herzlich erwiderten. Der Zug brauste davon. Erleichtert atmete Bronia auf. Die kühle klare Luft erfrischte sie. Sie umarmte und küßte ihren kleinen Sohn und dankte ihm, daß er so ein braver Junge gewesen war. Und im gleichen Augenblick plante sie schon ihren nächsten Schritt, die Rettung der anderen Familienmitglieder.

In wenigen Tagen war es Bronia gelungen, für ihren Vater und die Schwiegermutter arische Papiere zu bekommen. Für eine beträchtliche Summe Geld ließ sie sie durch einen verläßlichen Boten nach Slotwina Brzesko bringen.

Täglich lief Bronia zur Bahnstation in der Hoffnung, ihren Mann, den älteren Sohn und die Schwiegermutter unter den Reisenden zu entdecken. Doch die Tage verstrichen, sie kamen nicht. Bronia fing an unruhig zu werden. Vielleicht hatten die Dokumente sie nicht erreicht und waren von den Deutschen abgefangen worden; vielleicht waren Mann und Schwiegermutter im Zug von alten polnischen Bekannten wiedererkannt und verraten worden; vielleicht war es schon zu spät gewesen, als die Papiere eintrafen. In ihrer Verzweiflung entschloß sich Bronia, nach Slotwina Brzesko zurückzukehren.

Noch am selben Tag erhielt Bronia einen Brief von ihrem Mann. Die arischen Papiere seien sicher angekommen, wofür er ihr sehr danke. Seine Mutter fürchte sich jedoch, sie zu benutzen. Sie behauptete, ihr Aussehen und ihr Akzent würden sie entlarven und somit auch die anderen. Da das Gebot „Du sollst deine Mutter ehren" eines der Hauptgebote der heiligen Tora sei, könne er seine Mutter nicht allein lassen. Er hoffe auf Bronias Verständnis. Er bat sie, ihm zu verzeihen.

Einige Tage später erreichte Bronia ein zweiter Brief von Rabbi Israel Abraham. Ihre Befürchtungen hatten sich bestätigt. Die Familie war mit einem Transport nach Tarnow gebracht worden. Dort angekommen, wurden Männer und Frauen voneinander getrennt, auch Bronias Mann mußte sich von seiner Mutter trennen. Er befürchtete das Schlimmste; wie auch immer, er hatte Zwi bei sich, und es ging ihm gut. Er fuhr fort, sie daran erinnernd, daß Itzchak zu Rosch Ha-Schana drei Jahre alt werden würde, und sie sollte nicht vergessen, ihm die Haare zu schneiden. Auch sollte sie sich vergewissern, daß er immer ein Tallit katan trage, damit er stets daran erinnert werde, daß er ein Jude sei. Israel Abraham bat um Vergebung, sollte er Bronia in den Jahren, in denen sie verheiratet waren, jemals verletzt haben, besonders während der schwierigen Kriegsjahre. Er verzieh ihr alles und dankte ihr für die wundervolle Zeit, die Gott ihnen gemeinsam geschenkt hatte, um eine Familie zu gründen. Eine beträchtliche Summe Geld war dem Brief beigefügt.

Nachdem Bronia fertiggelesen hatte, eilte sie zu einem Mann im Getto von Bochnia, der als Experte im Schmuggeln bekannt war und der Leute von einem Getto ins andere schleusen konnte. „Nach Tarnow reise ich nicht", erklärte dieser kopfschüttelnd, „da betrete ich die Höhle des Löwen. Von dort gibt es kein Entkommen." Bronia bot ihm die doppelte Summe. Er weigerte sich. Sie erinnerte ihn daran, daß sie ihn wenige Tage zuvor in Kolomea aus einer gefährlichen Lage gerettet und dabei ihr eigenes Leben aufs Spiel gesetzt hatte. „Ich erinnere mich und bin dankbar dafür, aber der Mensch ist in erster Linie für sich selbst verantwortlich", sagte er. „Und dieser Auftrag ist einfach zu gefährlich."

Kurz darauf wurde Rabbi Israel Abraham in die Gaskammer geschickt. Auf seiner letzten Fahrt von Tarnow nach Belzec war es ihm gelungen, eine der Eisenstangen in dem einzigen Fenster des Viehwaggons zu zerbrechen. Er preßte seinen sechs Jahre alten Sohn durch den Spalt zwischen den Gitterstäben hindurch und stieß Zwi aus dem dahinrasenden Zug in die Freiheit. Irgendwie, er war dessen sicher, würde Bronia ihn finden.

Nach einem Gespräch der Rebbezen Bronia Spira mit Dina Spira, Itzchaks Frau, vom 2. Mai 1976.

Ein Mutterherz

Der Todeszug von Tarnow nach Belzec raste durch die klare Herbstnacht. In seinen Armen hielt Rabbi Israel Abraham Koczicki den sechsjährigen Sohn Zwi. Er flüsterte dem schläfrigen Jungen zu, stark und mutig zu sein, denn dort draußen in dem weiten Raum war ein großer Gott, der Vater des Universums, der über allen seinen Kindern wachte. Ein Klirren der Eisenstange, als sie aus dem Fenster des Viehwaggons herausgebrochen wurde, ein flüchtiger Kuß von des Vaters fiebernden Lippen, und Zwi flog aus den schützenden Armen seines Vaters hinaus in die dunkle, kalte polnische Landschaft. Nahe einer riesigen Kiefer landete er in den Büschen. Blutend, voller Prellungen und unter Schock rief er mit zaghafter Stimme nach seinem Vater, bis Kälte und Müdigkeit ihn übermannten und verstummen ließen. Es war dunkel. Das Rattern des Zuges hatte sich in der Ferne verloren.

Irgendwie spürte Bronia im Getto von Bochnia, daß ihr Sohn entlang der Eisenbahngleise Tarnow–Belzec zu finden war. Sie heuerte einen Bauern an und postierte ihn für eine nicht geringe Summe Tag und Nacht in der Nähe des Bahndamms. Der Bauer tat so, als ob er in seinem großen Korb Pilze sammelte in dem Wald entlang der Gleise, die von Tarnow ins Todeslager von Belzec führten.

Der Bahndamm war übersät mit Photos jüdischer Familien; lächelnde Gesichter junger und alter Menschen. Auf der Rückseite waren mit zitternden Händen verzweifelte Botschaften gekritzelt, um Hilfe flehend.

Eines Tages entdeckte der Bauer am Rande der Schienen, da, wo der Wald begann, in einem Busch ein paar Kinderschuhe. Sie steckten an den Füßen eines kleinen Jungen, der mehr tot als lebendig zu sein schien. Das Kind entsprach dem Photo und der Beschreibung, die Bronia dem Bauern gegeben hatte. Er hob den Jungen auf und lief mit ihm zu Bronia zurück.

Im Krankenhaus von Bochnia fing der Junge langsam an, wieder auf seine Umwelt zu reagieren. Er öffnete die Augen, und seine Lippen flüsterten etwas. Bronia war sicher, daß er nach seinem Vater gerufen hatte. Doch zur vollen Genesung war noch ein weiter Weg.

Einige Zeit später, Bronia arbeitete in einem der Handwerksbetriebe des Gettos, hielt sie plötzlich inne, ließ alles stehen und liegen und rannte zum Krankenhaus. Sie hatte die seltsame Vorahnung, daß ihrem Sohn ein schreckliches Unglück drohte. Unter dem Protest der Schwestern kleidete sie hastig ihren Sohn an, wickelte ihn in eine Decke und stürzte mit dem Kind in ihren Armen aus dem Krankenhaus. Erst als es außer Sicht war, verlangsamte sie ihre Schritte, um Luft zu holen.

In derselben Nacht, am 11. November 1942, wurden alle Krankeninsassen sowie das gesamte ärztliche Personal, im ganzen 44 Juden, erschossen[1]. Zwi lag behütet in den Armen seiner Mutter in einer winzigen Ecke ihrer Gettowohnung.

Nach einem Gespräch der Rebbezen Bronia Spira mit Dina Spira vom 2. Mai 1976.

Gott ist überall … nur …

Es war Bronia Koczicki auf wunderbare Weise gelungen, ihre zwei kleinen Söhne Zwi und Itzchak, drei und sechs Jahre alt, zu retten. Jetzt machte sie sich daran, zwei weitere Kinder, nämlich ihre Zwillingsnichten Lea und Brascha zu befreien. Die Eltern der Mädchen und fünf jüngere Geschwister waren im Nachbargetto umgekommen. Die beiden Zwillinge waren die einzigen Verwandten, die von der einstmals großen Familie Bronias übriggeblieben waren. Bronia war besessen von der Idee, diese beiden Mädchen zu retten.

Trotz ihrer guten Beziehungen im Getto Bochnia gelang es ihr nicht, für Lea und Brascha Arbeitspapiere zu besorgen. Ohne diese Papiere waren die Mädchen automatisch illegale Bewohner des Gettos: ein Vergehen, für das nicht nur die staatenlosen Gettoinsassen, sondern auch die, die ihnen Unterschlupf gewährt hatten, mit dem Tode bestraft wurden[1].

Für wenige Tage konnte Bronia die Zwillinge in einer winzigen Ecke des Zimmers verbergen, das sie mit anderen Flüchtlingsfamilien teilte, die der Kampf um ihr Leben nach Bochnia geführt hatte. Bronia ließ nichts unversucht, doch noch an die notwendigen Papiere heranzukommen. Ihre Bemühungen waren vergeblich. Die Mädchen blieben staatenlose Flüchtlinge im Getto. Als die Aktionen sich häuften und der Tod tagein, tagaus durch die Straßen von Bochnia zog, forderten die Nachbarn Bronia auf, Lea und Brascha wegzuschicken. Sie fürchteten um ihr eigenes Leben. Bronia war der Verzweiflung nahe. Noch einmal bemühte sie sich um Arbeitspapiere für die beiden Mädchen, doch all ihre Anstrengungen führten zu nichts. In dieser Situation entschied sich Bronia für einen waghalsigen Plan. Er war ihre letzte Hoffnung. Und sie machte sich unverzüglich an seine Ausführung. Aus Angst, jemand könne sie verraten, weihte sie niemanden in ihr Vorhaben ein. Dann begann sie fieberhaft, ihre Idee in die Tat umzusetzen.

In derselben Nacht noch setzte sie sich nach einem harten Arbeitstag in der Werkstatt des Gettos nieder und verfaßte ein amtliches Schreiben in deutscher Sprache. Mehrere Male schrieb sie den Brief um, bis schließlich ein befriedigtes Lächeln auf ihrem Gesicht signalisierte, daß ihr Inhalt und Form des Briefes zusagten.

Am nächsten Morgen kämmte Bronia ihre blonden Locken, zog ihr bestes Kleid an und machte sich zum Hauptquartier der Gestapo auf den Weg. Sie ging stolzen, zuversichtlichen Schrittes und betete zu Gott, daß sie ihre wahren Gefühle, die Angst und Verzweiflung, nicht verraten würden. Mit einem fröhlichen Lächeln betrat sie das Gestapogebäude, nach allen Seiten herzlich grüßend. Sie steuerte direkt auf das Büro des Polizeichefs zu, wo sie wie eine lange abwesend gewesene alte Bekannte begrüßt wurde. Sie nahm auf dem Rand des Schreibtischs des Polizeichefs Platz. Bald entwickelte sich ein freundliches Gespräch zwischen Bronia, dem Gestapochef Schomburg und Kunda, einem Gestapomann, beide im Getto bekannt für ihre grenzenlose Gier nach Schmiergeldern. Bronias Stimme mit ihrem unverkennbaren Berliner Tonfall entzückte alle Anwesenden im Hauptquartier der Gestapo.

Im Verlauf des Gesprächs ließ Bronia zehn Goldstücke in die Hände eines jeden der Beamten gleiten mit dem Versprechen, daß mehr folgen würde. Schnell hatte sie herausgefunden, daß das Getto in allernächster Zeit aufgelöst werden sollte; nur Leute mit ausländischen Pässen würden verschont bleiben. Sie würden in ein besonderes Übergangslager für Gefangene gebracht, nach Bergen-Belsen, wo sie von der deutschen Regierung gegen deutsche Gefangene in den alliierten Gebieten ausgetauscht werden würden. „Alle anderen gehen kaputt", sagte Schomburg und brach in ein wildes, ordinäres Gelächter aus.

Gegen Mittag verabschiedete sich Bronia von den beiden Beamten und dankte ihnen für ihre Gastfreundschaft. Als sie Bronia zum Ausgang begleiteten, erwähnten sie noch einmal anerkennend ihr gutes arisches Aussehen und versicherten ihr, wie sehr ihr Besuch sie gefreut hätte. Ihr geistreicher Berliner Witz sei ihnen ein besonderes Vergnügen gewesen. Als sie sich dem Haupteingang zuwandten, blieb Bronia plötzlich stehen. „Ach, meine Herren, beinahe hätte ich vor lauter Begeisterung über unsere Unterhaltung diesen Brief vergessen. Ich bin sicher, Herren in Ihrer Stellung werden keine Schwierigkeiten haben, diesen Brief durch die entsprechenden Kanäle nach Tarnow weiterzuleiten und einen positiven Bescheid zu erhalten."

Gemeinsam kehrten sie in Schomburgs Büro zurück, wo die Männer den Brief gründlich durchlasen und Bronia zu ihrem perfekten Deutsch und dem einwandfreien Stil beglückwünschten. Sie drückten dem Brief ein paar Amtsstempel auf, so daß er aussah wie ein Bild mit Adlern, die auf Swastikas nisten. Dann legten sie ihn zu dem Stoß abgehender Post und versicherten Bronia, daß alles gutgehen würde. Auf dem Weg nach Hause zitterte Bronia vor Angst am ganzen Körper. Sie hatte den ersten gefährlichen Schritt hinter sich, der, falls erfolgreich, ihren beiden Nichten das Leben retten sollte. Wenn er jedoch mißlang, würde das Unglück sich über sie alle ergießen: die Zwillinge, ihre beiden Söhne und sie selbst. In dem Brief, den sie gerade auf den Weg nach Tarnow geschickt hatte, hatte sie sich für ihre tote Schwägerin Miriam ausgegeben und um Zusendung ihrer Dokumente ersucht. Miriam war in Berlin geboren und im Besitz eines britischen Passes gewesen, denn sie hatte mit ihrer Familie einige Jahre im britischen Mandatsland Palästina gelebt.

Einige Tage darauf trafen Miriams Papiere in einwandfreiem Zustand aus dem Gestapohauptquartier in Tarnow ein. Schomburg und Kunda erhielten jeder zehn weitere Goldmünzen. Für die Zukunft versprachen sie ihre weitere Mitarbeit.

Doch nun, mit der Ankunft der britischen Papiere Miriams, begann erst Bronias eigentliches Dilemma. Welche Papiere sollte sie benutzen, ihren eigenen südamerikanischen Paß, in dem nur zwei Kinder vermerkt waren, oder den ihrer Schwägerin mit sieben Kindern? Miriam war fünf Jahre älter als Bronia, womit Bronia in die im Dritten Reich äußerst unerwünschte Kategorie älterer Frauen rutschen würde. Was die Sache noch verschlimmerte, war der Umstand, daß Miriams Paßphoto nicht die geringste Ähnlichkeit mit Bronia hatte. Außerdem waren ihre Kinder etwas jünger als die jüngsten in Miriams Paß eingetragenen Söhne. Wenn sie ihre eigenen Papiere benutzte, hatte sie eine ungleich größere Chance, ihre Söhne und sich selbst zu retten, die Mädchen jedoch würde sie preisgeben und dem sicheren Tod ausliefern. Die ratlose Bronia wandte sich hilfesuchend an ihre Mitbewohner. Doch man erklärte ihr, in dieser Frage auf Leben und Tod könne nur sie allein entscheiden.

Bronia entschloß sich daraufhin, den Rat des weltberühmten Boyaner Rabbi, Rabbi Mosche Friedman[2], einzuholen. Reb Moschenu, wie er von den Chassidim genannt wurde, hatte zeitweilig Unterschlupf im Getto von Tarnow gefunden. Da Bronia nicht selbst nach Tarnow reisen konnte, sandte sie einen Brief, in dem sie alle Einzelheiten ihres Problems genau aufführte. Ein vertrauenswürdiger Bote schleuste den Brief für eine nicht unbedeutende Summe Geld von Getto zu Getto. Aufmerksam und in großer Konzentration las Reb Moschenu den Brief. Lange Zeit blieb er bewegungslos sitzen. Nur seine großen weisen Augen schienen in unermeßliche Fernen zu schauen. Er erhob sich von seinem Stuhl, mit schwungvoller Geste streckte er seine Hände gen Himmel, als wollten sie den gesamten Raum des kleinen Zimmers und darüber hinaus die ganze Welt in sich hineinnehmen. Dann wandte er sich in klarem und bestimmtem Ton an den Boten: „Gott ist überall", sagte er, „in Bochnia, in Paraguay und in Erez Israel. Aber in diesem besonderen Fall sind die Papiere aus Erez Israel vorzuziehen. Benutzt sie, und die Verdienste unserer heiligen Vorfahren und Großväter mögen sie und die vier Kinder beschützen und ihre Schritte ins Leben geleiten. Denn eine Seele zu retten ist eine der edelsten Taten, die ein Mensch vollbringen kann. Wie unsere Weisen sagten: ,Wer immer eine einzige Seele Israels rettet, den betrachtet die Schrift, als hätte er die ganze Welt gerettet.'"[3]

Der Bote kehrte wohlbehalten nach Bochnia zurück und überbrachte Bronia die Botschaft des Rabbi. Eine schwere Last war von Bronias Schultern genommen. Reb Moschenu hatte die Entscheidung getroffen. Bronia würde sich für Miriam ausgeben und den palästinischen Paß benutzen. Sie eilte nach Hause zu ihren Kindern und berichtete ihnen von dem Beschluß und dem Segen des Rabbiners.

Im Sommer des Jahres 1943 wurde Bronia mit den anderen

Besitzern ausländischer Pässe nach Bergen-Belsen deportiert. Nicht lange nach ihrer Ankunft im Lager, im September 1943, wurde das Getto von Bochnia aufgelöst.

Als die englischen Befreiungstruppen sich den Toren von Bergen-Belsen näherten, verfrachtete man Bronia mit ihren zwei Söhnen, den Zwillingen und einigen Tausend anderen Juden in einen Todeszug. Als man sie aus den Waggons holte, um sie in dem nahen Wald zu erschießen, wurden sie von der amerikanischen Armee bei Magdeburg befreit[4].

Nach einem Gespräch der Rebbezen Bronia Spira mit Dina Spira vom 2. Mai 1976 und meiner darauffolgenden Unterhaltung mit der Rebbezen.

Das Amulett des Belzer Rabbi

In einer kalten, dunklen Nacht im Getto von Tarnow klopfte jemand aufgeregt an das Fenster von Dr. Isaja Hendler. „Ein Jude ist's, ein Freund; öffnen Sie die Tür, Doktor!" Hendler eilte zur Tür. Auf der Schwelle stand Herr Goldfarb, ein Belzer Chassid. Seine Not war offenkundig, die Worte überstürzten sich. „Doktor Hendler, ich brauche Ihre Hilfe. Auf Geld kommt es nicht an, wir zahlen, was Sie verlangen. Der Großrabbiner von Belz ist verletzt worden. Er befindet sich in einem kleinen Dorf in der Nähe von Tarnow und braucht dringend ärztliche Hilfe." Dr. Hendler kannte das Risiko nur zu gut, das er einging, wenn er das Getto ohne Erlaubnis verließ: es konnte seinen Tod bedeuten. Doch in wenigen Minuten hatte er sich angezogen, und mit seinem Arztkoffer in der Hand, folgte er Goldfarb. Sie kletterten über Zäune und kämpften sich durch Schlamm und Morast, bis sie schließlich die Gettogrenzen hinter sich gelassen hatten. Ein polnischer Bauer mit Pferd und Wagen erwartete sie. Erst als sie auf dem Wagen Platz genommen hatten und in die Nacht hinausfuhren, skizzierte Goldfarb mit ein paar flüchtigen Worten das Unglück, das dem Großrabbiner Aaron Rokeach seit seiner Flucht aus Belz widerfahren war. Er hatte den Tod seiner Familie und seines geliebten Sohnes miterleben müssen und nun einen schweren Unfall erlitten. Der Belzer Rabbi, dessen Bruder, Rabbi Mordechai von Bielgory sowie zwei ihrer begeisterten Anhänger hatten für einen astronomischen Betrag ein Taxi mit einem polnischen Fahrer gemietet, der sie nach Bochnia bringen sollte. Das Auto war von der Fahrbahn abgekommen, hatte sich überschlagen und war im Graben gelandet. Der gebrechliche alte Rabbiner war schwer verletzt worden.

Nach knapp einer Stunde Fahrt durch die pechschwarze polnische Landschaft erreichte der Doktor mit seinem Begleiter das Dorf, in dem der Rabbi mit seinen Leuten wartete. Der Kutscher führte sie in eine Scheune. Hier, auf einem Ballen Stroh unter dem fahlen Licht einer von der Decke herabhängenden Kerosinlampe saß der weltberühmte Belzer Zaddik. Sein Kopf war mit einem roten Halstuch umwickelt, als hätte er Zahnschmerzen. Bart und Schläfenlocken waren wegrasiert, Hände und Kleider blutbefleckt. Dr. Hendler versorgte den Rabbi und danach die anderen Fahrgäste, die mit ein paar kleineren Verletzungen davongekommen waren. Als der Doktor fertig war, fragte ihn der Rabbi nach dem Honorar. „Nicht einen lumpigen Heller", wehrte Dr. Hendler ab. Er habe nur seine menschliche und berufliche Pflicht getan, erklärte er, und es sei ihm ein unendliches Vergnügen gewesen, daß er die Ehre hatte, dem Rabbi, seinem Bruder und deren Begleitern in einem Augenblick der Not wie diesem zu helfen.

Der Großrabbiner von Belz war tief bewegt von den Worten des Arztes. Bevor sie sich trennten, segnete er Dr. Hendler und versicherte ihm, er und seine nahen Familienangehörigen würden den Krieg überleben. Daraufhin überreichte er ihm eine 20-Zloty-Münze, nicht als Bezahlung, sondern als eine Art Amulett und ermahnte ihn, darauf aufzupassen, es würde ihn in jeder Situation beschützen.

Auf dem Rückweg zum Getto bat Goldfarb Dr. Hendler, ihm das Amulett zu verkaufen. „Doktor, wofür brauchen Sie ein Amulett? Sie sind ein Jude, der die Gesetze und Bräuche nicht beachtet. Das Amulett eines chassidischen Rabbi ist daher für Sie wertlos." Er bot dem Arzt 2000 Zloty für die 20-Zloty-Münze; Dr. Hendler antwortete nicht. Goldfarb erhöhte sein Angebot auf 20 000 Zloty. Noch immer reagierte Dr. Hendler nicht. Goldfarb ließ nicht davon ab, um das Amulett zu feilschen. „Ich zahle jeden Betrag, den Sie verlangen", versuchte er ihn zu überreden. Schließlich entgegnete der Doktor: „Lieber Herr Goldfarb, welchen Preis auch immer Sie mir anbieten, ich werde mich von meiner 20-Zloty-Münze nicht trennen, die mir der Großrabbiner von Belz gegeben hat. Sie hat keinen Preis, denn sie bedeutet nicht mehr und nicht weniger als mein Leben!" Damit war das Thema erledigt, und die beiden Männer erreichten vor Tagesanbruch das Getto.

Als das Getto von Tarnow im September 1943 aufgelöst wurde, wurde Dr. Hendler zusammen mit anderen arbeitsfähigen jungen Leuten nach Plaszow deportiert. Seinen kostbaren Besitz nahm er mit sich; das Amulett und ein medizinisches Manuskript, das er im Getto geschrieben hatte. Als eine weitere Deportation bevorstand, diesmal von Plaszow in ein deutsches Konzentrationslager, vergrub er das Amulett und sein Manuskript in der Nähe seiner Unterkunft in Plaszow.

Wie der Belzer Rabbi ihm in jener dunklen Nacht in einem abgelegenen Dorf in Polen versprochen hatte, überlebte Dr. Hendler den Krieg. Nach der Befreiung kehrte er nach Plaszow zurück und machte sich auf die Suche nach seinem Amulett und dem Manuskript. Die Baracken existierten nicht mehr. Nach einer ermüdenden Suche machte er den Ort ausfindig und barg seinen Schatz, das Amulett und das Manuskript.

Obwohl Isaja Hendler seine Eltern im Getto von Tarnow verloren hatte und seine Brüder, Ärzte wie er, im Holocaust umkamen, ist er fest davon überzeugt, daß er und seine Schwester nur aufgrund der schützenden Macht des Amuletts und des Segens überlebten, den er von dem Großrabbiner von Belz, Rabbi Aaron Rokeach, empfangen hatte. Bis zum heutigen Tag führt Dr. Hendler in seiner Tel Aviver Wohnung Besuchern stolz die 20-Zloty-Münze vor, das Amulett, das sein Leben rettete[1].

Nach Dr. Hendlers Bericht in: Tarnow – Sefer Sikaron, Israel 1968, Band 2, S. 272–276, sowie meinem Interview mit einem Belzer Chassid, am 18. März 1980.

Die Generäle

Im Mai 1943 wurden der Rabbi von Belz, Rabbi Aaron Roke-ach, und sein Bruder Mordechai, der Rabbi von Bielgory, aus dem Getto von Bochnia herausgeschmuggelt. Verantwortlich für die Rettungsaktion war ein tapferer ungarischer Offizier, der für sein kühnes Vorhaben mit einer hübschen Summe entlohnt worden war.

Seinem Plan zufolge sollte der hochgestellte ungarische Of-fizier im Dienst der ungarischen Armee reisen. Seine ‚Mis-sion‘ sollte sein, zwei berühmte Generäle, die an der Ostfront in Gefangenschaft geraten waren, zur Vernehmung von Po-len nach Ungarn zurückzubringen. Die beiden gefangenen Generäle sollten niemand anders sein als – der Großrabbiner von Belz und sein Bruder.

Der ungarische Offizier traf alle notwendigen Vorkehrun-gen für die verschiedenen Grenzübergänge in Polen und Un-garn. Alle gefälschten Dokumente waren in einwandfreiem Zustand, ebenso die ausgetauschten Nummernschilder, die er für den Wagen besorgt hatte. Das einzige, was zum Problem werden konnte, war die Tatsache, daß er vergessen hatte, zwei russische Uniformen zu beschaffen. Als er seinen Fehler bemerkte, war es zu spät, um noch einmal umzukehren. Dennoch hatte der ungarische Offizier Vertrauen in das Ge-lingen seines Plans und glaubte nicht an größere Schwierig-keiten.

Nach langen Monaten der Vorbereitung begann die Fahrt in die Freiheit. Zuerst die dramatische Flucht aus dem Getto Bochnia. Nur eine von vielen heroischen Taten ist die eines Chassids: er vertrat den Rabbi für ein paar Tage als Doppel-gänger, damit die Gettoverwaltung sein Fehlen nicht be-merkte.

Mit den beiden ‚Generälen‘ auf dem Rücksitz, beide glatt-rasiert und in Zivil, passierte der tapfere ungarische Offizier erfolgreich den ersten Grenzübergang. Mit jedem neuen Kon-trollpunkt, den er durchfuhr, wuchs seine Zuversicht. Froh-gemut stimmte er ungarische Volksweisen an. Einmal ließ er sogar seine beiden Passagiere alleine im Wagen zurück, während er in einem Gasthaus ein paar Gläschen zu sich nahm.

Als er aus dem Gasthaus trat, konnte er den Wagen nicht finden. Halb wahnsinnig machte er sich auf die Suche nach dem verschwundenen Auto, nur um es an genau derselben Stelle wiederzufinden, an der er es geparkt hatte. Es war nämlich in dichten Nebel gehüllt, wie um es vor den Augen derer zu verbergen, die es nicht sehen sollten. Der Offizier bekreuzigte sich, denn nun war er sicher, daß alles, was man ihm über die beiden Passagiere erzählt hatte, wirklich stimmte.

Schließlich erreichten sie die ungarische Grenze, die letzte Etappe ihrer gefährlichen Reise. Der ungarische Offizier war bester Laune, besonders jetzt, da er auf heimatlichem Boden angelangt war. Er tauschte die Nummernschilder aus und entledigte sich der alten in einem nahen Kartoffelacker, wo er sie tief in die Erde vergrub.

Der Offizier erwartete keine Schwierigkeiten am ersten größeren Grenzübergang in Ungarn. Als sie die Schranke erreichten, übergab er dem jungen Grenzbeamten alle notwendigen Papiere. Dieser besah sich die Photos in den Dokumenten, verglich sie sorgfältig mit den zwei Passagieren auf dem Rücksitz, prüfte die in seinem Besitz befindliche Namensliste und sagte dann: „Tut mir leid, ich kann Sie nicht durchlassen. Ich habe keinen Befehl von oben, die Ankunft zweier Gefangener zu erwarten." – „Erkundige dich bei deinem Vorgesetzten", forderte der ungarische Offizier im Befehlston. Nach ein paar Minuten erschien der Vorgesetzte. Er entschuldigte sich für die Unannehmlichkeiten, bestätigte jedoch die Aussage des jungen Soldaten. Er habe keine Anweisung, zwei gefangenen russischen Generälen die Durchfahrt zu gestatten. „Wo sind Ihre Uniformen?" fragte er die Herren auf dem Rücksitz. Diese schwiegen. „Sie haben strikte Anweisung, mit niemandem zu reden außer im Hauptquartier. Wie lange gedenken Sie uns noch an diesem gottverlassenen Ort festzuhalten?" Während der ungarische Offizier in selbstsicherem Ton weiterredete, rätselte er, was schiefgegangen sein könnte, und sann über einen Alternativplan nach.

In diesem Moment tauchten aus dem Nebel drei berittene

ungarische Generäle auf prächtigen Rossen auf. Sie befahlen den Grenzbeamten, dem jungen und dessen Vorgesetzten, die gefangenen Generäle passieren zu lassen. Als der Wagen die Grenze überquerte, salutierten die drei berittenen ungarischen Generäle den beiden ‚Generälen' im Rücksitz. Und wieder machte sich der Wagen mit seinen beiden prominenten Fahrgästen auf den Weg in die Freiheit.

Der ungarische Offizier war fassungslos. „Ich kenne alle hohen Offiziere der ungarischen Armee, aber ich muß Ihnen offen gestehen, diese drei, die an der Grenze zu unserer Rettung auftauchten, habe ich nicht erkannt."

„Wir haben", entgegnete der Rabbi von Bielgory. „Es waren unser Vater, Rabbi Issacher Dow Bär (1859–1927), unser Großvater, Rabbi Jehoschua (1825–1894), und unser Urgroßvater, Rabbi Schalom der Seraph (1779–1855), alles Spitzengeneräle in der Armee Gottes, des Allmächtigen!"

Nach dem persönlichen Bericht eines Belzer Chassids, der es wiederum vom Rabbi von Bielgory selbst gehört hat, 24. Februar 1980.

Ein Schofar im Kaffeekessel

Wolf Fischelberg lief mit seinem zwölfjährigen Sohn zwischen den Baracken des Bevorzugtenlagers von Bergen-Belsen umher, um ein paar Zigaretten gegen Brot einzutauschen. Als sie gerade in den nächsten Block einbiegen wollten, flog ein Stein über den Stacheldraht, der die einzelnen Sektoren voneinander trennte. Der Stein flog über ihre Köpfe hinweg und landete zu ihren Füßen. Er galt ohne Zweifel dem Vater und seinem Sohn.

„Was soll das bedeuten?" wandte sich Wolf an seinen Sohn Leo.

„Nichts! Nur ein zorniger Jude, der Steine schleudert", erwiderte der Sohn in frechem Ton.

„Zornige Juden werfen nicht mit Steinen, das ist nicht Teil unserer Tradition", entgegnete der Vater.

„Dann ist es vielleicht Zeit, daß es Teil unserer Tradition wird", stieß der Sohn in verhaltenem Zorn hervor.

Wolf Fischelberg sah sich um, ob die Luft rein war. Dann bückte er sich und hob den Stein auf. Er war in einen kleinen Zettel eingewickelt. Wolf steckte ihn in seine Tasche. Dann gingen sie zu einer ungefährlichen Baracke, in der andere polnische Juden hausten. Abseits von den anderen in einer Ecke las Wolf die Nachricht, die auf den Zettel gekritzelt war. Sie war hebräisch verfaßt von einem holländischen Juden namens Chaim Borack, der argentinische Papiere besaß. Nachdem er sich ausgewiesen hatte, fuhr er fort, er sei in der glücklichen Lage, einen Schofar zu besitzen. Wenn die chassidischen Juden aus dem Polentransport den Schofar für die Gottesdienste an Rosch Ha-Schana benutzen wollten, könnte Borach ihn in einem der Kaffeekessel bei der morgendlichen Essensverteilung herüberschmuggeln. Dabei würden sie zwar auf den Kaffee verzichten müssen, denn der Schofar würde gerade soviel von Kaffee bedeckt sein, wie zur Tarnung nötig sei.

Unter den polnischen Juden wurde eine Abstimmung vorgenommen. Eine klare Mehrheit entschied sich für den Plan, den Schofar herüberzuschmuggeln. Alle waren einverstanden, auf ihre morgendliche Kaffeeration am ersten Tag von Rosch Ha-Schana zu verzichten.

Zur Zeit, die auf der Nachricht angegeben war, machte sich nun zum zweitenmal ein Stein auf den Weg über den elektrischen Stacheldraht, diesmal in entgegengesetzter Richtung. „Siehst du, mein Sohn, Juden werfen Steine niemals umsonst", sagte Wolf zu seinem Sohn, während seine Augen dem Stein in den anderen Sektor hinüber folgten.

Der Schofarschmuggel war ein voller Erfolg. Keiner wurde erwischt, und der Schofar blieb unversehrt. Doch nun ergab sich ein Problem. Um das Gebot, die Verpflichtung zum Schofarblasen, zu erfüllen, mußten alle Anwesenden den Schofarton klar und deutlich hören können. Das Risiko war groß. Wenn die Laute des Schofars den Deutschen zu Ohren kamen, würden sie alle mit ihrem Leben bezahlen.

Im Block entbrannte eine heiße Debatte zwischen den Gelehrten und Rabbinern, ob das Gebot des Schofarblasens auch ordnungsgemäß erfüllt sei, wenn das Horn nicht deutlich zu hören war. Da keine Bücher zur Verfügung standen, in denen man hätte nachschlagen können, mußten sich die Diskussionsteilnehmer auf ihr Gedächtnis verlassen. Man zog Präzedenzfälle aus den unterschiedlichsten jüdischen Quellentexten heran, und schließlich traf man eine Entscheidung, die mit der Halacha – dem jüdischen Gesetz – in Einklang stand: der Schofar würde leise geblasen werden. Gott würde sicher die verhaltenen Töne des Schofars akzeptieren und die Gebete seiner Söhne und Töchter, so wie er die Gebete Isaaks auf dem Altar am Berge Morija angenommen hatte, dachte Wolf Fischelberg und hub an, den Schofar zu blasen.

Während die kleine Miriam, Wolfs Tochter, dem Schofar zuhörte, hoffte sie insgeheim, er möge die Stacheldrahtzäune von Bergen-Belsen niederreißen, gerade so, wie er in früheren Zeiten die Mauern von Jericho zum Einsturz gebracht hatte.

Der Gottesdienst war zu Ende. Nichts hatte sich verändert. Der Stacheldraht stand noch, fest und unerschütterlich. Nur in den Herzen rührte sich etwas – Wissen und Hoffnung. Wissen, daß der gedämpfte Ton des Widderhorns ein Loch in die nationalsozialistische Mauer der Knechtschaft und Erniedrigung gerissen hatte. Und Hoffnung, Freiheit möge eines Tages die Mauern von Bergen-Belsen und in der ganzen Welt einreißen.

Nach einem Interview von Dina Spira mit Wolf Fischelberg vom 20. Dezember 1976.

„Jude, geh zurück ins Grab!"

Zu Rosch Ha-Schana 1941, als alle Juden von Eisysky und den umliegenden Städtchen in der Synagoge des Stetl ihrem Schicksal entgegenharrten, bewacht von Irren, die deren litauische Wärter zu Aufsehern ernannt hatten, wußte der Rabbi von Eisysky, Rabbi Schimon Rozowsky, daß sein geliebtes Stetl verloren war. Wenige Tage zuvor hatte er die Stadtältesten zusammengerufen und ihnen erklärt: „Juden, unser Ende ist nahe. Gott wünscht unsere Erlösung nicht; unser Schicksal ist besiegelt, und wir müssen es annehmen. Aber laßt uns in Würde sterben, wir wollen uns nicht wie Schafe zur Schlachtbank führen lassen. Wir wollen Munition kaufen und bis zum letzten Atemzug kämpfen. Laßt uns sterben wie die Richter Israels: ,Sterbe, meine Seele, samt den Pelischtim!'"[1]

Einige hatten ihn unterstützt, doch die Opposition, angeführt von Jossel Wildenburg, war in der Überzahl[2]. Jetzt war es zu spät. Sie wurden aus den Synagogen heraus zum Pferdemarkt geführt. Rabbi Schimon Rozowsky in seinem Schabbatkleid und mit seidenem Käppchen führte die eigenartige Prozession, mehr als 4000 Juden, an. Neben ihm ging der stattlich aussehende Chasan von Eisysky, Herr Tabolsky. Er war in seinen Tallit gehüllt und trug die heiligen Torarollen. Beide, der Rabbi und der Chasan, beteten der Gemeinde das Viddui, das Sterbebekenntnis, vor.

In Gruppen zu 250, die Männer zuerst, nach ihnen die Frauen, wurden die Menschen vor die offenen Gräben auf dem alten jüdischen Friedhof geführt. Man befahl ihnen, sich auszuziehen und am Rand der Gruben aufzustellen. Unter den ermunternden Zurufen und der Mithilfe der örtlichen Bevölkerung wurden sie von litauischen Wachen in den Hinterkopf geschossen. Der oberste Scharfrichter war der Litauer Ostrovakas. In Uniform, mit weißer Schürze und Handschuhen überwachte er persönlich die Hinrichtung. Er behielt sich das Recht vor, die führenden Persönlichkeiten des Städtchens persönlich zu erschießen, unter ihnen den Rabbi Schimon Rozowsky. Daneben übte er sich noch im

Scharfschießen, indem er auf Kinder zielte, während man sie in die Gräben warf[3].

Unter den Juden an diesem 25. September 1941 auf dem alten jüdischen Friedhof von Eisysky befand sich auch einer der Lehrer des Stetl, der Melamed Reb Michalowsky, mit seinem jüngsten Sohn Zwi, achtzehn Jahre alt. Nackt am Rand des offenen Grabes stehend, hielten sie sich bei den Händen und versuchten, sich während ihrer letzten Minuten gegenseitig Trost zu spenden. Der junge Zwi zählte die Kugeln und den Abstand zwischen den einzelnen Salven. Als Ostrovakas und seine Leute ihre Gewehre anlegten, stürzte Zwi einen Sekundenbruchteil bevor die Salve ihn traf, ins Grab.

Er fühlte die Körper sich über ihm auftürmen und ihn bedecken. Er fühlte die Ströme von Blut um sich herum und den zitternden Haufen sterbender Körper unter sich.

Es wurde dunkel und kalt. Das Schießen ließ nach. Zwi arbeitete sich unter den Körpern aus dem Massengrab hervor in die kalte, tote Nacht. In der Ferne konnte Zwi Ostrovakas und seine Leute hören, die singend und saufend ihre große Tat feierten. Am 26. September 1941, nach 800 Jahren, war Eisysky judenfrei[4].

Am anderen Ende des Friedhofs in Richtung auf die große Kirche gab es ein paar christliche Familien. Zwi kannte sie alle. Nackt und blutbesudelt klopfte er an die erste Tür. Sie öffnete sich. Ein Bauer stand da mit einer Lampe in der Hand, die er am selben Tag aus einem jüdischen Haus geplündert hatte. „Bitte, lassen Sie mich ein", flehte Zwi. Der Bauer hielt die Lampe empor und musterte den Jungen eingehend. „Jude, geh zurück ins Grab, wo du hingehörst!" schleuderte er Zwi ins Gesicht und knallte ihm die Tür vor der Nase zu. Zwi klopfte an andere Türen, die Antwort war die gleiche.

Am Waldrand lebte eine Witwe, die Zwi kannte. Er entschloß sich, an ihre Tür zu klopfen. Die alte Witwe öffnete. In ihrer Hand hielt sie ein brennendes Stück Holz. „Laß mich ein!" bettelte Zwi. „Jude, geh zurück ins Grab auf dem alten Friedhof!" Sie jagte Zwi mit dem brennenden Holzscheit, als ob sie einen bösen Geist, einen Dibbuk, austreiben wollte.

„Ich bin Euer Herr Jesus Christus, ich bin vom Kreuz herabgestiegen. Seht mich an – das Blut, die Schmerzen, das Leiden der Unschuldigen. Laßt mich ein!" sagte Zwi Michalowsky. Da bekreuzigte sich die Witwe und fiel zu seinen blutigen Füßen nieder. „Boże moj, Boże moj" (mein Gott, mein Gott), stammelte sie, immer wieder sich bekreuzigend. Die Tür wurde geöffnet.

Zwi trat ein. Er versprach, ihre Kinder zu segnen, ihren Hof und sie selbst, doch nur unter der Bedingung, daß sie seinen Besuch drei Tage und drei Nächte lang geheimhalten würde, und es keiner Menschenseele enthüllte, nicht einmal dem Pfarrer. Die Witwe gab ihm Kleider, Essen und warmes Wasser, um sich zu waschen. Bevor er das Haus verließ, erinnerte er sie noch einmal daran, daß der Besuch des Herrn ein Geheimnis bleiben muß, und zwar seiner besonderen Mission auf Erden wegen.

In Bauernkleider gehüllt und mit Nahrungsvorräten für mehrere Tage versorgt, machte Zwi sich auf den Weg in den nahen Wald. So wurde die jüdische Partisanenbewegung in der Nähe von Eisysky geboren.

Nach mehreren Interviews mit Zwi Michalowsky und nach meinem Interview mit verschiedenen aus Eisysky stammenden Menschen.

Gottes Bote, der Enkel des Pnej Jehoschua

Itzchak Steinblatt lebte mit seinen Eltern in Stoczeklukowski in Polen, wo er im familieneigenen Flachsbetrieb arbeitete. Es war schwere Arbeit, besonders während der Saison, wenn Itzchak und sein Vater sechs Tage der Woche auf dem Land verbrachten und erst zum Schabbat am späten Freitagnachmittag heimkehrten.

Es war an einem Freitagabend auf dem Höhepunkt der Flachssaison, die Familie Steinblatt hatte gerade ihr festliches Schabbatmahl beendet. Itzchak, ein Raziner Chassid, war Mitglied des Misrachi, und wie jeden Freitag wollte er sich gerade auf den Weg zum Mitgliedertreffen machen. Es regnete in Strömen, und seine Mutter bat ihn, an diesem Abend zu Hause zu bleiben. „Du bist völlig erschöpft, du kannst ja deinen Kopf kaum noch gerade halten, du würdest eine größere Mizwa begehen, wenn du statt zu dem Treffen ins Bett gingest. Draußen regnet es in Strömen. Ich bin sicher, außer dir wird niemand erscheinen. Bei diesem Wetter würde sich nicht einmal ein Hund vor die Tür wagen." – „Hör auf deine Mutter", pflichtete der Vater ihr bei, „soweit ich weiß, hast du die ganze letzte Woche kein Auge zugetan." Jedoch Itzchak bestand darauf. Er fühlte sich einsam und sehnte sich nach seinen Freunden.

Die Straßen waren menschenleer. Keine lebende Seele war unterwegs. Nur das Plätschern der Regentropfen auf dem Kopfsteinpflaster war zu hören. Da, plötzlich, ein Laut. Mit erstickender Stimme versuchte jemand zu schreien: „Gewalt! Gewalt!" – „Wer ist da?" fragte Itzchak auf polnisch. Doch niemand antwortete. Die Hilferufe wurden schwächer und schwächer. Itzchak lief in die Richtung, aus der die Stimme gekommen sein mußte. Hier, mitten auf der Straße, lag in einer riesigen Pfütze ein Jude. Drei polnische Jugendliche schlugen auf ihn ein. Itzchak verpaßte dem größten von den dreien einen kräftigen Schlag mitten ins Gesicht. Der Junge fiel zu Boden. Die beiden anderen rannten davon. Schnell hatte sich der Lange wieder aufgerappelt und folgte den beiden Flüchtenden, seine blutende Nase haltend.

Auf dem Pflaster lag ein alter Jude mit langem weißem Bart. Itzchak half ihm auf die Füße, reinigte ihn von Blut und Schlamm und fragte ihn: „Wer seid Ihr, Reb Jidd?" – „Ich bin der Enkel des Pnej Jehoschua."[1] – „Und wohin seid Ihr unterwegs, mein lieber Jude, bei diesem Wetter?" fragte Itzchak weiter. „Ich komme vom Haus des Mottel Becker. Ich habe das Freitagabendmahl mit ihm gegessen und war auf dem Weg zum Gästehaus[2], als die drei polnischen Schkotzim (Scheusale) mich angriffen. Weißt du, daß du gerade mein Leben gerettet hast? Indem du dies tatest, hast du dir diese und die zukünftige Welt verdient. Bitte bring mich zum Gästehaus. Ich habe jedoch ein Problem. Das Gästehaus liegt außerhalb des Eruw Chazerot[3] (einer Zusammenlegung von Wohnbereichen), und ich habe ein paar Sachen in meiner Tasche, die ich am Schabbat nicht mit mir herumtragen darf. Ich würde sie gerne irgendwo aufbewahren." Itzchak schlug vor, sie ins Raziner Stibl zu bringen und sie am Samstagabend nach der Hawdala wieder dort abzuholen.

Erst als sie das Raziner Stibl erreichten, bemerkte Itzchak im fahlen Licht des Zimmers die wunderschönen, leuchtenden Augen des Mannes, dessen Leben er gerade gerettet hatte. Itzchak nahm den Traktat Schabbat[4] vom Regal und deutete dem Enkel des Pnej Jehoschua, seine Sachen zwischen die Buchseiten zu legen. Der alte Mann holte aus seiner Tasche eine Tallitschnalle, eine winzige elfenbeinerne Schnupftabakdose, Brillenetui, Taschentuch und ein paar andere Habseligkeiten, alle wunderschön und fein verarbeitet. Dann stellte Itzchak die Gemara aufs Regal zurück und ließ sie etwas hervorstehen, um sie später leichter wiederzufinden.

Dann brachte Itzchak den Enkel des Pnej Jehoschua zum Gästehaus, besorgte einen guten Schlafplatz und eine saubere Matratze für seinen ungewöhnlichen Gast, und mit einem „Gut Schabbes!" wandte er sich zum Gehen. „Hört her, alle, die ihr im Gästehaus seid!" verkündete der Enkel des Pnej Jehoschua: „Dieser junge Mann hat heute abend mein Leben gerettet und damit diese Welt und die zukünftige Welt gewonnen!" Itzchak verabschiedete sich noch einmal von dem alten Mann und versicherte ihm, das, was er getan habe, sei gar nichts Besonderes gewesen, jeder andere junge Mann hätte das gleiche getan. Der Greis schenkte der bescheidenen Haltung Itzchaks keinerlei Beachtung und wiederholte noch einmal seinen Segen.

Auf dem Nachhauseweg ging Itzchak beim Misrachi vorbei, traf jedoch niemanden mehr an. Sie waren alle schon vor geraumer Zeit gegangen. Zu Hause angekommen, fand er seine Eltern noch auf ihn wartend. Er war völlig durchnäßt. „Nu, war jemand bei der Versammlung?" fragte ihn seine Mutter. „Wenn ihr wüßtet, was mir heute abend passiert ist!" Aufgeregt erzählte Itzchak seinen Eltern die ganze Geschichte, von dem Zeitpunkt, als er des Mannes schwache Stimme um Hilfe rufen hörte bis zu ihrem Abschied im Gästehaus. Wort für Wort wiederholte er den Segen des ehrfurchtgebietenden alten

Mannes. Die Gesichter der Eltern leuchteten vor Freude und Stolz auf, als sie dem Bericht ihres Sohnes lauschten, wie dieser ein Menschenleben rettete. „In meinem ganzen Leben war mir nicht die Ehre zuteil, solch eine Tat, solch eine Mizwa zu vollbringen, ein jüdisches Leben zu retten, mein Sohn. Du hast dir ein großes Verdienst erworben", sagte der Vater. „Was ist los mit dir?" empörte sich Itzchaks Mutter. „Bist du eifersüchtig auf deinen eigenen Sohn? Mag Gott seinen Teil tun, auf daß die Verheißung erfüllt werde."

Am nächsten Tag, am frühen Schabbatmorgen, eilte Itzchak zum Raziner Stibl. Der Schabbattraktat war in die Reihe der anderen Bände des Talmud zurückgeschoben worden. Er zog ihn hervor, doch fand er nichts mehr darin außer den deutlich erkennbaren Abdrücken der Gegenstände, die der alte Mann die Nacht über dort verwahrt hatte. Es sah aus, als wären sie erst vor wenigen Sekunden dem Band entnommen worden. Als Itzchak sich nach dem alten Mann erkundigte, wurde ihm berichtet, der sei schon bei Tagesanbruch fortgegangen.

Ein Jahr verging, doch Itzchak vergaß niemals jenen Freitagabend, seine schicksalhafte Begegnung mit dem Enkel von Pnej Jehoschua und dessen Segen. Doch dann veränderte sich mit einemmal alles. Der Zweite Weltkrieg brach aus. Die Deutschen besetzten die Stadt, der Misrachiclub und das Raziner Stibl wurden geschlossen, das Flachsgeschäft der Familie Steinblatt wurde beschlagnahmt und anderen Polen im Ort übergeben. Jüdisches Blut begann in Strömen zu fließen.

Wieder war es Freitagabend. In den vergangenen Tagen war es in der Stadt ruhig gewesen, und Itzchak wagte sich, entgegen der Warnungen und Vorhaltungen seiner Mutter, aus dem Haus. Unbehelligt ging er ein paar Häuserblocks weit. Da tauchte wie aus dem Nichts plötzlich ein deutscher Soldat vor ihm auf. „Bist du Jude?" – „Ja, ich bin Jude", erwiderte Itzchak. Kaum hatte er das Wort ‚Jude' herausgebracht, da ging auch schon ein Hagel von Schlägen auf ihn nieder. Als dem Deutschen die Hände wehtaten, verprügelte er Itzchak mit seinem Gewehrkolben den Rücken. Dann drängte er Itzchak gegen die Mauer, zielte mit seinem Gewehr auf ihn und erklärte: „Ich werde dich töten, dreckiger Jude!"

In diesem Moment erschien vor Itzchaks Augen das Bildnis des alten Mannes, des Enkels von Pnej Jehoschua. „Wo ist dein Versprechen?" stieß er zwischen seinen gebrochenen Zähnen hervor, sein Mund war voller Blut. In derselben Sekunde öffnete sich auf der anderen Straßenseite mit einem heftigen Ruck eine Tür. Eine Christin, die Gattin des örtlichen Schuldirektors, kam herbeigelaufen. Sie warf sich dem Deutschen zu Füßen und begann um Mitleid für den armen jungen Mann zu bitten, der doch ein ehrlicher Mensch sei. Der Deutsche senkte sein Gewehr und wandte sich der Frau zu. „Was willst du, dreckiges polnisches Schwein?" – „Ich flehe Sie an, verschonen Sie das Leben dieses jungen Mannes!" Irgend etwas in der tränenerstickten Stimme dieser Frau berührte den deutschen Soldaten. Er legte sich das Gewehr wieder über die Schulter und sagte: „Schnell, geht heim, dreckiger Jude und polnisches Schwein!" Die Frau nahm Itzchak bei der Hand, als wäre er ihr eigener Sohn und brachte ihn nach Hause zurück.

„Gott hat geheimnisvolle Wege und geheimnisvolle Boten", folgerte Itzchak Steinblatt, „und ich hatte das Vorrecht, einem von ihnen zu begegnen, dem Enkel des Pnej Jehoschua."

Nach einem Interview Goldie Merensteins mit Itzchak Steinblatt, 1974.

„Wenn du dir Haare auf der Handfläche wachsen läßt"

Er war der Bäcker im Sommerlager meiner Kinder, im Lager Massad in den Poconobergen. Vor dem Unfall hatte er nie viel geredet. Begeistert beobachtete ich ihn an Geburtstagen, wenn er die herrlich dekorierten Torten ins Speisezimmer trug. Man konnte seine große Ehrfurcht und Freude für dieses Fest des Lebens fühlen. Besonders sind mir seine Augen in Erinnerung, wenn er den Kuchen hereintrug, wie ein Buch geformt und blau-weiß verziert, zu Ehren der Bar-Mizwa meines Sohnes Jotaw. Herr Slucki sah aus wie ein Hoherpriester, der das Allerheiligste betritt.

Nach unserem Autounfall kam er mich mit seiner Bäckermütze auf dem Kopf und weißer Schürze um den Bauch besuchen, die Ärmel hochgekrempelt. Wie ein gewandter Kellner balancierte er mit einer Hand ein Aluminiumtablett, und darauf eine seiner kunstvoll verzierten Torten. In hübschen Lettern wünschte sie mir und meiner Tochter Semadar baldige und vollständige Genesung. Er sagte, er sei sehr glücklich, mich praktisch unbeschadet mit nur geringfügigen Verletzungen wiederzusehen. Nachdem er mit angesehen hatte, wie man das Auto abschleppte, hatte er erwartet, mich in weit schlimmerem Zustand zu finden. Ich erwiderte ihm, dies sei einer jener seltenen Fälle gewesen, in denen man besser nicht angeschnallt ist. Nachdem die Bremsen versagt hatten und der Wagen in den Poconobergen den Abhang herunterrollte, hatte ich mich über meine Tochter geworfen, um sie vor dem eingedrückten Dach und den Sprungfedern, die unter den Sitzen hervorrollten, zu schützen.

„Sie glauben es den Sicherheitsgurten zu verdanken. Nein, es ist vielmehr das Wunder, am Leben zu bleiben, um das Leben eines Ihnen sehr lieben Geschöpfes zu retten. Selbst wenn Sie angeschnallt gewesen wären, Sie hätten sich losgerissen wie Samson", sagte er zu mir. Dann, ohne auf meinen Kommentar zu warten, fing er an, mir seine Geschichte zu erzählen.

„Sehen Sie, ich hatte eine kleine Schwester, die war das wunderschönste Wesen auf Erden, körperlich und seelisch. Nichts auf der Welt war zu schwer für mich, als daß ich es nicht für meine Schwester getan hätte. Als die Deutschen unsere Stadt besetzten, versteckten wir sie, denn wir wußten, daß man sie wie alle jungen Frauen fortschaffen würde. Wir arbeiteten sehr hart im Getto, um genügend Nahrung für eine zusätzliche Seele beschaffen zu können. Für uns alle war das jedoch eine besondere Ehre. Wir lebten für ihre Sicherheit und ihr Wohlergehen. Sie geborgen zu wissen verlieh uns die Kraft zum Weiterleben. Ihre Anwesenheit hier, unter den schrecklichen Bedingungen des Gettos, verwandelte unser kleines Zimmer in einen Palast. Es war, als weilte die Schabbatkönigin ständig unter uns.

Als wir eines Tages nach Hause kamen, hing eine merkwürdige Stille über den Straßen ... die Stille, die auf Aktionen, auf den Tod folgt. Je mehr wir uns unserem Haus näherten, desto stärker fühlten wir, daß etwas nicht stimmte. Zu Hause stellten wir fest, daß die Tür zu unserem Zimmer aufgebrochen worden war; all unsere Habe war geplündert worden, meine Schwester war weg!

Unsere Nachbarn, die nicht wagten, uns in die Augen zu sehen, erzählten, daß sie von der Gestapo abgeholt worden sei. Ohne nachzudenken, rannte ich los, zur Gestapo. Meine Mutter flehte mich an zurückzukommen, sie wollte nicht zwei Kinder an einem einzigen Tag verlieren. Doch ich rannte, rannte ...

Ich betrat das Gestapogebäude, als wäre das die natürlichste Sache von der Welt für einen Juden. Ein junger Soldat hinter dem Schreibtisch begrüßte mich: ‚Was ist dein Wunsch, Jude? Jetzt erschossen zu werden? Wenn du es sehr eilig hast, kann ich aushelfen.‘

‚Sie haben meine Schwester geholt‘, sagte ich.

‚Wer ist deine Schwester?‘

‚Das hübsche Mädchen, das Sie gerade hereingebracht haben.‘

‚Das ist ja interessant. Sag mal, wie kommt es eigentlich, daß alle häßlichen Juden so schöne Schwestern haben?‘

Der Soldat hinter dem Schreibtisch rief einen anderen Gestapomann aus dem Nebenzimmer herein und klärte ihn über den Fall auf.

‚So, das ist deine Schwester?‘ sagte er zu mir, während er mich von Kopf bis Fuß musterte.

‚Ja‘, erwiderte ich.

‚Und was willst du?‘

‚Geben Sie mir meine Schwester zurück.‘

Der Deutsche brach in schallendes Gelächter aus. ‚Was für merkwürdige Einfälle Juden in der letzten Zeit haben‘, würgte er hervor. Plötzlich wurde er ernst. ‚Weißt du was, Jude, ich lasse deine schöne Schwester laufen unter einer Bedingung: wenn dir auf der Stelle in deiner Handfläche Haare wachsen.'

Ich öffnete meine Hand – sie war schwarz behaart. Das Gesicht des Gestapomannes verzog sich zu einer fürchterlichen Grimasse. Hysterisch fing er an zu schreien: ,Du jüdischer Satan, Teufel, nimm deine Schwester, und hau ab, bevor ich euch zwei abknalle!'

Dann ging er meine Schwester aus einem anderen Raum holen und stieß sie mir, noch immer umherbrüllend, entgegen. Hastig ergriff ich die Hand meiner Schwester, und wir fingen zu laufen an, so schnell wir konnten, ohne uns noch einmal umzudrehen. Zu Hause machten wir kurz halt, um unseren Eltern Bescheid zu sagen, daß wir noch lebten, dann flohen wir in den Wald. Niemals in meinem Leben bin ich schneller gerannt als an diesem Tag. Ich wäre sicher in allen olympischen Wettläufen Sieger geworden."

Als er seine Geschichte beendet hatte, öffnete er seine geballte Faust. Seine Handfläche war dicht mit schwarzen Haaren bewachsen. Ich war so überrascht, daß ich kein Wort herausbrachte. Ich kannte ihn schon mehrere Jahre, aber das hatte ich vorher nie bemerkt.

„Sehen Sie", fuhr er fort, „als ich ein Junge war, arbeitete ich in einer Fabrik. Meine Hand geriet in eine Maschine. Es war ein schrecklicher Unfall. Wie es ihnen gelang, meine zerschmetterte Hand zu retten, ist mir bis heute ein Rätsel. Wie Sie sehen können, gibt es keine Bewegung, von der kompliziertesten, anstrengendsten bis zur leichtesten, die ich mit meiner Hand nicht ausführen kann. Anscheinend war das Stück Haut, das man mir verpflanzt hatte, von einem behaarten Teil meines Körpers genommen. In den letzten Jahren vor meinem zwanzigsten Lebensjahr begannen mir plötzlich Haare in der Handfläche zu wachsen. Die Ärzte wollen mir heute glauben machen, so etwas sei unmöglich, doch mein Handteller hat nie Medizin studiert.

Lassen Sie mich Ihnen etwas sagen. Selbst wenn ich keine Haare auf der Handfläche gehabt hätte, wenn dies der einzige Weg gewesen wäre, das Leben meiner Schwester zu retten, sie wären mir an Ort und Stelle unter den Augen der Deutschen gewachsen! Führen Sie die Rettung Ihrer Tochter nicht auf die Sicherheitsgurte zurück! Nein, sondern auf Liebe, die Liebe einer Mutter zu ihrem Kind."

Diese Geschichte habe ich von dem Bäcker, Herrn Slucki, am 12. August 1970 gehört.

Das Wunder von der Wand ohne Tür

Leib Fischmann war in Radawiec geboren worden. Das war ein kleines Städtchen mit den Stiblach vieler chassidischer Rabbiner, unter ihnen der Trisker, Radziner und Kotsker Rabbi. Aber keiner in der ganzen Stadt war so berühmt wie Reb Pessach Radowiczer, ein Kotsker Chassid und der Großvater mütterlicherseits von Leib Fischmann. Von überallher kamen die Menschen, um sich von ihm einen Segen oder Rat zu holen, ja sogar unter Nichtjuden war er hochgeachtet. Wenn die Menschen in Zeiten der Not zu ihm kamen, um seinen Segen zu erbitten, sagte Reb Pessach immer: „Bitte, liebe Leut', laßt mich alleine. Geht zu den Rebben um einen Segen. Ich bin nur ein einfacher Jude, der im Bet Hamidrasch sitzt und studiert." Und wirklich, das war der Ort, an dem Reb Pessach sein Leben verbrachte, wenn er nicht den Kranken und Bedürftigen half. Seine Frau betrieb den Laden. Der Markttag war der einzige Tag, an dem Reb Pessach den Fuß über die Ladenschwelle setzte. Dann stürmte er herein, um die Gewichte zu überprüfen, damit seine Frau, Gott behüte!, nicht etwa aus Versehen ihre jüdischen und nichtjüdischen Kunden übers Ohr haute.

Der kleine Leib liebte die Geschichten, die seine Großmutter von ihrem Mann, Reb Pessach, erzählte. Der Backtag war für gewöhnlich der Märchentag, und Leib verbrachte ihn jedesmal an der Seite seiner Großmutter. Sie erzählte dann oft von jener bitterkalten Nacht vor vielen Jahren, als sie, genau wie heute, Brot backte. Der Großvater war noch nicht nach Hause zurückgekehrt, was Großmutter aber nicht sonderlich beunruhigte. Sie war sicher, daß ‚mein Pessach' immer noch

72

im Bet Hamidrasch saß und studierte. Als sie gerade dabei war, das Brot aus dem Ofen zu holen, wurde plötzlich die Tür mit einem heftigen Ruck aufgestoßen, kalter Wind fuhr in die Stube und blies beinahe das Feuer aus. Zwei Nichtjuden, warm eingepackt gegen die klirrende Kälte, traten ein. Der eine trug Reb Pessachs Kleider, der andere Reb Pessach persönlich, nackt in Schaffelle gehüllt. „Pania Pessachowa, du hast Glück, daß du in diesem Augenblick nicht Witwe bist", sagten die beiden Nichtjuden zur Großmutter. „Auf unserem Heimweg entdeckten wir Reb Pessach, wie er gerade ein Loch ins Eis schlug und sich anschickte, in den Fluß zu springen. Da haben wir ihn aufgelesen und trotz seiner heftigen Gegenwehr zu dir zurückgebracht." Später erklärte der Reb Pessach seiner Frau, daß er, seit die städtische Mikwe unbenutzbar geworden war, zum Fluß ging, um ins Wasser einzutauchen.

„Nun sagt mal selbst" – würde sich Großmutter an diesem Punkt an uns Kinder gewandt haben und fragen –, „glaubt ihr, das ist ein Verhalten für einen anständigen Menschen?" Und dann würde sie mit einem Augenzwinkern fortfahren, noch andere Geschichten von ihrem Reb Pessach zu erzählen.

Großmutters Lieblingsgeschichte jedoch war die von der Wand ohne Tür. Der kleine Leib konnte nicht ahnen, daß gerade diese Wand eines Tages sein Leben retten sollte.

Wie alle osteuropäischen Stetlach war auch Radawiec im Laufe seiner Geschichte von einem großen Feuer heimgesucht worden. Die ganze Stadt war bis auf die Grundmauern niedergebrannt. Unter den Häusern, die damals in Flammen aufgingen, war auch das des Reb Pessach. Radawiec legte eine beachtliche Aktivität an den Tag, und in kürzester Zeit war das Städtchen wieder aufgebaut. Außer dem Haus der Großmutter. Das Grundstück blieb unbebaut, denn Reb Pessach weigerte sich, ein neues Haus zu bauen. „Der Mensch braucht keinen Besitz", betonte er gegenüber Großmutter. „Das bringt nur Kummer und Sorgen, sagten unsere Weisen. Was ist schlecht daran, in gemieteten Zimmern am Mate-Sore-Platz zu wohnen, so wie jetzt?" Doch es gelang ihm nicht, Großmutter zu überzeugen. Sie entschloß sich, die Angelegenheit selbst in die Hand zu nehmen.

Sie übergab das Grundstück einem Architekten. Als Gegenleistung sollte er zwei Häuser bauen: ein großes für ihn selbst und ein kleineres für Großmutter. Reb Pessach wußte nichts von diesem Geschäft.

Eines Morgens wachte Großmutter auf und wollte ihren Augen nicht trauen. Fix und fertig stand da das Holzhaus! Der Bauherr mußte die ganze Nacht hindurch gearbeitet haben. Doch es war ein merkwürdiges Haus, noch nie in ihrem Leben hatte Großmutter ein solches Haus gesehen. Die Rückwand war ohne Tür, und es gab auch keinen Seiteneingang. Hat jemals schon einer von solch einem Haus gehört? Jedes andere Haus in Radawiec hatte eine Hintertür. Wie konnte einer in einem Haus ohne solch eine Tür leben? Großmutter stritt sich mit dem Bauherrn, doch vergeblich. Der schmunzelte lediglich, als er die Angeln an seiner eigenen Hintertür anbrachte. Großmutter war ratlos, und wie jeder Jude, der in Radawiec in Not gerät, eilte sie zu Reb Pessach um Hilfe. Reb Pessach saß an seinem gewohnten Platz im Bet Hamidrasch über seinen Büchern. Großmutter erklärte ihm, er müsse den Mann vor ein Din Tora bringen, ein Rabbinatsgericht. Der Großvater entgegnete Großmutter: „Ruhig, Frau, ruhig. Wenn der Bauherr zwei Häuser gebaut hat, sein großes Haus mit einer Hintertür und dein kleines Haus ohne Hintertür, dann war das wahrscheinlich nicht seine eigene Idee. Es muß im Himmel beschlossen worden sein, daß Pessach Radowiczer mit seiner Frau und den Kindern in einem Haus ohne Hintertür leben sollte."

Großmutter diskutierte noch lange mit Großvater und forderte dessen Hilfe. Immer wieder versuchte sie, ihm beizubringen, wie schwer ihr das Leben werden würde, ihr, die sie bestimmt als einzige Frau auf der ganzen Welt dazu verdammt sei, ihre Kinder in einem Haus ohne Hintertür großzuziehen. Doch nichts half. Großvater war überzeugt, so sei es Gottes Wille. Der Bauherr wurde nicht zum Rabbinatsgericht zitiert.

Jahre vergingen. Reb Pessach hatte das Glück, eines natürlichen Todes zu sterben. Aber für seine Familie und das ganze Haus Israel lagen die Dinge anders. Der Krieg brach aus, und die Deutschen besetzten Radawiec. Das Getto wurde liquidiert und die Familie des Reb Pessach in den Tod geschickt. Nur zwei seiner Enkelkinder, Leib und sein Bruder, konnten sich vor der Deportation retten und nahmen Zuflucht in dem Haus ohne Hintertür. Sie bauten sich ein Versteck unter dem Fußboden und schoben eine große Kiste über die Öffnung.

Nach der Deportation der Juden stellten die Deutschen vor den Häusern Wachen auf, um den zurückgelassenen Besitz zu schützen, denn sie hatten vor, später alle Wertsachen nach Deutschland zu transportieren. Die örtliche polnische Bevölkerung indessen überlistete die deutschen Wachen, indem sie durch die Hintertüren einbrachen und die Wohnungen plünderten. Bei ihrer Suche nach jüdischen Schätzen stießen sie nicht selten auf Juden, die sich versteckt hielten. Um die Deutschen für ihre Diebstähle zu entschädigen, lieferten sie die Juden aus. Dann durften die Polen die gestohlenen Gegenstände behalten und die Ausrottung der Juden war komplett.

Leib und sein Bruder hockten in ihrem Versteck und lauschten den makabren Szenen, die sich vor ihrem Haus abspielten. Sie hörten die Polen durch die Hintertür in das Haus des Bauherrn einbrechen. Sie hörten das beschwörende Flehen der Familie, sie nicht der Gestapo auszuliefern, und die Geräusche, als man sie fortzerrte. Sekunden später vernahm man Schüsse aus der Richtung des Marktplatzes.

Die Plünderer kehrten zurück und versuchten, in Reb Pessachs Haus einzudringen, jedoch ohne Erfolg. Es gab keine Hintertür! Leib Fischmann und sein Bruder hielten den Atem an. Nur ein paar Zentimeter der dünnen Rückwand trennte sie vom Tod. Die polnischen Bauern berieten sich untereinander und beschlossen dann, es beim nächsten Haus zu versuchen, das eine Hintertür hatte. Leib preßte vor Freude fest die Hand seines Bruders und mit einem erleichterten Aufatmen sog er die dumpfe, modrige Luft seines winzigen Kellerverstecks ein.

Zu später Nachtstunde, als draußen alles ruhig war, krochen Leib und sein Bruder aus ihrem Versteck in den angrenzenden Hinterhof hinaus. Von hier aus liefen sie zum Stadtrand und in die umliegenden Felder. Sie fanden zeitweilig Zuflucht in einem Wald, wo ein freundlicher Schäfer sie mit Lebensmitteln versorgte. Ein paar Tage darauf erreichten sie den Nachbarort, in dem sich noch ein Getto befand. Es diente als Arbeitslager für junge kräftige Männer und Frauen, die in einer deutschen Fabrik arbeiteten. Dort erfuhren sie, daß bei der Aktion in Radawiec alle Menschen, auch die, die man in den Verstecken gefunden hatte, erschossen worden waren. Leib wußte, daß nur des Großvaters türlose Rückwand ihn und seinen Bruder vor dem grausamen Schicksal bewahrt hatte, das den Rest der Radawiecer Judenheit ereilt hatte. Denn wäre, wie Großmutter es gewollt hatte, eine Tür eingebaut worden, dann lägen er und sein Bruder jetzt mit den vielen Juden Radawiecs in den Massengräbern.

Wochen später wurde Leib und sein Bruder zusammen mit anderen jungen ‚arbeitsfähigen' Männern nach Majdanek deportiert und von dort nach Auschwitz. In all den schweren Prüfungen und dem fortgesetzten Kampf ums Überleben blieb Leib stets davon überzeugt, daß er dem Tod nur entrann wegen des Großvaters türloser Rückwand, deren gutes Omen ihn begleitete wie ein Versprechen, daß Großvaters Verdienste ihn immer wie eine undurchdringliche Mauer abschirmten, durch die der Tod keinen Zugang hat. Leib und sein Bruder überlebten tatsächlich die Todeslager von Auschwitz und Majdanek. Während eines Todesmarsches war es ihnen gelungen, zu fliehen und den Tag der Befreiung mitzuerleben.

Nach einem Interview von Barry Fishman mit seinem Vater Leib Fishman vom 12. Mai 1975.

Mütter

Als ein kleines polnisches Getto aufgelöst wurde, gelang es einer Handvoll Juden, zu fliehen und sich in einem Kellerloch auf dem Besitztum polnischer Bekannter zu verstecken. Zu dieser Gruppe gehörte auch Esther, eine junge Witwe, und ihre sechsjährige Tochter. Die Menschen saßen zusammengepfercht in dem dunklen Versteck, das mit feuchtem Stroh ausgelegt war. Lebensmittel, Licht und Sauerstoff waren knapp. Ihre übergroße Angst sowie eine Unzahl von Flöhen machten das Leben zur Qual. Für Esther war die

Belastung unerträglich. Ihr Mann, ihre Eltern und alle ihre engen Familienangehörigen waren im Getto vor ihren Augen erschossen worden, gleich nachdem die Deutschen den Ort besetzt hatten. Esther hatte mit ihrem kleinen Kind als einzige ihrer großen Familie überlebt. Die Menschen in dem Unterschlupf wußten um ihre Verletzbarkeit, und sie nutzten dies aus.

Esthers ganze Sorge galt dem kleinen Mädchen. Dieses Kind zu retten, diesen einzigen kleinen Rest ihrer Familie, wurde ihr zum alleinigen Lebensantrieb. Sie versuchte, die kleine Anne vor der häßlichen Wirklichkeit der Welt ,da oben' und der Grobheit mancher Menschen in ihrem Kellerloch zu bewahren. Den Großteil ihrer rationierten Lebensmittel gab sie dem Kind und ernährte sich selbst von Resten und Brotkrümeln.

Eines Tages entdeckte Esther eine Eitergeschwulst an einem ihrer Zähne. Sie achtete nicht auf die Schmerzen und Beschwerden in der Hoffnung, es möge so schnell wieder verschwinden, wie es aufgetaucht war. Als die Schwellung jedoch dicker wurde, stieg auch ihr Fieber, bis sie kaum noch sehen, hören oder sich bewegen konnte. Von den Menschen um sie herum konnte sie keine Hilfe erwarten. Es gab weder Medizin, noch war ein Arzt erreichbar. Esther streichelte ihr kleines Mädchen und beruhigte es mit ihrer liebevollen Berührung. Doch das Kind spürte den kritischen Zustand der Mutter und weinte leise vor sich hin.

Plötzlich hörte Esther klar und deutlich die Stimme ihrer toten Mutter. „Estherke, warum sitzt ihr alle untätig in eurem Loch herum? Tu, was ich dir sage, und du wirst gesund werden." Sie gab Esther ausführliche Anweisungen, wie sie die Geschwulst zu behandeln habe. Esther bat einige ihrer Leidensgenossen in ihrem Versteck, nach den Anordnungen ihrer toten Mutter zu verfahren.

In wenigen Tagen war die Schwellung zurückgegangen und Esthers Leben gerettet. „Siehst du, mein Kind, Oma würde es nicht erlauben, daß Mama oder dir etwas Schlimmes zustößt. Sie wird immer kommen, um auf uns aufzupassen", erklärte sie Anne. Die kleine Anne wollte fragen, warum Oma sich nicht selbst, Papa und Opa vor den deutschen Gewehren retten konnte, doch sie wußte, daß die Großen jedesmal, wenn sie etwas fragte, böse wurden. So schwieg sie und kuschelte sich an ihre Mutter, dem sichersten Platz im Versteck und in der großen weiten Welt.

Nach einem Interview von Florette Kardysz (Tochter) mit Ann Kardysz vom 22. November 1977.

Rette dieses einzige Enkelkind

Gina war gerade elf Jahre alt, als sie mit ihren Eltern und Großeltern in das Arbeitslager von Pioniki[1] bei Radom in Polen deportiert wurde. Die einzige Möglichkeit, Ginas Leben zu retten, war, sie als erwachsen auszugeben, fähig, einen vollen Tag zu arbeiten.

Von morgens früh bis spät in die Nacht arbeitete Gina zusammen mit ihrer Mutter. Während der heißen, feuchten Sommermonate und an eisigen Wintertagen hob Gina Gräben aus, mischte Zement oder packte Munitionskisten. Kein einziges Wort der Klage kam über ihre ausgetrockneten Lippen. Ohne Pause plagten sich ihre zarten Kinderhände für die deutsche Kriegsrüstung, als sei dies alles, wozu sie bestimmt waren. Gina verstand nur zu gut, daß nur die ‚Nützlichen‘ und Starken verschont blieben.

Der Aufseher in Ginas Arbeitseinheit war ein deutscher Gefangener, der wegen seiner kommunistischen Gesinnung verhaftet worden war, als Hitler an die Macht kam. Er war ein freundlicher Mensch, der versuchte, den Häftlingen ihre Qualen zu erleichtern. Mit der kleinen Gina hatte er besonderes Mitleid. Wann immer er konnte, wies er ihr einen Arbeitsplatz drinnen an, wo sie vor Hitze, Regen und Schnee geschützt war und er sein Butterbrot mit ihr teilen konnte.

Durch die Hilfe dieses gutherzigen Aufsehers überlebte Gina ein volles Jahr in Pionki. Im Juli 1944 wurde sie mit ihren Eltern und Großeltern nach Auschwitz deportiert. Nach einer ersten Selektion auf der berüchtigten Auschwitzer Selektionsrampe wurden Gina und ihre Mutter ins Lager B nach Birkenau eingewiesen, neben dem sich das Zigeunerlager befand[2]. Mutter und Tochter versuchten, ihre Tränen voreinander zu verbergen, wenn sie sich ansahen. Mit kahlgeschorenem Kopf und in überdimensionalen Lageruniformen sahen sie aus wie fremde Wesen von einem anderen Stern. Doch im nächsten Augenblick lagen sie sich in den Armen, dankbar, weil sie zusammensein durften. Wie in Pionki so gaben sie sich auch in Auschwitz für Schwestern aus, denn daß eine Mutter zusammen mit ihrer Tochter am Leben bleibt, das war in dem nationalsozialistischen Sklavenreich ein untragbarer Zustand.

Eines Tages stießen sie im Lager auf eine Cousine, die vor dem Krieg Ginas Mutter gegenüber wie eine Schwester gewesen war. Sie hatte im Lager eine hohe Position erreicht und verfügte damit über größere Essens- und Kleiderrationen. Ginas Mutter fragte sie, ob sie ihnen nicht ein paar Brotkrümel oder was immer übrigblieb, geben könne, um das Leben ihrer Tochter zu retten. Voll Ekel schaute die Cousine Gina an und erwiderte: „Wenn meine Tochter sterben konnte, kannst du deine Tochter auch sterben lassen." Danach fragte Ginas Mutter niemals mehr um Hilfe.

1944/45 war ein besonders strenger Winter. Gina bekam die Masern. Sie wurde schwer krank und fieberte. Ihre Mutter war verzweifelt. Sie fürchtete sich davor, Gina in den Krankenblock zu bringen, denn sie hatte Angst, ihre Tochter dann nie mehr zu Gesicht zu bekommen. Trotz der Aufforderungen ihrer Mutter aß und trank Gina nichts mehr. Doch die Mutter gab die Hoffnung nicht auf und bewahrte ihrer beider Essensrationen auf für den Augenblick, da Gina genesen würde und wieder essen konnte. Jeden Morgen und Abend trug sie das fiebernde Mädchen nach draußen auf den eiskalten Appellplatz und stellte sie zwischen sich und eine andere Lagerinsassin in den Schnee. Die beiden Frauen stützten das Mädchen, das nicht aufrecht stehen konnte. Ginas Fieber stieg ständig. Das Mädchen lag im Delirium und siechte vor den Augen der Mutter dahin. An einem Abend fürchtete sie sich, das Mädchen zum Appell zu tragen. Sie ließ Gina auf der obersten Schlafkoje zurück und deckte sie zu, daß sie aussah wie ein Stoß Decken und nicht die Aufmerksamkeit der grausamen Blockowa auf sich zog, von der das Gerücht umging, sie sei die Tochter eines polnischen Rabbi. Wie durch ein Wunder wurden die Häftlinge für diesen Abend vom Appell freigestellt, so daß Ginas Abwesenheit nicht bemerkt wurde.

Die Mutter wußte, daß das Leben ihrer Tochter an einem seidenen Faden hing, doch ohne Medikamente, ordentliches Essen oder wenigstens ein warmes Getränk war sie machtlos, es gab nichts, was sie für ihr sterbendes Kind tun konnte. Sie besaß nur ihren eigenen Körper, um Gina zu wärmen.

In dieser Nacht träumte Ginas Mutter, wie ihr Vater, in die gestreifte Lageruniform gekleidet, zu ihr kam und sagte: „Mein Kind, ich habe vor dem Allmächtigen gestanden und ihn angefleht, dieses mein Enkelkind, deine Tochter, zu retten." Am darauffolgenden Morgen wachte Gina auf und bat ihre Mutter um ein Stück Brot.

Am 27. Januar 1945 näherten sich umrißhaft Gestalten mit Gewehrkolben dem schmutzigen Schnee von Auschwitz – russische Soldaten. Gina und ihre Mutter, und mit ihnen Hunderte lebendiger, kriechender Skelette, küßten den Befreiern in Dankbarkeit die Stiefel.

Für Ginas Großvater kam die Befreiung zu spät. Die Schornsteine waren sein Weg zum Himmel.

Nach einem Interview von Rebecca Zweibon mit Gina Gotfryd vom 29. März 1979.

Ein Eimer Kartoffelschalen und zwei Halberstams

„Ein Koch im Konzentrationslager zu sein, das ist, als wäre man König eines Reiches", erinnert sich Mendel Halberstam. Doch er verpaßte diese Gelegenheit. Und alles nur wegen einer Entscheidung, die im Getto von Sosnowiec getroffen worden war. Eines Tages nahm ihn sein Vater beiseite und sagte: „Mein lieber Sohn Mendel, fünfzehn Generationen hat die Familie Halberstam in ununterbrochener Folge vom Vater über den Sohn den Juden insgesamt, der polnischen Judenheit im besonderen Gelehrte, Rabbiner und chassidische Zaddikim gegeben. Das Licht der Tora ist nicht mehr erwünscht in dieser finsteren, verdorbenen Welt. Lerne ein Handwerk, mein Sohn, werde Elektriker. Diese Funken sind die einzigen, die diese technisierten, teuflischen Mörder verstehen. Funken von Metall und Stahl, Feuer aus Maschinengewehren und Bomben – das sind die Leitlichter der heutigen Welt. Mögen die Taten deines heiligen Großvaters dich schützen, auf daß du eines Tages die Funken der Heiligkeit aufs neue entzünden mögest." Und so wurde Mendel Halberstam Elektriker. Er war der erste in der Familie Halberstam seit fünfzehn Generationen, der ein Handwerk erlernte. Es war sein Handwerk als Elektriker, das ihm im Getto von Sosnowiec und in sechs anderen Lagern das Leben rettete. Aber, dachte er bei sich, hätte sein Vater ihm geraten, Koch zu werden, wäre er jetzt drinnen in der warmen Küche und könnte sich den Magen vollschlagen. Statt dessen war er an diesem kalten, regnerischen Tag in Buchenwald ein hungriger Elektriker vor den Toren eines verwunschenen Königreiches – der Küche des Konzentrationslagers.

Wie gut kannte er den Arbeitsplan dieser Küche! Wann sie das Brot schnitten, die Suppe kochten, die Kartoffeln schälten, das Essen verteilten, und wann sie die beiden Jungen mit den Kartoffelschalen losschickten.

Eines Tages, als Mendel die Hungerqualen nicht länger ertragen konnte, kam ihm eine Idee. Tagelang arbeitete er seinen Plan in allen Einzelheiten aus. Als der große Tag gekommen war, hatte er keinen Zweifel am Gelingen seines Vorhabens.

Nach Sonnenuntergang versteckte er sich hinter dem Gebüsch am Weg, den die beiden Burschen mit den Kartoffelschalen nehmen mußten. Als die Küchentür aufschlug, machte sich Mendel bereit zum Angriff. Sein Puls pochte schneller, während er darauf wartete, daß die beiden Jungen mit ihrer kostbaren Ladung in den von Büschen gesäumten Pfad einbogen.

Als es Mitternacht schlug, schnellte Mendel hinter dem Gebüsch hervor. In derselben Sekunde sprang aus dem Busch gegenüber eine zweite Gestalt in gestreifter Uniform auf die Kartoffelschalen zu, ein Umstand, den Mendel in seinem sorgfältig ausgearbeiteten Plan nicht einkalkuliert hatte. „Wir teilen", sagten zwei Stimmen gleichzeitig. Die andere Stimme hatte einen vertrauten Klang. Es war Mendels Vetter, ein anderer Halberstam!

Die beiden Vettern, Sprößlinge einer der angesehensten chassidischen Familien, trafen sich im Konzentrationslager Buchenwald beim Angriff auf einen Eimer Kartoffelschalen, bestimmt für die Schweine der Lagerkommandantur!

Wochen später wurden die beiden Vettern wieder getrennt. Mendel Halberstam wurde wieder einmal gerettet aufgrund seiner Kenntnisse als Elektriker und ins Lager Flossenbürg eingewiesen. Mit dem nicht endenwollenden Knurren seines Magens vernahm er auf einmal zusätzliche Töne, das Grollen der amerikanischen Artillerie. Am 23. April 1945 schwoll es an, wurde lauter, und die Dritte Armee zog in Flossenbürg ein[1].

Mendel war einer der ersten, die die Befreier begrüßten. Den ersten amerikanischen Soldaten, dem er begegnete, sprach er, seinen Tränen ungehindert Lauf lassend, den ersten Tränen seit sechs Jahren, auf jiddisch an: „Kennst du meinen Großvater, den Rabbi Chaim Halberstam, der in New York lebt?" – „Sicher", erwiderte der Soldat William Wineless auf jiddisch, „ich bin Mitglied seiner Gemeinde. Meine Familie ist sehr eng mit Rabbi Halberstam befreundet."

Wochen später, als das Schiff, das Mendel Haberstam nach Amerika brachte, die Freiheitsstatue mit ihrem strahlenden Leuchtsignal passierte, staunte Mendel über den Segen seines Vaters im Getto von Sosnowiec. Wie würden die kommenden Generationen der Familie Halberstam aussehen? Welche Funken würden sie auf amerikanischer Erde entzünden?

Nach einem Interview von Samuel Goodman mit Mendel Halberstam vom 21. Mai 1978.

Des Bruders Tefillin

Sie war noch nicht ganz zwanzig, ihr Bruder ein paar Jahre jünger. Die ganze Familie war mit Tausenden anderer Rzeszower Juden in das Todeslager von Belzec verschleppt worden[1]. Sie, ihr Bruder und ein junger Vetter waren die einzigen Überlebenden einer sehr großen Familie. Im November 1942, als die vielen Transporte in die Todeslager die Bevölkerungszahl im Getto von Rzeszow dezimierte, wurde das Getto in ein Zwangsarbeitslager mit zwei voneinander getrennten Abteilungen umgewandelt. Teil ‚A' für Zwangsarbeiter und ‚B' für deren Familienangehörige. Die drei jungen Leute kamen ins Lager ‚A'. Als sie dort eintrafen, stellte der Bruder fest, daß er in der Hast der Deportation in dem großen Getto seine Tefillin zurückgelassen hatte, die er bei Ausbruch des Krieges zu seiner Bar-Mizwa bekommen hatte. Er war fest davon überzeugt, daß er und seine innig geliebte Schwester sowie sein Vetter den Krieg überleben würden, wenn er nur beim Beten seine Tefillin trug, denn sie gehörten einst seinem Urgroßvater, einem berühmten Chassid, und waren vom Vater auf den Sohn weitervererbt worden.

Bevor seine Schwester ihn aufhalten konnte, war er zurück zum großen Getto gelaufen, um seine Tefillin zu holen. Als er das Getto betrat, wurde er von deutschen Soldaten gefangen und wegen Plünderei zum Tode verurteilt. Als die Schwester von ihres Bruders Geschick erfuhr, eilte sie sofort zum Hauptquartier der Gestapo und beschwor den Kommandanten, ihren einzigen überlebenden Bruder freizulassen. Der Gestapoführer blickte sie zugleich verblüfft und belustigt an und sagte: „Du bist ein sehr hübsches, tapferes Mädchen, hier ins Hauptquartier der Gestapo zu kommen und um das Leben deines Bruders zu flehen. Für Juden ist dieser Ort das Tor zur Ewigkeit. Gib mir einen vernünftigen Grund, deiner Bitte nachzukommen." – „Einen sehr guten Grund", erwiderte die Schwester ohne Zögern. „Mein Bruder ist in das große Getto zurückgekehrt, um einen religiösen Gegenstand mit außergewöhnlicher beschützender Macht zu holen. Wenn Sie meinen Bruder freilassen, wird Ihnen auf dem

Schlachtfeld nichts geschehen, und Sie werden in guter Gesundheit nach Deutschland zurückkehren und bei Kriegsende wieder mit Ihrer Familie vereint sein."

Schweigen lag über dem Raum, der Schwester schien es eine Ewigkeit. Der Führer des Gestapohauptquartiers blickte aus dem Fenster, wie wenn er nach einem fernen Land Ausschau hielt. Ohne sich umzudrehen, befahl er: „Bringt den jungen Mann zu seiner Schwester!"

Nach einem Interview von Debbie Kaiserer mit Frau Glatt vom 25. April 1976.

Ein natürlicher Sieg:
Churchill und der Rabbi von Gur

Nach der spektakulären Rettung des Rabbi von Gur[1], Rabbi Abraham Mordechai Alter (1866–1948), aus dem Warschauer Getto kam folgende Geschichte in Umlauf:

Der britische Premierminister im Zweiten Weltkrieg, Winston Churchill, lud den chassidischen Rabbi von Gur zu sich ein, um sich von ihm beraten zu lassen, wie er den Zusammenbruch Deutschlands herbeiführen könne. Der Rabbi antwortete ihm folgendermaßen: „Es gibt zwei Wege, einen natürlichen und einen übernatürlichen. Der natürliche wäre, wenn eine Million Engel mit flammenden Schwertern über Deutschland herabkommen und es zerstören würden. Der übernatürliche wäre, wenn eine Million Engländer mit Fallschirmen über Deutschland abspringen und es zerstören würden."

Da Churchill Rationalist war, wählte er die natürliche Strategie: Engel mit flammenden Schwertern ...[2]

Ich hörte diese Geschichte am 31. Mai 1976.

Der Schofar des Rabbi von Radorzytz

Mosche wurde 1914 in Pietrokov geboren. Er studierte an der Jeschiwa in Pietrokov und später an der Jeschiwa Keter Tora in Tschenstochau. Wieder zu Hause, wurde Moschele, wie man ihn nannte, ein enger Freund des Großrabbiners von Radorzytz, Rabbi Itzchak Finkler[1]. Besonders die Hohen Feiertage verbrachte Moschele am liebsten mit dem Rabbi. Dessen angenehme, wohlklingende Stimme, die tiefe Andacht und Konzentration beim Gebet machten auf Mosche starken Eindruck und begeisterten ihn jedesmal aufs neue.

Als die Deutschen Pietrokov besetzten, fand sich Mosche, nach vielen demütigenden Erfahrungen und schwerem Leiden, zusammen mit seinem heißgeliebten Rabbi Itzchak Finkler von Radorzytz in Block 14 des Lagers Skarzysko Kamienna wieder. Man schrieb das Jahr 1943, und Skarzysko war, selbst nach Lagermaßstäben gemessen, die Hölle auf Erden. Die Baracke des Oberrabbiners Finkler wurde Versammlungsort für Studium und Gebet, soweit die furchtbaren Lagerbedingungen es zuließen. Das Auftreten des Rabbi und sein Glaube spendeten Kraft und Trost. Als die Hohen Feiertage des Jahres 1943 (das jüdische Jahr 5704) heranrückten, kaufte der Rabbi von Radorzytz zu einem sehr hohen Preis von einem Nichtjuden ein Widderhorn. Nun mußte es in die Form eines Schofar gebracht werden. Mit Tränen in den Augen wandte sich der Rabbi von Radorzytz an Mosche und sagte: „Moschele, ich kenne dich seit deiner Kindheit, und auch deinen Vater kannte ich gut. Ich betraue dich mit dieser großen Mizwa des Schofarmachens. Das heilige Verdienst, das du dir damit erwirbst, wird dich beschützen, und du wirst diesen Krieg überleben."

Mosche war tief bewegt von dem Segen und von der Hingabe seines innig geliebten Rabbi an Gottes Gebote selbst noch in diesem Todestal. Trotzdem hatte er große Angst. Gerade gestern war ein junger jüdischer Mann an Ort und Stelle erschossen worden, weil er ohne Erlaubnis ein Stück Leder bei sich hatte. In Mosches Fall war die Gefahr noch größer. Zuerst mußte er das Widderhorn in die Werkstatt schmuggeln und, anstatt seiner täglichen Arbeit nachzugehen, an ihm arbeiten. Dann mußte er den Schofar ins Lager zurückschmuggeln. Für jede dieser Übertretungen gab es die Todesstrafe. Aber wie kann ein Chassid sich seinem Rabbi verweigern?

Mosche machte sich an die Arbeit. Unnötig zu erwähnen, daß er noch nie im Leben einen Schofar angefertigt hatte. Zuerst schmuggelte er das Widderhorn erfolgreich in die Werkstatt. Bald sah er ein, daß er die Aufgabe, den Schofar zu machen, nicht ohne Hilfe ausführen konnte. Diese Hilfe wurde ihm von völlig unerwarteter Seite zuteil. Der Aufseher der Schreinerei war ein frommer polnischer Katholik, der die Bedeutung des Schofar für den Rabbi von Radorzytz begriff. Er gab Mosche die Erlaubnis, daran zu arbeiten, und half ihm bei der Beschaffung der notwendigen Werkzeuge. Rechtzeitig beendete Mosche die Arbeit an dem Schofar. Eine Stunde vor Beginn des Neujahrsfeiertages befand sich der Schofar in den Händen des Rabbi.

Am nächsten Morgen bei Sonnenaufgang, bevor sie zur Arbeit gingen, wurde in Block Nr. 14 in Skarzysko das Gebot des Schofarblasens erfüllt. Die Freude des Rabbi kannte keine Grenzen. „Seht ihr, die Juden sind bereit, ihr Leben aufs Spiel zu setzen, um ihren Gott anzubeten, wie es befohlen ist", sagte er, auf Mosche und die Anwesenden deutend.

Doch die Geschichte war mit dem Neujahr 5704 noch nicht zu Ende. Rabbi Itzchak Finkler wurde von den Nazis ermordet so wie die Angehörigen seiner Dynastie. Mosche wurde nach Hasag in Tschenstochau verlegt. Es gelang ihm, den Schofar mit sich zu nehmen. In Hasag wurde er eines Tages von seinem Arbeitsplatz weggeholt und nach Buchenwald deportiert. Der Schofar blieb zurück.

Mosche überlebte den Krieg, wie sein geliebter Rabbi es ihm versprochen hatte. Nach Kriegsende machte er sich auf den Weg nach Israel und ließ sich dort nieder. Doch mit jedem Tag, der verging, fühlte Mosche, daß die Rückkehr in seine Heimat nicht vollständig war. Er spürte die Verpflichtung in sich, den Schofar ausfindig zu machen und nach Israel zu bringen, damit wenigstens etwas, das dem Herzen des Rabbi Itzchak Finkler teuer gewesen war, in Israel wäre, als Erinnerung an ihn. Die Suche nach dem Schofar begann. Mosche spürte Überlebende auf, die nach seiner Deportation aus dem Lager in Tschenstochau verblieben waren. Die Suche führte nach Europa, Israel, Nord- und Südamerika, doch vergeblich. Niemand wußte um den Verbleib des Schofar. Dann, aus ganz unerwarteter Richtung, wurde die Verbindung zu dem Schofar hergestellt. Der Schriftsteller Vladka Meed, ein ehemaliger Warschauer Gettokämpfer, nun Einwohner von New York, brachte in Erfahrung, daß der Schofar sich in New York befindet. Irgend jemand hatte den Schofar nach der Befreiung an sich genommen, ihn nach Tschenstochau gebracht und ihn dort den Repräsentanten der wiedererrichteten jüdischen Gemeinde übergeben. Im Jahre 1945 besuchte der jüdische Schriftsteller Jakob Fet Tschenstochau und erhielt den Schofar zum Geschenk. Er nahm ihn mit sich in die Vereinigten Staaten. Vladka Meed fand ihn dann im Besitz von Jakob Fets Witwe und brachte ihn nach Israel. Gemäß Mosches Willen wurde er Jad Vashem als ständige Leihgabe in Erinnerung an Mosches innig geliebten Rabbi von Radorzytz überreicht[2].

Nach einem persönlichen Bericht von Vladka Meed, Mai 1979.

Die Wächter des Heiligen Tempels

Im April 1944 drangen die Deutschen in Satmar ein, errichteten ein Getto und begannen mit dem Abtransport der Juden nach Auschwitz. Einer der meistgesuchten Juden war der Rabbi von Satmar, Rabbi Joel Teitelbaum (1887–1979). Seine Anhänger und Freunde waren sich der ernsten Gefahr, in der das Leben des Rabbi schwebte, wohl bewußt. Man baute dem Rabbi einen Bunker mit einem Eingang, der von seinem Haus durch den angrenzenden Garten erreichbar war.

Eines Tages stürmten die Deutschen das Haus des Rabbi. Drinnen saß auf einem Stuhl, von Büchern umgeben, ein Mann mit vollem, weißem, lang herabwallendem Bart. Der SS-Mann zog seinen Revolver und gab aus unmittelbarer

Nähe einen gezielten Schuß auf den alten Mann ab. Die Kugel verfehlte ihr Ziel. Sie sauste haarscharf am Kopf des Mannes vorbei und blieb in einem Buch stecken. „Dein Name!" forderte der SS-Mann, die Pistole noch immer auf ihn gerichtet. „Aschkenasi", erwiderte der alte Mann[1].

„Wo ist der Rabbiner Teitelbaum?" forschte der SS-Offizier. „Er hat sein Haus vor einiger Zeit verlassen", entgegnete Rabbi Aschkenasi.

Nachdem der Offizier gegangen war, nahm der bleiche, zitternde Rabbi Aschkenasi die Bibel zur Hand, in der die Kugel steckte. Sie war genau bei dem Vers eingedrungen: „Sowohl sie als ihre Söhne waren über die Tore des Hauses des Ewigen ... als Wachen."[2] Für Rabbi Aschkenasi und die anderen, dem Rabbi nahestehenden Chassidim war die Botschaft klar: Kein Leid würde die treffen, die sich um den Satmarer Rebbe sorgten und über ihn wachten, denn er war der Heilige Tempel, und sie waren die Priester, die ihm dienten.

Das Heilige Buch, das Rabbi Aschkenasi das Leben rettete, wurde selbst auf wundersame Weise bewahrt und gelangte in das Studierzimmer des Rabbi von Satmar in Brooklyn. Von Zeit zu Zeit pflegte der Rabbi das Buch herauszunehmen und es mit Tränen in den Augen zu betrachten[3].

Nach dem Bericht eines Satmarer Chassids vom 26. Juni 1979.

Ein Heiliges Buch

In den Augen der ungarischen Judenheit konnte die Familie Berkowitz sich glücklich schätzen, unter den 6841 Juden zu sein, die 1944 von Debrecen nach Straßhof in Österreich deportiert wurden[1]. Ihren Abtransport nach Straßhof verdankten sie einem glücklichen Umstand. Im Laufe der Verhandlungen über das ‚Blut gegen Lastwagen'-Geschäft zwischen Adolf Eichmann und Rudolf Kasztner wurde eine Neuregelung vereinbart. 30 000 ungarische Juden sollten in Österreich „auf Eis" gelegt werden, anstatt direkt in die Gaskammern von Auschwitz geschickt zu werden[2]. Damit wollte man Eichmanns guten Willen und die Glaubwürdigkeit seiner Verhandlungsbereitschaft demonstrieren. Eine der Bedingungen war die sofortige Zahlung von fünf Millionen Schweizer Franken durch Kasztner an Eichmann. Die Österreicher, unter ihnen der Bürgermeister von Wien, Blaschke, waren mit dem Abkommen sehr zufrieden, denn es beschaffte ihnen die dringend benötigte frische Zufuhr von Zwangsarbeitern.

In Straßhof erlaubte man den Familien zusammenzubleiben. Die Familie Berkowitz traf Ende Juni 1944 ein. Die rauhe Lagerwirklichkeit, die Krankheiten und der Hunger machten ihnen nichts aus, solange sie nur beieinanderbleiben konnten. Großvater Berkowitz, ein glühender Chassid, konnte sogar eines der Heiligen Bücher, das seit Generationen in Familienbesitz war, mitnehmen. Er war überzeugt, daß dieses kostbare Buch seine Familie beschützen und vor allem Übel bewahren werde.

Alle erwachsenen Mitglieder der Familie Berkowitz sammelten während der Woche einen Teil ihrer spärlichen Essensrationen für den heiligen Schabbat. An den kalten, langen Herbst- und Winterabenden kuschelten sie sich eng aneinander und lauschten, im Dunkeln sitzend, den chassidischen Legenden des Großvaters, die sich in der Hauptsache um das Heilige Buch drehten. Großmutter erlaubte nicht, daß man die wenigen rationierten Kerzen anzündete, denn die bewahrte sie für Freitagabend auf. Sie schmolz die Paraffinstummel ein und formte bleistiftdünne Kerzchen, damit sie, ihre Tochter und Schwiegertochter die Schabbatkerzen entzünden und so den Schabbat mit der in Vorhitlertagen üblichen Anzahl von Kerzen begrüßen konnten.

Als die russische Front näherrückte, wurden die Lagerbeamten unruhig. Essens- und Kerzenzuteilung wurden eingestellt, man wartete auf Anweisungen aus Berlin, was man mit den Juden anfangen sollte. Die Befehle kamen bald. Alle Juden waren auf Güterzüge zu verladen und in ein Vernichtungslager zu transportieren. Unter dem unausgesetzten Bombenhagel der Alliierten wurden die Juden auf die Waggons verfrachtet. Für Großvater Berkowitz war der Bestimmungsort klar. Trotzdem verzweifelte er nicht. Während die Frauen ihre Kinder, das Essen und die wenigen Habseligkeiten zusammenrafften, umklammerte der Großvater seinen wertvollsten Besitz, das Heilige Buch.

In dem verriegelten Güterwaggon des Zuges fand Großvater Berkowitz eine Ecke für seine Familie. Er setzte sich in die Mitte, von seiner Familie umringt, damit sie sich alle während der Fahrt an dem Heiligen Buch festhalten konnten, denn er war sicher, daß es sie alle beschützen werde. Herr Berkowitz machte sich große Sorgen; er hatte bemerkt, daß man Waggons mit Munition an den Zug hängte. Bei den ständigen Luftangriffen der alliierten und russischen Luftwaffe war ihm das Risiko dieser Reise bewußt. Doch immer von neuem versicherte er seiner Familie, alles würde gut werden und das Heilige Buch würde sie mit Gottes Hilfe retten.

Der Zug sollte die Station nicht mehr verlassen. Alliierte Bomberverbände tauchten am Himmel auf und bombardierten den Zug, als er sich gerade in Bewegung setzen wollte. Die Explosionen waren gewaltig. Kugeln und Schrapnelle flogen in alle Richtungen. Diejenigen, die die Bomben überlebten, wurden von der explodierenden Munition getötet. Während des ganzen Luftangriffs hatte Großvater Berkowitz seine Familie fest im Griff. Alle lagen sie auf dem Boden und streckten ihre Hände nach dem Heiligen Buch aus. „Laßt eure Köpfe unten und eure Hände am Buch", befahl Großvater zwischen den einzelnen Explosionen.

Stunden später, als in der verkohlten Bahnstation alles ruhig geworden war, erlaubte Großvater Berkowitz seiner Familie, vom Boden des ausgebrannten Zuges aufzustehen. Auf wunderbare Weise hatte die gesamte Familie Berkowitz den Bombenangriff überlebt, und mit ihnen der wertvollste Besitz der Familie, das Heilige Buch. Im Frühjahr 1945, als Straßhof von den Russen befreit wurde, „erschien die Heimkehr ganzer Familien wie ein Wunder"[3].

Nach einem Interview von Layah Tomor mit Vera Landau, geb. Berkowitz, vom 27. November 1977.

90

Der ‚Segen‘ des Munkacser Rebbe

In der Stadt Munkacs lebte ein Belzer Chassid, Mosche Silber, Abkömmling der berühmten Dynastie Zanzer Chassidim. Eintracht herrschte nicht zwischen dem Munkacser Rabbi Chaim Elieser Schapira (1872–1937), dem Autor von „Minhat Elasar", und dem Belzer Chassid, Reb Mosche Silber. Letzterer war ein Gegner des Rabbi in dem fortgesetzten Streit zwischen Belz und Munkacs, ein Streit, der in den Tagen entbrannt war, da der Belzer Zaddik Issachar Dow Rokeach als Flüchtling aus dem Ersten Weltkrieg in Ungarn lebte (1912–1921).

Eines Tages wandte sich der Munkacser Rabbi im Verlauf einer lebhaften Debatte voll Zorn an den Belzer Chassid: „Mit deinem Tallit Katan bekleidet wirst du sterben!" Der Belzer Chassid bewahrte die Worte des Rabbi in seinem Herzen.

Jahre vergingen. Der Zweite Weltkrieg hielt Europa in seinen Klauen. Im April 1944 wurde eine grausame Aktion in Munkacs eingeleitet, und zum 30. Mai wurde die Stadt für ‚judenrein‘ erklärt. Das Getto war liquidiert, und die Juden waren nach Auschwitz verschleppt worden. Unter den Deportierten befand sich der Belzer Chassid, Reb Mosche Silber.

Trotz Hunger, Krankheit, Zwangsarbeit und im Angesicht der ständigen Selektionen war der Belzer Chassid sicher, daß er den Krieg überleben würde, denn in Auschwitz war es bei Todesstrafe verboten, einen Tallit Katan zu tragen. Da Worte aus dem Mund eines Zaddiks (Heiligen) in Erfüllung gehen müssen, war der Belzer Chassid überzeugt, daß der Tod keine Macht über ihn hat, solange er sein rituelles Kleidungsstück nicht trug.

Tatsächlich überlebte der Belzer Chassid das Inferno von Auschwitz. Heute trägt er sein Tallit Katan in Monsey, New York, und wenn auch kein Munkacser Chassid, so erzählt er doch von Zeit zu Zeit von den geheimnisvollen Kräften seines früheren Gegners, des Munkacser Rebbe.

Als er seine Geschichte beendet hatte, fügte Reb Mosche Silber wie in einer plötzlichen Eingebung hinzu: „Ein chassidischer Rabbi ist wie ein Meister im Diamantenschleifen. Er nimmt einen Menschen und schleift alle Grobheiten weg, alles Überflüssige. Er tut dies mit einem Märchen, einer Nigun (einer chassidischen Melodie) und einer Menge Weisheit. Was dabei herauskommt, ist ein polierter, wertvoller Stein – ein Chassid. Nur große Meister sind dazu fähig. Der Munkacser war solch ein Rebbe."

Interview von Hilari Patasnick mit Mosche Silber, Mai 1977.

Wer wird diesen Krieg gewinnen?

Als Kalman Mann und sein 16jähriger Sohn Itzchak im Sommer 1944 in einer Budapester Straße bei einer Razzia aufgegriffen und in ein Arbeitsbataillon gesteckt wurden, wußten sie, was sie erwartete[1]. Zwei Jahre lang war Kalman Gefangener eines Arbeitsbataillons gewesen. Und auch Itzchak, obwohl erst sechzehn, war ein ,altgedienter' Zwangsarbeiter. Vater und Sohn konnten entkommen und nach Budapest zurückkehren.

Hier gelang es Itzchak mit Hilfe der zionistischen Organisation, sich in die Reihen der Jugendbewegung faschistischer Grünhemden ,der Pfeilkreuzler' einzuschleusen[2]. Er lebte in einem Jugendlager, aus dem er Informationen über bevorstehende Aktionen gegen Juden sammelte und an die Zionistenführer in Budapest weiterleitete.

Eines Tages, als Itzchak mit den Kameraden zum Mittagessen anstand, beugte sich der ungarische Beamte, der das Essen austeilte, zu dem riesigen Kessel herunter und sagte zu Itzchak: „Du magst doch die dicke Suppe vom Boden des Topfs, nicht wahr?" Dann flüsterte er auf Jiddisch: „Sie verdächtigen dich, lauf!"

Itzchak war gleichermaßen bestürzt, erstaunt und belustigt. Dieser Spaßvogel, der voll von patriotischen faschistischen Witzen, Liedern und Parolen war und aussah wie ein polnischer Bauer, war ein Jude wie er selbst! Am selben Tag noch verließ Itzchak das Lager.

Wenige Tage später wurden Itzchak und sein Vater während einer brutalen Razzia festgenommen. Noch bis vor ein paar Tagen war Itzchak in Sicherheit gewesen, ja er konnte sogar die anderen vor solchen Aktionen warnen. Nun war er mit seinem Vater wieder in einem Arbeitsbataillon, genau wie einst. Ihre damalige Flucht war sinnlos geworden.

„Ihr steht von jetzt an unter dem direkten Kommando der Organisation Todt und seid somit Soldaten des Dritten Reiches[3]. Ihr seid zu beneiden, denn ihr kommt in den Genuß der Großzügigkeit des Deutschen Vaterlandes." Gespannt verfolgte die Menge die Rede des deutschen Offiziers, und ein Hoffnungsschimmer erhellte ihre erwartungsvollen Gesichter. Kalman Mann versuchte sein bitteres Lächeln zu verbergen. Er hatte die Rede schon früher gehört. Der glattrasierte, wohlernährte und akkurat gekleidete deutsche Offizier konnte ihn nicht mehr zum Narren halten. Kalman wußte aus eigener Erfahrung, was es für einen Juden in Kriegszeiten bedeutete, ein sogenannter Soldat im jüdischen Arbeitsbataillon zu sein. Es bedeutete, Antitankgräben zu schaufeln, Straßen zu bauen und ermordete Juden zu beerdigen. Noch sah er vor sich die Gesichter der Toten, wie umgeknickte Garbenbündel auf den weiten Feldern der Ukraine verstreut, hingemetzelte Juden in ihren Schabbatgewändern.

Ein ‚deutscher Soldat', das hieß auch, ein lebendiger Minendetektor zu sein[4]. Kalman erinnerte sich des Tages, als sie sich einem russischen Minenfeld näherten. 250 Juden des Arbeitsbataillons waren dazu ausgesucht worden. Man hielt ihnen eine aufmunternde Rede, wie geehrt sie sich zu fühlen hätten, daß man sie ausgewählt hatte, Deutschland in seinem großen Krieg gegen Kommunismus und Judaismus zu unterstützen. Nach diesem Vortrag befahl man ihnen, in die Minenfelder zu marschieren. Nur fünfzig Juden kehrten zurück. Kalman Mann war unter den Glücklichen. Als er jetzt der Rede des deutschen Offiziers über ihre auserwählte Stellung als Teil der deutschen Armee zuhörte, tauchten vor seinen Augen die Erfahrungen der letzten zwei Jahre wieder auf. Doch um sich herum sah er Gesichter, die sich an der Hoffnung festklammerten, während der Deutsche seine ,einführenden‘ Darlegungen fortsetzte. „Und jetzt gibt man euch eure Uniformen", schloß der Offizier seine Ansprache. Die ,Uniformen‘ wurden verteilt, gelbe Armbinden für die Juden, weiße für diejenigen unter ihnen, die zum Christentum übergetreten waren[5]. Kalman konnte seine Augen nicht von dem deutschen Offizier abwenden: einer eigenartigen Mischung aus Pfau, Zinnsoldat und mechanischem Spielzeug, faszinierend und beängstigend zugleich.

Das Leben im Arbeitsbataillon war noch schwerer, als Kalman erwartet hatte. Die Deutschen waren inzwischen auf dem Rückzug. Die Essensrationen waren armseliger denn je, Arbeitsunfälle häuften sich, und der Anblick unversorgter offener Wunden mangels ärztlicher Versorgung war an der Tagesordnung.

Am Vorabend von Rosch Ha-Schana 1944 starteten die Russen eine große Offensive, und die Deutschen machten sich eiligst auf den Rückzug. Das Arbeitsbataillon erhielt Anweisung, alle Verbindungsleitungen, Transportmittel und Behausungen zu demolieren. Telegraphenmasten und elektrische Zäune wurden in Splitter zersägt, Eisenbahngleise herausgerissen, Brücken in die Luft gesprengt, Hauptverbindungsstraßen zerstört und Häuser in Brand gesteckt. Nur die versengte Erde blieb hinter der zurückweichenden deutschen Armee zurück. Das Arbeitsbataillon war pausenlos unterwegs, nie am gleichen Ort übernachtend. Man erlaubte ihm nur ein paar Stunden Schlaf unter freiem Himmel, bevor sie zur nächsten Abbruchstelle geschickt wurden. Am Vorabend des Jom Kippur erreichten sie den polnischen Berg Bornemissza zwischen Osmoloda und Tacew an der slowakischen Grenze.

Der deutsche Kommandeur trat aus seinem abgedeckten Waggon und gab eine seiner langen Reden zum besten, die sie als Teil ihrer täglichen Leidensration zu ertragen gelernt hatten. „Ich weiß, daß morgen einer eurer wichtigsten Feiertage ist, Jom Kippur. Es ist ein bedeutender Festtag in eurer Religion. Ich möchte euch daran erinnern, daß ihr Soldaten seid, Soldaten im Krieg auf dem Schlachtfeld, und als solche ist es euch streng verboten zu fasten. Alle, die fasten, werden von einem Exekutionskommando hingerichtet." Sie erwarteten, daß er fortfahren würde, Wohlwollen und Gerechtigkeit der deutschen Armee aufzuzählen. Doch er brach abrupt ab und wiederholte nur seine Schlußbemerkung: „Gesetzesbrecher werden von einem Exekutionskommando hingerichtet."

Am 27. September, Jom Kippur, arbeiteten sie wie gewöhnlich. Es war ein besonders schwerer Tag, es regnete in Strömen, und um sie herum bildete sich eine riesige Sumpflandschaft. Nachdem das Essen verteilt war, schütteten alle Männer, wie in geheimer Absprache, ihren Kaffee in die schlammigen Regenrinnsale und steckten das trockene Brot in ihre durchnäßten Jacken.

Kalman Mann und ein anderer Jude, ebenfalls aus einer chassidischen Familie, rezitierten die Gebete für den Jom Kippur, soweit sie konnten, aus dem Gedächtnis. Die anderen wiederholten ihre Worte, während sich ihre Tränen mit dem Regen vermischten und ihre Stimmen gegen den Lärm der Hämmer, Äxte und des herniederprasselnden Regens ankämpften.

Das Bataillon der Konvertiten näherte sich den Juden. Ihr Sprecher war ein Sarwaschi, ein ehemaliger Reformrabbiner, der zum Christentum übergetreten war. Der Rabbi teilte ihnen mit, daß auch sie an diesem Jom Kippur fasteten und sich den anderen im Gebet gerne anschließen wollten. Er hoffe, man werde sie aufnehmen, denn so steht es in den Gebeten zu Jom Kippur:

Mit dem Wissen des Allmächtigen und mit Genehmigung der Gemeinde; mit Erlaubnis des himmlischen und des irdischen Gerichtes erlauben wir, mit denen zu beten, die gesündigt haben.

Und so, während sie im strömenden Regen Telegraphen- und Telephonmasten demolierten, rechneten sich die Männer die Zeit für das Neilagebet aus, das Schlußgebet dieses heiligsten der heiligen Tage.

Die Nacht brach herein, als sie erschöpft am Fuß des Bornemisszaberges niedersanken, bereit, ihr Fasten nun zu brechen. Im selben Augenblick tauchte der deutsche Kommandeur mit einem Trupp Soldaten aus seinem abgedeckten Waggon auf und befahl Aufstellung zum Appell. Die Juden erwarteten das Schlimmste. Väter schieden von ihren Söhnen, Brüder nahmen Abschied voneinander, Freunde bangten um ihre letzte gemeinsame Stunde.

„Ich bin ein mildtätiger deutscher Offizier bester deutscher Tradition." Die Befürchtungen wuchsen, denn sie wußten, was sie zu erwarten hatten, wenn sie eine dieser ‚Wohltätigkeitsreden‘ hörten. Normalerweise hatten sie die fatalsten Konsequenzen. „Ich weiß, daß ihr heute gefastet habt, trotzdem werde ich die Todesstrafe nicht über euch verhängen, die ihr nach dem Gesetz verdient hättet. Statt dessen werdet ihr euch jetzt daranmachen, den Berg zu besteigen und auf euren Bäuchen herunterzurutschen. Diejenigen unter euch, die reumütig sind, können sagen, daß sie unrecht getan haben, den Armeeverordnungen nicht Folge zu leisten und heute zu fasten. Alle, die das tun möchten, bitte Hände hoch." Nicht eine einzige Hand streckte sich empor, weder aus den Reihen des jüdischen Bataillons noch aus dem der Übergetretenen.

Und so, müde, durchnäßt und hungrig, bestiegen die ausgemergelten Juden den nassen, glitschigen Berg. Als sie den Gipfel erklommen hatten, befahl man ihnen, auf ihren Bäuchen herunterzurutschen. Am Fuß des Berges angekommen, mußten sie sich wieder aufstellen. Sie wurden gefragt, ob einzelne unter ihnen bereuen und damit von der Prozedur verschont werden wollten. Mit Schlamm bespritzte Gestalten mit fiebernden Augen blickten in schweigendem Trotz dem glattrasierten deutschen Offizier ins Gesicht. Zehnmal wiederholten sie das demütigende Schauspiel, jedesmal etwas entschlossener, jedesmal mit vermehrten Kräften kletterten und rutschten sie einen unbekannten Berg hinauf und wieder herunter, einen Berg, der in dieser feuchten Jom-Kippur-Nacht zum Symbol jüdischen Mutes und menschlicher Würde wurde.

Zu Mitternacht, als der Regen nachließ, wurde die grausame Zeremonie eingestellt, und die Männer erhielten Essen. Sie entzündeten kleine Lagerfeuer, an denen sie ihre durchnäßte Kleidung zu trocknen und ihre zitternden Glieder zu wärmen suchten. Ihre Gesichter strahlten in einer seltsamen Glut, als sie am Fuß des Bornemisszaberges um ihre kleinen Lagerfeuer saßen. Es war, als spiegelten die Flammen ihre strahlenden Antlitze und brennenden Augen wider.

Ein junger deutscher Offizier mit niedrigem Dienstgrad schlenderte zu der Gruppe herüber, in der Kalman und sein Sohn Itzchak saßen, und sagte: „Wer diesen Krieg gewinnen wird, das weiß ich nicht, aber eines ist für mich sicher – Leute wie ihr, eine Nation wie die eure, wird niemals besiegt werden, niemals!"

Beruht auf meinem Interview mit Rabbi Itzchak Mann vom 12. Juni 1979.

Zweiter Teil

Freundschaft

Gefragt, warum seine Erfahrungen während des Krieges ihn nicht verbittert hätten, antwortete ein Überlebender: „In Auschwitz habe ich etwas über die Freundschaft gelernt. Als ich fror, schützten mich Fremde mit ihrem Körper gegen die eisigen Stürme, denn sie hatten nichts anzubieten als sich selbst."

Arnŏst Lustig

Guten Morgen, Herr Müller

Nicht weit von Danzig entfernt lebte ein wohlhabender chassidischer Rabbi, Nachfahre einer berühmten Dynastie von Chassidim. Bekleidet mit einem schwarzen Maßanzug, ein Zylinder auf dem Kopf, ein silbernes Spazierstöckchen in der Hand, pflegte der Rabbi seinen täglichen Morgenspaziergang zu unternehmen, begleitet von seinem hochgewachsenen, gutaussehenden Schwiegersohn. Während seines morgendlichen Bummels grüßte der Rabbi alle Männer, Frauen und Kinder, die ihm unterwegs begegneten, mit einem warmen Lächeln und einem herzlichen „Guten Morgen!" Im Laufe der Jahre machte der Rabbi auf diese Weise mit vielen seiner Landsleute Bekanntschaft. Er grüßte sie immer mit ihren ordnungsgemäßen Titeln und Namen.

Am Stadtrand in den Feldern tauschte er den Morgengruß mit Herrn Müller, einem polnischen Volksdeutschen. „Guten Morgen, Herr Müller!" beeilte sich der Rabbi, den Mann zu begrüßen, der auf dem Feld arbeitete. „Guten Morgen, Herr Rabbiner!" erwiderte dann dieser mit einem gutmütigen Lächeln.

Dann brach der Krieg aus. Die Spaziergänge des Rabbi fanden ein jähes Ende. Herr Müller legte eine SS-Uniform an und verschwand aus den Feldern[1]. Das Schicksal des Rabbi war das vieler polnischer Juden. Er verlor seine Familie in den Todeslagern von Treblinka und wurde nach langem Leidensweg nach Auschwitz deportiert.

Eines Tages, während einer Selektion in Auschwitz, stand der Rabbi in einer Reihe mit Hunderten anderer Juden, den Augenblick erwartend, da ihr Schicksal besiegelt werden würde, zum Leben oder zum Tode. In der gestreiften Lageruniform, Haare und Bart geschoren, die Augen fiebernd vor Hunger und Krankheit, sah der Rabbi aus wie ein wandelndes Skelett. „Rechts! links, links, links! näherte sich die Stimme. Plötzlich fühlte der Rabbi das dringende Bedürfnis, das Gesicht des Mannes mit den schneeweißen Handschuhen, dem Stöckchen und der stählernen Stimme zu sehen, der da Herrgott spielte und über Leben und Tod entschied.

Er hob seine Augen und hörte sich sagen: „Guten Morgen, Herr Müller!"

„Guten Morgen, Herr Rabbiner!" erklang eine menschliche Stimme unter der mit dem Totenkopf verzierten SS-Mütze. „Was machen Sie denn hier?" Ein mattes Lächeln huschte über das Gesicht des Rabbi. Da wies der kleine Stock nach rechts – zum Leben. Am nächsten Tag wurde der Rabbi in ein anderes Lager verlegt.

Der Rabbi, heute in den Achtzigern, erklärte mir mit seiner sanften Stimme: „Dies ist die Macht eines Guten-Morgen-Grußes. Der Mensch soll immer seinen Mitmenschen grüßen."

Nach meinem Interview mit einer älteren chassidischen Persönlichkeit.

Zwei Kapseln Zyankali (I)

Zu den vielen teuflischen Torturen der SS im Straßenlager von Janowska gehörte eine Zeremonie, die sich bei Einbruch der Dunkelheit am Lagertor abspielte. Die SS stellte sich in Zweierreihen am Eingang auf, um die Häftlinge nach des Tages Arbeit ‚willkommen' zu heißen. Das Schauspiel am Tor zur Hölle entfaltete sich, sobald die erste Arbeitskolonne das Tor erreichte. Dann riefen die Deutschen in fröhlichem Chor: „Was ist das am meisten geachtete Geschlecht auf Erden?" Die Lagerinsassen, erschöpft von ihrer Arbeit, erwiderten dann heiser: „Das Dritte Reich!"

„Und was ist das verfluchteste Geschlecht auf Erden?" fuhren die SS-Männer mit ihrem teuflischen Dialog fort. Dann flogen die Lagerkappen der Häftlinge hoch in die Luft, und einstimmig erscholl der Ruf: „Das jüdische Volk!"

„Lauter!" brüllte der deutsche Befehl, und die Juden antworteten im Chor: „Die Juden sind das verfluchteste Geschlecht auf dem Angesicht der Erde." Dies wiederholten sie unzählige Male, während sie durch das Tor schritten und versuchten, die von allen Seiten auf sie niedersausenden Gummiknüppel abzuwehren[1].

In jenen Tagen arbeitete Rabbi Israel Spira, der Rabbi von Bluzhov, mit einem angesehenen Juristen namens Hurowitz aus Borislaw zusammen. Eines Tages sagte der Jurist zum Rabbi: „Herr Spira, ich habe den Eindruck, daß ich Sie in der kurzen Zeit, in der wir zusammen arbeiten, ganz gut kennenlernte. Wie können Sie in den teuflischen Chor mit einstimmen, daß die das auserwählte Volk sind und wir das verfluchte Geschlecht?" Ohne die Antwort des Rabbiners abzuwarten, fuhr er fort: „Ich hatte 2000 Dollar in den Aufschlag meiner KZ-Jacke eingenäht, damit ich, wenn sich die Gelegenheit böte, mein Leben zurückzukaufen, etwas hätte, womit ich zahlen oder zumindest handeln könnte. Letzte Nacht hatte ich Glück. Für die 2000 Dollar konnte ich zwei Kapseln Zyankali zu 1000 Dollar das Stück kaufen – eine für Sie und eine für mich."[2]

Der Rabbi von Bluzhov klopfte dem Freund dankbar auf die Schulter. „Ich beneide Sie, daß Sie zu so etwas fähig sind, ich bin es nicht. Mein Vater war ein Rebbe, und mein Urgroßvater war ein Rebbe. Wenn meine Zeit um ist, werde ich mich ihnen im Reich der Wahrheit anschließen. Mit dem Rest der Judenheit werde ich dort ankommen. Als Mörder jedoch kann ich nicht in dieses Reich eingehen und meinen berühmten Vorfahren vor das Angesicht treten, als einer, der ein Leben genommen hat – und sei es das eigene. Danke, mein Freund, für Ihre Freundschaft."

Bei Sonnenuntergang desselben Tages, als die Häftlinge ins Lager zurückkehrten, hatte sich die SS in gewohnter Weise am Eingang postiert; in ihren wohlgenährten Gesichtern lag ein hämisches Grinsen in Erwartung ihrer täglichen Abendunterhaltung. Mit dem Herannahen der Gefangenen räusperten sie sich noch einmal, damit die Vorstellung ihrer rassischen Überlegenheit auch Ehre machte.

Die anonyme, graue, gesichtslose Kolonne hatte das Tor erreicht. „Wer ist das höchstgeachtete Geschlecht auf Erden?" donnerten die SS-Männer aus vollen Kehlen. „Die Juden!" verkündete eine Stimme, alle anderen übertönend. Der deutsche Kommandant ordnete an, die Frage zu wiederholen. „Das jüdische Volk ist das am meisten geachtete Geschlecht auf Erden!"

proklamierte dieselbe mächtige Stimme, und von den umliegenden Hügeln hallte ein tausendfältiges Echo wider: „Die Juden, die Juden, die Juden!"

Die SS stürzte in die Richtung, aus der die Stimme gekommen war. Auf dem Boden ausgestreckt lag Hurowitz' Körper, der leblose Körper des Anwalts aus Borislaw, auf seinem Gesicht ein erfrorenes Siegeslächeln. Sein klaffender Mund verkündete schweigend noch die Ewigkeit und Größe des jüdischen Volkes.

Nach einem Gespräch des Großrabbiners von Bluzhov, Rabbi Israel Spira, mit Aaron Frankel, Januar 1974.

Auf der Wartebank am Galgen (II)

Der Häftling im Straßenlager von Janowska, der Zyankali genommen hatte, lag ausgestreckt auf dem Boden. „Wer hat mit dem toten Hund zusammen gearbeitet?" erkundigte sich der Kommandant. Der Brigadeführer drängte sich durch die Reihen und antwortete schnell: „Nummer 1236." – „Nummer 1236, sofort vortreten", befahl der SS-Mann. Der Rabbi von Bluzhov trat aus der Reihe und stellte sich neben den Kommandanten. „Wer hat noch mit dem langen Hund zusammen gearbeitet?" Der Brigadeführer gab zwei weitere Namen bekannt. Die Männer gesellten sich zu dem Rabbi und stellten sich rechts und links von ihm auf. „Die Strafe für Verrat ist sofortiger Tod, und ihr drei Hunde werdet heute noch hingerichtet", entschied der Kommandant.

Den dreien wurde befohlen, sich auszuziehen, ihre Hände wurden ihnen auf dem Rücken zusammengebunden, um die Hälse Schlingen gelegt. So führte man sie zum ‚Todesplatz' ab. Die gesichtslose graue Masse starrte schweigend den drei Häftlingen nach, als sie dem Tod entgegingen.

Als die drei den Todesplatz erreichten, baumelten Körper von allen Galgen. Wenn einer der Henker merkte, daß die Körper noch Lebenszeichen von sich gaben, zwang er sie, zu essen und zu trinken, um ihre Qualen zu verlängern[1]. Als er die Neuankömmlinge bemerkte, kam er zum Rabbi und seinen beiden Begleitern herüber und hieß sie mit einem breiten Lächeln willkommen, als seien sie zu Besuch hier, und bat sie, es sich inzwischen bequem zu machen und geduldig zu warten, bis sie an die Reihe kämen. Er entschuldigte sich für die Verzögerung mit dem Hinweis, daß es nicht in seiner Macht stünde, denn heute sei ein sehr arbeitsreicher Tag gewesen[2]. Inzwischen überprüfte der zweite Henker die Körper an den Galgen; noch immer klammerten sie sich ans Leben.

Genau in diesem Augenblick traf ein Bote der SS ein. Er salutierte dem Henker und forderte ihn auf, für eine Stunde einige Juden freizugeben, denn am anderen Ende des Lagers türmten sich Berge von Juden, die in Gräben geworfen und mit Dreck zugeschüttet werden müßten. Der Henker untersuchte die Körper noch einmal und stopfte ihnen gleichzeitig mehr Wasser und Nahrung in den Mund. Dann schaute er auf die Uhr und deutete mit seiner brennenden Zigarette auf die Wartebank. An die dort Sitzenden gewandt, sagte er: „Schnell, schnell! Lauft zur Arbeit. In einer Stunde müßt ihr wieder zurück sein, und zwar genau an diesem Platz!"

Sie beerdigten die Toten und schütteten die Gräben zu.

„Lauft, schnell, schnell!" Der junge deutsche Soldat, nicht älter als siebzehn, richtete sein Gewehr auf die drei Männer und befahl: „Rennt, schnell, schnell! Sonst versäumt ihr eure Verabredung." Die Männer fingen an auf die Galgen zuzurennen, der junge Deutsche jagte ihnen hinterher. Die Nacht brach herein. Der junge Soldat verschwand in der Ferne. Der Rabbi von Bluzhov blieb stehen, hielt einen Moment inne und sagte dann: „Wartet, meine Freunde, wartet einen Moment. Warum beeilen wir uns so? Was können sie tun, wenn wir uns verspäten?" Einer der beiden jungen Männer, nicht auf die Worte des Rabbi und seine Umgebung achtend, rannte wie in Trance in Richtung auf die Galgen. Der Rabbi und der andere Jude kehrten um zu ihren Baracken.

Es war dunkel, als sie den Block erreichten, in dem die Häftlinge schliefen. Der Rabbi schlug vor, in eine der Baracken hineinzugehen. „Sie werden uns nicht hineinlassen", meinte der andere. „Wir können es versuchen. Was haben wir schon zu verlieren?" entgegnete der Rabbi, „der Galgen wartet ohnedies auf uns." Sie betraten eine der Baracken. Die Insassen versuchten, sie davonzujagen. „Ich bin der Rabbi von Pruchnik aus der Bluzhover Dynastie. Habt keine Angst. Ich bitte euch, laßt uns uns hier über Nacht verstecken, sonst hängen wir am Galgen." Die Insassen drängten sich zusammen, berieten kurz und sprachen ihr Urteil: „Wir werden Sie verstecken. Für einen chassidischen Rabbi wollen wir das Risiko auf uns nehmen, nicht aber für den anderen Juden." – „Ohne ihn bleibe ich nicht", handelte der Rabbi und wandte sich zur Tür. „Jüdisches Blut wird auf euren Gewissen lasten."

Sie blieben. In dieser Nacht fand weder eine Durchsuchung noch eine Zählung statt. Am nächsten Morgen trat einer der Häftlinge an einen jüdischen Ordner heran mit der Bitte um Hilfe für einen der großen Chassidim Polens. Man brachte den Rabbi von Bluzhov und seinen Begleiter in einer anderen Arbeitsbrigade unter und gab ihnen neue Nummern.

„Gott regiert eine merkwürdige Welt; manchmal ist sie schwer zu begreifen", sinnierte der Rabbi, als er die Geschichte dreißig Jahre später in seinem Haus in Brooklyn erzählte. „Trotzdem ist es unsere Pflicht, die Geschichte immer wieder zu erzählen. Erzählen ist ein Versuch, zu verstehen und mit der schlimmsten Wirklichkeit fertig zu werden."

Nach einem Gespräch des Großrabbiners von Bluzhov, Rabbi Israel Spira, mit Aaron Frankel, Januar 1974.

Ein Schluck Kaffee

Nach langer, qualvoller Fahrt erreichte der Todeszug aus Lemberg seinen endgültigen Bestimmungsort, das Todeslager von Belzec. Es war Oktober 1942[1].

Die Wagentüren wurden aufgestoßen, Horden Deutscher und Ukrainer stürzten sich mit Peitschen auf die Opfer, und eine schrille Stimme ertönte aus einem großen Lautsprecher.

„Er ist erst 45 Jahre alt!" Der Rabbi von Bluzhov hörte den Schrei seiner Frau Perl unter den anderen Stimmen heraus, als sie versuchte, den SS-Offizier, der junge, gesunde Männer suchte, auf ihren Gatten aufmerksam zu machen.

„Ich bin 56!" rief der Rabbi, als er sah, daß seine Frau in die entgegengesetzte Richtung gedrängt wurde.

„Du bist 45 Jahre." Mit einem boshaften Grinsen zog der Offizier den Rabbi am Kragen auf die andere Seite der Plattform. „Du wirst ihr später nachfolgen, das verspreche ich dir." Der SS-Mann packte den Rabbi fester, der versuchte, in die Richtung zu laufen, in der seine Frau verschwunden war. Ihr letzter Befehl klang ihm noch in den Ohren: „Du mußt überleben. Eines Tages wird man dich brauchen." [2]

Nach einer Weile brachte man den Rabbi zur Bahnstation zurück. Neben der Plattform türmten sich Stapel von Koffern, gestempelt mit der Heimatadresse der Opfer, säuberlich zusammengefaltete Kleidungsstücke, Berge von Haaren und Goldzähnen, Schmuck und Goldmünzen – alles, was von dem Lemberger Transport übriggeblieben war. Viele weitere Transporte waren seitdem aus Galizien und von überall in Europa in Belzec eingetroffen.

„Du, langer Hund du, komm hier herüber!" schnauzte der SS-Offizier den Rabbi von Bluzhov mit stählerner, eisiger Stimme an. „Du wirst zusammen mit zwei anderen Hunden die Kleidungsstücke nach Lemberg bringen. Das Dritte Reich braucht Kleider. Ihr jüdischen Kriegshetzer habt den Zweiten Weltkrieg angezettelt. Wegen euch leiden unsere Frauen und Kinder unter der bitteren Winterkälte. Wegen euch mußten wir Privatbetriebe in Munitionsfabriken verwandeln." Ein Schlag auf den Kopf des Rabbi zeigte das Ende seines Vortrags an.

In eine sonderbare Uniform gekleidet, den Kopf geschoren, machte sich der Rabbi, einziger Überlebender seiner Familie, auf den Kleiderbündeln der toten Juden von Lemberg sitzend, jener Stadt, in der er einst Rabbi mit einer großen chassidischen Anhängerschaft gewesen war, auf die Reise.

Um Mitternacht erreichte der Zug das Straßenlager von Janowska, das Lemberger KZ[3]. Zitternd vor Kälte, erschöpft und hungrig, bemüht, den Alptraum der Hölle von Belzec von sich abzuschütteln, suchte der Rabbi Schutz im Schatten

106

der Waggons. Als es dunkel geworden war, tauchte die Gestalt eines jungen Mannes auf. Er verkaufte Kaffee aus einer Suppenterrine. „Ein Schluck Kaffee für zwanzig Pfennig! Ein Schluck Kaffee für zwanzig Pfennig!" rief er mit gedämpfter Stimme[4].

Der Rabbi ging auf den Kaffeeverkäufer zu: „Junger Mann, ich möchte Sie um einen Gefallen bitten. Bitte geben Sie mir einen Schluck Kaffee. Seit Tagen habe ich keinen Bissen Nahrung und keinen Schluck Flüssigkeit zu mir genommen. Ich kann Ihnen nicht zahlen, ich habe kein Geld."

Der Kaffeeverkäufer blickte forschend in das ausgemergelte Gesicht des Mannes in der gestreiften Uniform und reichte ihm eine Kelle voll Kaffee.

Mit der einen Hand hielt der Rabbi den Löffel mit Kaffee, die andere Hand legte er auf sein kahles Haupt und murmelte den entsprechenden Segensspruch über den Kaffee. Als der Junge den Segen hörte, brach er in Tränen aus.

„Weh mir! Was ist bloß mit uns geschehen? In welchen entwürdigenden Zustand sind wir abgesunken, daß ein Mensch nicht einmal mehr seinen eigenen Rabbi wiedererkennt? Ich bin der junge Landau, der Bruder von Meyer Landau, Ihr eigener Chassid."[5]

Der Rabbi tröstete ihn: „Kein Grund zum Weinen, mein junger Freund. Solange jemand die Stimme Jakobs erkennt, so lange hat die Stimme Esaus keine Macht über uns."[6]

Nur wenige haben Belzec überlebt. Der Rabbi von Bluzhov ist einer davon.

Nach einem Gespräch des Großrabbiners von Bluzhov, Rabbi Israel Spira, mit Aaron Frankel, Januar 1974. Ich hörte die Geschichte bei verschiedenen Anlässen im Haus des Rabbi.

Um der Freundschaft willen

Als Rochele, die Tochter des Rabbi von Vischnitz, hörte, daß der Rabbi von Bluzhov, Rabbi Israel Spira, ins Staßenlager von Janowska bei Lemberg zurückgekehrt war, gelang es ihr, ihm etwas Kaffee und Brot herüberzuschmuggeln[1]. Dieser Kontakt mit der Außenwelt gab dem Rabbi neuen Mut und eröffnete ihm die Möglichkeit zur Flucht. Rochele beschrieb dem Rabbi in allen Einzelheiten das am wenigsten bewachte Gelände zwischen dem Lager und der Stadt Lemberg, die leerstehenden Gebäude und ihre Entfernung voneinander.

„Aber was geschieht, wenn man Sie faßt?" fragte sie den Rabbi. „Ich habe dem Tod schon unzählige Male ins Auge gesehen", erwiderte der Rabbi, „man muß immer wieder versuchen, sein Leben zu retten."

Bei Einbruch der Dunkelheit, als seine Arbeitskolonne ins Lager zurückmarschierte, rückte der Rabbi etwas von der Gruppe ab, duckte sich und fing an, auf das nächste leerstehende Haus zuzukriechen. Er betrat das Gebäude und drückte sich platt gegen die Wand in eine Ecke. Er beschloß, völlige Dunkelheit abzuwarten, wenn die Straßen von Lemberg sich von Menschen leerten. Dann würde er in seiner Lageruniform mit den beiden gelben Lappen auf Vorder- und Rückseite und der breiten, vom Kragen bis zum Jackensaum reichenden Tresse unbemerkt auf die Straße treten können und versuchen, in den jüdischen Stadtteil zu gelangen.

Eine Gruppe gutgekleideter junger Leute ging, fröhlich lachend und sich auf deutsch unterhaltend, am Versteck des Rabbi vorbei. Der preßte sich noch fester gegen die Wand und verharrte regungslos.

Wie merkwürdig, dachte er, daß Menschen noch ein normales Leben führen und sich friedlich in deutscher Sprache unterhalten können, einem Deutsch ohne Anordnungen und Befehle ...

Wie lange war es her, daß der Rabbi zum letzten Mal begeistert seine perfekten Deutschkenntnisse vorgeführt hatte? Dazu bot sich ihm gewöhnlich während seines Jahresurlaubs in den deutschen Kurorten die Gelegenheit. Am besten erinnerte er sich an die Reisen in Begleitung seiner Frau und seiner innig geliebten Tochter, deren Schönheit alle betörte, die sie sahen. Er erinnerte sich an seine Reise nach Marienbad, auf der er mit Helmut Müller Freundschaft schloß[2]. Es begann im Zug, als ein gutgekleideter Herr das Erste-Klasse-Abteil betrat. Zwischen dem Rabbi und dem hochgewachsenen Fremden, der sich als Helmut Müller vorstellte, entspann sich ein Gespräch, an dem die Tochter des Rabbi, die ebenfalls fließend deutsch sprach, sich beteiligte.

Aus dem zufälligen Treffen entwickelte sich eine dauerhafte Freundschaft. Jedesmal, wenn der Rabbi eine Reise zu den Heilquellen plante, benachrichtigte er seinen Freund, der sich ihm dann an der vereinbarten Bahnstation anschloß. Zum jüdischen Neujahr, Rosch Ha-Schana, sandte Helmut Müller dem Rabbi eine Neujahrskarte und wünschte ihm, seiner Familie, dem jüdischen Volk und der ganzen Menschheit ein glückliches, friedvolles Jahr. Müller war ein charmanter, feiner Mensch, dessen Freundschaft zu erwerben eine Ehre war.

Der Rabbi war so tief in seinen Erinnerungen versunken, daß er nicht merkte, wie die Nacht über die Straßen von Lemberg hereinbrach. Die deutschen Stimmen waren verklungen, alles war still.

Der Rabbi trat auf die Straße hinaus. Als er das vertraute Kopfsteinpflaster unter seinen Schritten spürte, atmete er auf. Vor seiner Deportation in das Todeslager von Belzec hatte er in Lemberg gelebt und hier eine große chassidische Anhängerschaft gehabt. Wahrscheinlich lebten in Lemberg ja noch einige seiner Chassidim, die sich seiner erinnern würden, überlegte er. Er ging zum Haus von David Igra, den er vor einigen Monaten in dieser Stadt kennengelernt hatte. Damals hatte er Igra in den Straßen des Gettos ohne die obligatorische weiße Armbinde mit dem blauen Davidstern darauf herumlaufen sehen. Angesprochen hatte er erwidert, daß er als ausländischer Staatsbürger zum Tragen des Armbandes nicht verpflichtet sei. Von diesem Tag an hatte sich eine Freundschaft zwischen dem Rabbi und Igra entwickelt. Jetzt, als er sich Igras Haus näherte, traf er ihn auf der Straße wieder. Ohne zu zögern ließ er Igra wissen, daß er gerade aus dem Lager Janowska geflohen war und ihn in Schwierigkeiten bringen könne, wenn er sich mit ihm sehen ließe. Igra nahm keine Notiz von der Warnung des Rabbi.

Igra nahm den Rabbi mit nach Hause und gab ihm Essen und Kleider, damit er seine Lageruniform mit dem Janowskaabzeichen, das eine Flucht unmöglich machen sollte, ablegen konnte. „Wo ist dein südamerikanischer Paß?" fragte Igra. Der Rabbi erklärte ihm, daß er ihn in der Erde vergraben hatte, da er ihn als nutzlos betrachtete, nachdem seine einzige Tochter und der Schwiegersohn trotz ihrer südamerikanischen Pässe ermordet worden waren. Doch nun ging der Rabbi auf Anraten Igras zu seinem ehemaligen Wohnort und grub den Paß, den er im Hinterhof vergraben hatte, wieder aus. Er würde jedoch ungültig sein, bis ein Gestapobeamter in der Paßabteilung ihn abstempelte und unterschrieb.

Als es an der Zeit war, zur Paßstelle der Gestapo zu gehen, überfiel den Rabbi plötzlich lähmende Angst. Der Nazi, der die ausländischen Pässe genehmigte, war als einer der grausamsten Nazibeamten in Lemberg bekannt. Keiner nannte ihn je beim Namen. Wenn jemand im Getto sagte: „Der Hund, möge sein Name ausgelöscht werden", so war allen klar, wer gemeint war: der Hauptsturmführer der Paßabteilung. Wenn einer sein Büro aufsuchte, um seinen Paß verlängern zu lassen, war seine Chance, am Leben zu bleiben, äußerst gering. Von zehn Menschen, die zu ihm kamen, überlebte einer, der Rest wurde an Ort und Stelle im Hinterhof erschossen. Die Selektionen des Hauptsturmführers wurden völlig willkürlich vorgenommen und entbehrten jeglicher Logik.

Schließlich raffte sich der Rabbi von Bluzhov auf, zum Gestapobüro zu gehen. Sobald er das Gebäude betreten hatte, dachte er sich einen Plan aus, wie er dem Todesurteil entrinnen könnte. Mehrmals wechselte er seinen Platz in der Warteschlange, um auf diese Weise sein Schicksal um ein paar weitere Minuten hinauszuzögern. Warum sollte er sich zu der verhängnisvollen Tür drängeln, dachte er sich. Durch die Tür erscholl die furchterregende, brutale Stimme des Gestapomanns.

„Dreckiger Hund, wo hast du den Paß gekauft? Erschießt ihn! Bringt ihn hinaus auf den Hof!" Das Todesurteil wiederholte sich im Verlauf des Morgens unzählige Male. Nur zwei Leute verließen den Raum durch dieselbe Tür, durch die sie ihn betreten hatten. Blaß und verängstigt rannten sie die Treppe hinunter in der Furcht, der Beamte könne seine Meinung noch einmal ändern und sie zurückrufen.

Der Rabbi von Bluzhov war der letzte im Wartezimmer. Die Stimme aus dem Nebenraum brüllte: „Hund, komm herein!" Der Rabbi betrat das Zimmer. Der Beamte saß, dem Rabbi den Rücken zugekehrt, in seinem Sessel.

Mit einer abrupten Bewegung seines Drehstuhls wandte sich der Hauptsturmführer der Paßabteilung dem Rabbi zu. Der Rabbi erstarrte. In der Gestapouniform steckte niemand anders als sein Freund Helmut Müller[3]. Bevor der Rabbi noch Gelegenheit hatte, einen Ton herauszubringen, schrie Müller seine übliche Phrase: „Hund, wo hast du den Paß erstanden?"

Rabbi Israel Spira nahm seinen ganzen Mut zusammen und sagte: „Euer Ehren, darf ich Ihnen eine Frage stellen?" Müller war sprachlos vor Erstaunen über diesen unerwarteten Szenenwechsel. Er winkte dem Rabbi, fortzufahren. „Aber mach es kurz, Hund", setzte er hinzu.

„Mein Name ist Rabbi Israel Spira"; der Rabbi bemühte sich, mit seiner alten, sorglosen Vorkriegsstimme zu reden. In Müller ging ein dramatischer Wandel vor. Sein Gesicht verlor alle Strenge, ein Funken Mitleid flackerte in seinen Augen auf, und seine Stimme wurde sanft und menschlich.

„Mein Gott, mein Gott", fing er an zu stottern, „Sie sind Rabbi Israel Spira, der elegante, gutaussehende Rabbiner? Wie geht es Ihrer schönen Tochter? Sie muß inzwischen eine blühende Frau sein." Als Müller seine Tochter erwähnte, konnte der Rabbi nicht länger an sich halten. Tränen rannen ihm über das Gesicht. „Sie ist nicht mehr unter den Lebenden, sie wurde ermordet."

„Mein Gott, mein Gott!" stammelte Müller erneut. „Wer kann eine so bezaubernde, entzückende Frau getötet haben? Was haben Sie jetzt vor?" fragte Müller den Rabbi. Auf das tränenüberströmte Gesicht des Rabbiners trat ein bitteres Lächeln.

„Seien Sie unbesorgt, mein Freund, seien Sie unbesorgt, machen Sie sich nur keine Sorgen, mein Freund." Müller erhob sich von seinem Stuhl, schloß die Tür ab, setzte sich neben den Rabbi und fing nun auch an zu weinen. „Machen Sie sich keine Gedanken", tröstete er den Rabbi. „Solange ich lebe, wird Ihnen in dieser Stadt nichts passieren." Sie unterhielten sich eine Weile, die alten Tage in Erinnerung rufend. „Kommen Sie, wir wollen unser Gesicht waschen. Alles wird in Ordnung sein", beruhigte Müller den Rabbi.

Nachdem Müller sich etwas gefaßt hatte, kehrte er an seinen Schreibtisch zurück, stempelte den Paß und unterschrieb die restlichen Papiere. „Sie brauchen eine hübsche, gemütliche Wohnung", entschied Müller, nachdem er die Papiere gestempelt und alle Unterlagen noch einmal auf ihre Gültigkeit hin überprüft hatte. „Nur ein Platz zum Wohnen. Der Sektor für Ausländer wäre ideal", schlug der Rabbi vor.

Müller verabschiedete sich von dem Rabbi wie von einem alten Freund und versicherte ihm noch einmal, daß ihm kein Leid geschehen würde, solange er in Lemberg sei. Aber der Rabbi mußte ihm versprechen, keiner Menschenseele von ihrer Freundschaft zu erzählen, denn dies hätte für beide verheerende Folgen.

Der Rabbi bekam eine Wohnung in der Lwowskastraße 36. Einige Stunden nach seinem Einzug hielt ein Wagen vor dem Haus mit einer Ladung Brot, Butter, Schokolade und Kaffee für den Rabbiner[4].

Der Rabbi wohnte hier bis zur Liquidierung des Gettos Lemberg im Juni 1943, als er mit anderen ausländischen Staatsbürgern nach Bergen-Belsen deportiert wurde.

Nach einem Gespräch des Großrabbiners von Bluzhov, Rabbi Israel Spira, mit Aaron Frankel, Januar 1974.

Unter dem blauen Himmel von Tel Aviv

Am 25. August 1942 fand eine großangelegte Aktion im Getto von Bochnia statt. Fünfhundert Frauen, Kinder und Alte wurden im angrenzenden Wald erschossen[1]. Bronia arbeitete zu jener Zeit in einer der Werkstätten des Gettos. Als sie von der bevorstehenden Aktion erfuhr, flüchtete sie mit ihren Kindern in einen Bunker zusammen mit Dora und ihren kleinen Kindern. Sie hatten schreckliche Angst, daß ihre Kinder anfangen würden zu schreien und die Deutschen auf ihr Versteck aufmerksam machen würden. Bronia hielt den kleinen Itzchak an ihre Brust gepreßt, und Dora, von Beruf Krankenschwester, gab ihrem kleinen Kind Luminal.

Aus ihrem Versteck heraus hörten sie entsetzliche Schreie von nebenan. Lea Grossman und ihre Kinder waren entdeckt worden. Sie hörten ihr Flehen, sie zuerst zu erschießen; dann das herzzerreißende Klagen einer Mutter, die den Tod ihrer geliebten Kinder mit ansehen mußte, und dann die schreckliche Stille, die auf die Gewehrsalve, die das Herz der Mutter durchschlug, folgte. Lea Grossman war tot.

Frühmorgens krochen sie aus ihrem Unterschlupf. Dora trug den Körper ihres Kindes, das an einer Überdosis Luminal gestorben war. Bronia bedeckte die Augen ihrer Kinder, damit sie die Toten in den Straßen nicht sehen konnten.

Als das Getto wieder zu seinem merkwürdig fremd wirkenden Alltag zurückgefunden hatte, eilte Bronia mit einem kleinen Topf Suppe in der Hand zu Feifusch. Als sie sich seinem Haus näherte, fühlte sie ihren Puls schneller schlagen. Vielleicht war auch er von der bestialischen Aktion letzte Nacht verschluckt worden? Doch dort, in seinem winzigen Kämmerchen lag auf einer Strohmatratze auf dem blanken Fußboden Feifusch.

Feifusch war ein junger Mann aus Palästina, der nach Polen gekommen war, um hier seine Eltern zu besuchen. Doch dann war der Krieg ausgebrochen und hatte ihm den Rückweg versperrt. All seine Versuche, einen Hafen zu erreichen oder sich in ein neutrales Land abzusetzen, waren fehlgeschlagen. Nun waren seine Eltern tot, ermordet in ihrer Heimatstadt. Und Feifusch fand sich nach langen Reisen und endlosem Herumirren von Ort zu Ort weit weg von seinem heißgeliebten Tel Aviv, sterbend vor Krankheit und Hunger, im Getto von Bochnia wieder, wo er Bronias Bekanntschaft gemacht hatte. Als Bronia ihm die Suppe brachte, seine einzige Nahrung an diesem Tag, konnte er sich nicht einmal richtig aufsetzen. Bronia stützte ihn, während sie ihm die Suppe einlöffelte. Während er aß, entspannten sich Feifuschs Züge, und der Schmerz in seinen Augen wich einer eigenartigen Gelassenheit, er strahlte Frieden und Ruhe aus, wie es in jenen Tagen selten in jüdischen Augen zu finden war.

„Wissen Sie, Frau Koczicki, wenn ich hier so auf meiner Matratze liege in diesem dunklen Winkel der Erde, dann sehe ich mein sonnenbeschienenes Tel Aviv vor mir, den blauen Himmel, das blaue Meer, den goldenen Sand. Mich selbst sehe ich in diesen Visionen jedoch niemals. Statt dessen sehe ich Sie in den Straßen von Tel Aviv unter seinem majestätisch blauen Himmel mit ihren beiden Kindern herumlaufen. In dieser Vision spüre ich, daß Sie und Ihre Kinder die Dunkelheit durchschreiten und das Gelobte Land erreichen werden. Denken Sie an mich, wenn Sie dort ankommen."

Wenige Tage später, als Bronia wie gewöhnlich mit ihrem Töpfchen warmer Suppe in Feifuschs Behausung auftauchte, fand sie seine Matratze leer. Von den Nachbarn erfuhr sie, daß man ihn bei der letzten Aktion abgeholt habe. Bronia sah ihn nie wieder.

Im Jahr 1946 reiste Bronia mit ihren beiden jungen Söhnen von Europa nach Palästina. Eines Tages, als die Kinder am Strand von Tel Aviv im Sand spielten, fragte der kleine Itzchak seine Mutter, ob sie irgend jemanden in Tel Aviv kenne. Die Mutter blickte zu dem wundervollen, klaren blauen Himmel, der sich über den friedlichen Wogen des Mittelmeers spannte empor und sagte: „Ja, wir haben einen sehr lieben, engen Freund in Tel Aviv, sein Name ist Feifusch."

Nach einem Gespräch der Rebbezen Bronia Spira mit Dina Spira vom 26. April 1979.

„Die Welt braucht Sie"

Gegen Ende des Monats März 1945 träumte in Bergen-Belsen eine chassidische Frau von ihrem Vater. Im Traum kam ihr Vater sie besuchen. Er brachte ihr Essen und bat sie, sich keine Sorgen zu machen, denn alles würde gut ausgehen. Sie sollte sich auf eine Reise am sechsten oder siebten April vorbereiten. Man würde ihr Fahrkarten geben. „Sei bereit, und verliere deinen Glauben nicht", waren seine abschließenden Worte.

Am nächsten Tag regnete es in Strömen, und ohne vorherige Warnung oder das leiseste Gerücht wurden sie alle von ihrem Block in eine andere Abteilung des Lagers verlegt. Die Menschen waren sicher, diese Überführung würde ihr Schicksal besiegeln. Hinter der dünnen Wand ihrer neuen Baracke hörte die chassidische Frau einen Rabbi seine Leute ermahnen, sich auf ihren letzten Weg vorzubereiten, denn nun war ja wohl alles verloren. Als die Frau diese Worte des Rabbi vernahm, trommelte sie wie wild gegen die Wand und schrie: „Schande über Sie, Menschen zu entmutigen! Sind das die Worte, die wir von einem Rabbi brauchen? Wir brauchen Glauben und Trost, nicht Verzweiflung."

„Und woher nimmt man in diesen kümmerlichen Zeiten seinen Glauben?"

Durch die dünnen Barackenwände hindurch entspann sich ein Dialog zwischen dem Rabbi und der Frau.

„Vom Himmel und seinen Boten. Wenn mein Vater mir sagt, alles wird gut enden, dann wird es so sein."

Jemand lachte. „Verrückte Frau", flüsterte eine schwache Stimme, „selbst die Himmel beklagen unser Schicksal mit Eimern voll von Tränen."

Es war Zeit, den ‚Kaffee' in den Baracken zu verteilen. Sechs Mann wurden dafür ausgewählt. Alle anderen standen da und beobachteten, wie sie in den grauen, schmutzigen Hof hinaustraten. Einer der sechs Männer bückte sich; auf dem Boden hatte er ein paar Kartoffelschalen entdeckt. Da fielen Schüsse. Blut strömte ihnen die Knie herab. Zwei Männer fielen getroffen in die Pfützen. Aus einer anderen Rich-

115

tung marschierte eine Gruppe Häftlinge herbei, die die beiden zu Tode trampeln mußte.

„Glaube! Glaube! Glaube!" Zornig fuchtelte jemand mit seiner Faust vor dem Gesicht der Frau herum.

Es war dunkel und feucht in der Baracke. Als die Kinder eingeschlafen waren, fühlte die Frau das Bedürfnis, sich in die kalte Nacht von Bergen-Belsen hinauszuwagen. Am elektrischen Zaun erblickte sie die Umrisse eines Häftlings. Vorsichtig, um den Mann nicht zu erschrecken, näherte die Frau sich mit schnellen Schritten dem Zaun. Jetzt erkannte sie ihn. Es war niemand anders als Rabbi Israel Spira, den jeder im Lager kannte. Was suchte jemand zu dieser Nachtzeit an einem elektrischen Zaun? Nur den Tod, einen Tod im Schutz der Dunkelheit, weit weg von den fragenden Blicken anderer Häftlinge.

„Rabbi Spira, barmherziger Jude, was machen Sie hier? Bitte kommen Sie zurück!" Ärger und Mitleid mischten sich in ihrer Stimme.

Da fing er zu weinen an. „Ich bin ganz allein auf dieser Welt. Meine ganze Familie ist weg. Ich bin übriggeblieben, nur um all das Leid und die Schande mitzuerleben. Ich stehe hier an den elektrischen Drähten, an diesem schreckerfüllten, verbotenen Ort, damit die Todesengel, die in den Wachtürmen hausen, all meinem Elend und Schmerz ein Ende setzen. Es ist verboten, sich das Leben zu nehmen; sie werden das für mich erledigen."

Die Frau mußte ihre Tränen gewaltsam zurückhalten. Mit einer Stimme, die Mitleid, Schock, Achtung und Glaube zusammen auszudrücken verstand, sagte sie dem Rabbi: „Wie konnten Sie solch einen schweren Schritt auch nur in Erwägung ziehen? Ein Nachfahre einer so berühmten jüdischen Familie wie Sie, die unser Leben mit Heiligen, Gelehrten und gerechten Juden bereichert hat, wie können Sie jetzt hier stehen und daran denken, Ihrem Leben ein Ende zu machen? Der Tag wird kommen, da Gott Sie noch einmal segnen wird. Sie werden dankbar sein, daß Ihr Leben verschont blieb. Und außerdem, die Welt braucht Sie!" Rabbi Spira trat von dem Zaun zurück.

Sekunden später leuchtete der kalte, durchdringende Strahl

des Suchlichts den elektrischen Zaun ab. Er enthüllte nichts als Dunkelheit. Der Rabbi kehrte in seine Baracke zurück, die Frau eilte zu ihren Kindern, um sich für die Reise vorzubereiten.

Nach einem Interview von Dina Spira mit der chassidischen Frau vom 10. Mai 1976.

Der Jeschiwaschüler

Radin war ein kleines, litauisches Stetl. Sein größter Stolz war sein berühmtester Bewohner, ein heiliger Mann und weltberühmter Gelehrter, Rabbi Israel Meir HaCohen (1838–1933), genannt Chafetz Chaim, nach seinem bekannten Werk. Jüdische Studenten aus allen Teilen der Welt strömten zu seiner Jeschiwa auf der Suche nach Weisheit und Führung. Einer von diesen war Reb Hirsch Kamenitzer. Tag und Nacht saß er über den heiligen Büchern des Talmud. Kurz vor seinem 50. Lebensjahr heiratete er eine junge Frau namens Rivka aus der Stadt Brisk. Das Paar wohnte nicht weit von der Jeschiwa entfernt in einem kleinen Holzhaus, das Basche und Israel Tocker gehörte. Im Sommer 1941 besetzten die Deutschen Radin. Im selben Jahr wurde Reb Hirsch und Rivka ein Sohn geboren, ihr erstes Kind. Ihre Freude kannte keine Grenzen.

Als das Getto errichtet wurde, wollte es der Zufall, daß Hirschs und Rivkas Haus das letzte Haus im Getto war und somit direkt an der Grenze stand. Vielen illegalen Gettobewohnern wurde es zum Zufluchtsort. Einer von ihnen war der sechzehnjährige Zwi Michalowski, ein Flüchtling aus dem Nachbarstetl Eisysky, das von den Deutschen zerstört worden war. Im selben Haus wohnte auch ein junges, hübsches jüdisches Mädchen. Der Bürgermeister von Radin, Herr Kolkowski, ein ehemaliger Offizier der polnischen Armee und Chef der polnischen Polizei, hatte ein Auge auf das Mädchen geworfen. Sie verbrachte den Tag in seinem Haus, machte sauber und sorgte sich um sein Wohlbefinden. Sie kannte weder Hunger noch Kälte. Der Bürgermeister deckte sie mit Kleidern, Butter, Milch, Eiern und Delikatessen ein, von denen die Menschen im Getto nur träumen konnten.

Als der 10. Mai 1942 heranrückte, machte Kolkowski sein jüdisches Mädchen darauf aufmerksam, daß das Getto bald liquidiert würde. Donnerstagabend, am Vorabend des neunten Mai, erschien Kolkowski im Haus des Mädchens, um ihr einen sicheren Fluchtweg aus dem Getto vorzubereiten. Über das Mädchen erfuhr Rivka von dem drohenden Unheil und entkam mit ihrem Mann, Reb Hirsch, und dem Säugling im Schutz der Dunkelheit.

Sie versteckten sich im Wald von Mischantz. Im Laufe des Sommers ernährten sie sich von Pilzen und Beeren. Im Winter, wenn der Waldboden gefroren war und die Bäume entlaubt, ging Rivka in die umliegenden Dörfer und bettelte bei den Bauern um etwas Nahrung. Die Bauern tatarischer Herkunft waren am großzügigsten.

Unterdessen hielt sich Hirsch mit seinem geliebten Sohn in der unterirdischen Höhle versteckt, die sie sich gegraben hatten. Ungeduldig auf die Rückkehr seiner Frau wartend, begann Hirsch das Kind in die Lehren der Weisen einzuführen. So überlebten sie fast ein Jahr lang, bis polnische Bauern eines Tages Rivka und ihr Kind umbrachten, als sie wieder einmal um Essen bettelten.

Zwi Michalowski, inzwischen ein junger Partisan, erhielt die Nachricht, daß Reb Hirsch Kamenitzer noch am Leben war und welches Schicksal seine Familie getroffen hatte. Er sammelte Eier, Butter, Brot, Käse, warme Leinenhosen, Stiefel und andere Dinge und machte sich im Mischantzer Wald bei Dochischok auf die Suche nach Reb Hirsch. Als er ihn fand, traute er seinen Augen nicht. Da lag ein lebendes Skelett: ein abgemagertes, bleiches Gesicht, übersät mit Wunden, ein in Lumpen gewickelter Körper. Zwi erinnerte sich an die Beschreibung des Propheten Ezechiel von der Auferstehung der trockenen, leblosen Knochen. Bestimmt würden sie aussehen wie Reb Hirsch[1]. Nur seine Augen brannten wie zwei glühende Kohlen. Zwi reichte Reb Hirsch das Essen und die warmen Kleider. Hirsch blickte Zwi an und fragte: „Mein lieber Freund

Zwi, sag mir die Wahrheit. Wie bist du zu diesen Sachen gekommen? Entschuldige meine Frage. Hast du sie mit Gewalt
den polnischen Bauern weggenommen? Unser heiliges Gesetz
verbietet strengstens, von unseren Mitmenschen zu stehlen." [2]
Zwi versicherte ihm, daß er niemanden ausgeraubt und keinerlei Gewalt angewendet hatte, um das Essen und die Kleider zu
erstehen. Erst jetzt war Reb Hirsch bereit, einen Bissen Nahrung zwischen seine ausgedörrten Lippen zu nehmen und die
warmen Stiefel an seine gefrorenen Füße zu ziehen.

Wochen später fanden Zwi und sein Partisanenkamerad Reb
Hirschs nackten Körper. Er war von Bauern der Gegend umgebracht worden. Seine Kleider und Stiefel hatte man ihm geraubt.

Nach meinem Interview mit Zwi Michalowski vom 11. November
1979.

Sterne

Michael Schwartz kam im August 1944 mit einem der letzten Transporte aus dem Getto von Lodz in Auschwitz-Birkenau an[1]. Obwohl ein Veteran dieses ersten und letzten
Gettos von Nazi-Europa, war er entsetzt, als man ihn aus
dem Viehwagen in das Reich von Auschwitz hinaustrieb. Der
Bahnsteig mit den bellenden Hunden, schreienden SS-Männern, den um sich tretenden Ukrainern und den elenden
Blicken der hastenden Gefangenen in gestreiften Uniformen
verhieß Terror, Hoffnungslosigkeit und den fatalen Wunsch,
dies alles so schnell wie möglich hinter sich zu bringen. Bevor er verstand, was vor sich ging, war er schon von seiner
Familie getrennt und gemeinsam mit einer Gruppe junger
Männer in die entgegengesetzte Richtung abgeführt worden.
Sie marschierten unter den Schlägen von Lederknüppeln an
brennenden Gräben vorbei, in die man die Menschen bei le-
bendigem Leibe hinabstieß. Die Luft stank nach Schwefel
und verkohltem Fleisch.

Mit geschorenem Haar, den Körper klebrig von Desinfektionsmitteln, in eine übergroße gestreifte Uniform und ein paar zu enge kaputte Holzschuhe gesteckt, wurde Michael ein paar Stunden später mit Hunderten junger Männer in eine Baracke gebracht. Hier entdeckte er einen Vetter wieder, von dem er vorher auf der Plattform getrennt worden war. Erst als Michael seinen Vetter sah, bemerkte er die Verwandlung, die er selbst seit seiner Ankunft auf der berüchtigten Rampe durchgemacht hatte[2]. In dieser Nacht versprachen die beiden Vettern einander in der Baracke, sich nie mehr voneinander zu trennen. Es war die erste Entscheidung, die Michael seit seiner Ankunft in Auschwitz getroffen hatte.

Michael wurde schnell mit der Wirklichkeit von Auschwitz vertraut. Überleben hing von der Fähigkeit des einzelnen ab, jedes und alles zu ‚organisieren‘, von einem zusätzlichen Schluck Kaffee zu einem besseren Schlafplatz auf den dreistöckigen Holzpritschen, und natürlich mußte man einen gesunden und kräftigen Eindruck machen, wenn man hoffen wollte, die Selektionen zu überstehen.

Eines Tages verbreitete sich in Michaels Block das Gerücht, daß die bevorstehende Selektion von besonderer Bedeutung sein würde, denn die Ausgesuchten würden von Auschwitz zur Arbeit in ein anderes Lager verschickt. Michael fürchtete sich vor dieser Selektion, denn die wenigen Monate, die er im Lager war, hatten ihn gelehrt, daß Auschwitz am Ende auch die verschlang, denen es gelungen war, seinen Überlebenscode zu entziffern.

Dr. Joseph Mengele beaufsichtigte persönlich die Selektion[3]. Michael erkannte seine Methode. Sie war unter den Veteranen in Auschwitz als die ‚Waschbrettmethode‘ bekannt. Jeder Häftling mußte seine Hände hoch über dem Kopf ausstrecken, wenn er an Mengele vorbeiging. Wenn sein Brustkorb hervortrat und jede einzelne Rippe deutlich zu sehen war, würde Mengele lächeln und mit seinem schneeweißen Handschuh nach links weisen.

Der Augenblick war gekommen. Michael stand mit seinem Vetter vor Mengele, dessen sauberes, glattrasiertes Gesicht in der Sonne glänzte. Der Todesengel hatte seinen gesegneten Augenblick. Michael war an der Reihe. Mengeles Finger deutete:

„Rechts!" Gleich darauf hörte Michael das Todesurteil Mengeles über seinen Vetter sprechen: „Links!"

Sekunden später stand Michael vor einem Tisch, an dem drei Leute in weißen Mänteln saßen. Einer hielt ein Stempelkissen, der andere einen riesigen Stempel, der dritte eine Feder und ein weißes Blatt Papier. Michael fühlte den kalten Gummistempel gegen seine Stirn gepreßt, während die Feder einen Strich auf dem weißen Stück Papier zog.

Dann gesellte er sich zu einer Gruppe junger Männer, alle nackt wie er selbst. Alle trugen denselben riesigen Tintenstern auf ihrer Stirn. Michael erkannte, dieser Stern war sein Paß, der ihn aus dem Lager herausbringen würde, und sein Vetter, der nur wenige Meter entfernt in einer anderen Gruppe stand, sollte zu den Öfen gebracht werden.

In der allgemeinen Aufregung der Selektion entschloß sich Michael zu handeln. Er ging geradewegs auf seinen Vetter zu, spuckte ihm auf die Stirn, preßte seine Stirn dagegen, nahm ihn bei der Hand und führte ihn zu seiner Gruppe. Erst jetzt traute sich Michael, seinen Vetter anzusehen. Da, in der Mitte seiner Stirn, prangte der glückbringende Stern, der Paß, der sie aus der Hölle von Auschwitz geleiten sollte.

Von Birkenau wurden Michael und sein Vetter nach Neuengamme, Braunschweig, Watenstadt, Beendorf, Ravensbrück und Ludwigslust verschickt, wo sie in den Hermann-Göring-Werken, Firmen in deutschem Privatbesitz, die für die Kriegsindustrie arbeiteten, schuften mußten.

An einem Maitag des Jahres 1945 erschien ein Panzer auf dem Lagergelände bei Ludwigslust[4]. Auf ihn war ein riesengroßer weißer Stern gemalt, und in ihm saß ein schwarzer Soldat mit einem Stahlhelm. Nach sechs Jahren im Sklavenreich der Nazis waren Michael und sein Vetter wieder freie Männer.

Nach dem Interview von Ellen Blakfein mit Michael Schwartz, 31. März 1979.

Der Lehrling des Mosaikkünstlers

Jakob (Jack) Garfein war gerade dreizehn Jahre alt, als er mit einem Transport ungarischer Juden nach Auschwitz deportiert wurde. Als man Männer und Frauen bei ihrer Ankunft auf der Plattform trennte, klammerte sich Jakob an das Kleid seiner Mutter. Plötzlich spürte er, wie ihre Hand ihn von sich weg in Richtung der Männerkolonne stieß. Jakob rannte zu seiner Mutter zurück und flehte sie an, bei ihr bleiben zu dürfen. „Momme, ich hab' dich lieb, laß mich mit dir zusammen bleiben, bitte, Momme, schick mich nicht weg!"

In den Augen seiner Mutter lag ein seltsamer Ausdruck, den er noch nie zuvor gesehen hatte. Sie sah ihn nicht an. Ihr Blick war weit weg, hinüber auf die ferne Glut der Schornsteine gerichtet. Sie hatte die Zähne aufeinandergepreßt, und es schien Jakob, als hielte sie ihre Tränen gewaltsam zurück. Doch er war nicht sicher. Noch einmal versuchte er, seine Mutter umzustimmen. Doch wieder stieß die entschlossene Hand ihn von sich.

Jakob fühlte sich von seiner geliebten Mutter verraten und im Stich gelassen. Tränen standen in seinen Augen, als er in einen Menschenstrom zwischen Hunden und SS-Männern hineingezogen wurde, der ihn in eine unbekannte Richtung trug.

„Junge", hörte er hinter sich eine Stimme in deutlich polnisch-jiddischem Tonfall, „wenn du zu den Männern auf der Plattform kommst, streck dich, so hoch du kannst."

„Wie alt bist du?" fragte die Stimme des Mannes auf der Plattform.

„Sechzehn", antwortete es hinter Jakob.

„Was ist dein Beruf, junger Mann?" fuhr Mengele fort. Doch bevor Jakob noch Gelegenheit hatte, ‚Student' zu erwidern, antwortete der polnische Jude hinter ihm hastig: „Euer Ehren, er ist mein Lehrling. Wir beide gehören zu den größten Mosaikkünstlern auf der Welt." Jakob drehte sich um, und erst jetzt, zum erstenmal in seinem Leben, sah er das Gesicht des polnischen Juden; seine großen, tiefliegenden Augen, seinen weißen Stoppelbart und seine feingliedrigen, fast transparenten Finger.

‚Diese Finger müssen tausende Seiten Gemara umgeblättert haben', dachte Jakob, als er die vornehmen Hände betrachtete. Mengele deutete mit seiner ausgestreckten Hand nach rechts.

Jakobs Gesicht brannte vor Kränkung und Scham. Zuerst war er von seiner geliebten Mutter zurückgestoßen worden, und jetzt war er auch noch der Komplizenschaft bei einer Lüge schuldig. Er war kein Lehrling eines Mosaikkünstlers, er wußte ja nicht einmal, was das Wort ‚Mosaik' bedeutete! Und den Mann hatte er im Leben noch nicht gesehen. Er drehte sich um, er wollte sich bei dem polnischen Juden beschweren, doch der Mann war in der Menge verschwunden. Jakob entschloß sich, zu dem netten vornehmen Herrn auf der Plattform zurückzugehen, um ihm zu erklären, daß er das Opfer eines Lügenkomplotts geworden war, und ihn um Verzeihung zu bitten. Doch als er sich durch die strömenden Menschenmassen hindurchkämpfte, erhielt er von einem Kapo einen Tritt in den Magen und wurde zurückgeschickt.

Die ganze Nacht suchte Jakob den alten polnischen Juden mit dem weißen Bart. Alle Männer waren rasiert worden, alle trugen gestreifte Uniformen, doch Jakob war sicher, daß er die Stimme des Mannes und seine delikaten Hände wiedererkennen würde.

Monatelang forschte Jakob in Auschwitz vergeblich nach dem Verbleib des alten Mannes, um ihm zu danken, daß er ihm auf der Selektionsrampe sein Leben gerettet hatte. Er sah ihn nie wieder.

Eines Tages bei Dämmerung, als die Schornsteine Tausende Menschenleben in seltsam rotgefärbten Rauchschwaden ausspuckten, suchte Jakob wieder einmal nach seinem Lebensretter. Plötzlich traf ihn der Gedanke, daß er ihn wohl nie finden würde, denn der alte Mann mußte der Prophet Elija gewesen sein, gesandt von den Gebeten seiner Mutter, ihren einzigen, geliebten Sohn zu retten.

Nach einer Rede, gehalten von Jakob (Jack) Garfein anläßlich der Eröffnung des Jack-Eisner-Instituts der Universität von New York City am 15. März 1979.

Ein Mädchen namens Esterke

Es war zu Beginn des Monats Siwan 5704, Frühling 1944. Ida, ihre Eltern und Geschwister wurden zusammen mit dem Rest der jüdischen Gemeinde ihrer tschechoslowakischen Stadt zum Bahnhof bestellt. Seit Generationen hatten Juden hier gelebt, doch jetzt sollte die Geschichte für sie mit einem einzigen Zug nach Auschwitz zu einem jähen Ende kommen.

Die Viehwaggons wurden verriegelt. Mehr als achtzig Menschen hatte man in einem einzigen Wagen zusammengepfercht. Ida und ihrer Familie gelang es, zusammenzubleiben. Gegenseitig versuchten sie sich Trost zuzusprechen, umgeben von stickiger Luft, Dreck und der Angst vor dem Unbekannten. „Papa, wohin bringen sie uns?" fragte Ida. „Meine Kinder, es gab einmal einen Altar auf dem Berge Morija in der Heiligen Stadt Jerusalem. Da befahl Gott einem Vater, seinen einzigen, innigst geliebten Sohn zu nehmen und ihn auf diesem Altar zu opfern, denn er wollte seinen Glauben an Gott auf die Probe stellen. Als der Vater daranging, Gottes Gebot zu erfüllen, und schon das Messer ansetzte, redete Gott, der Herr, zu Abraham und sprach: ‚Strecke nicht deine Hand nach dem Knaben aus.'[1]

Heute, meine Kinder, gibt es einen anderen riesigen Altar, nicht auf einem heiligen Berg, sondern in einem gottlosen Tal des Todes. Dort prüft die Menschheit ihre eigene Unmenschlichkeit gegen ihre Mitmenschen. Die Kinder Abrahams sind wieder einmal das Brandopfer, diesmal aufgrund eines menschlichen Befehls. Doch der Mensch wird, anders als Gott, dem Messer nicht Einhalt gebieten. Im Gegenteil, er wird es wetzen und das Feuer auf dem Altar schüren, damit die Flammen ihr Opfer vollständig aufzehren. Ein Feuer, von Menschenhand geschürt, ein Messer, vom Menschen gehalten, muß vom Menschen aufgehalten werden, von einer menschlichen Stimme, einer Menschenhand. Meine Kinder, seid menschlich in diesem unmenschlichen Todestal. Mag die Tat unseres Vaters Abraham euch beschützen, denn wenn einer eine jüdische Seele rettet, so ist es, als habe er das gesamte Weltall gerettet."

Am Vorabend des Schawuotfestes kam Ida mit ihren Eltern in Auschwitz an. Der Himmel über Auschwitz war glühend rot. Idas Vater sprach wie zu sich selbst: „An diesem Tag, vor Tausenden von Jahren, kam Gott zum Menschen herab in Feuer und Rauch und gab ihm seine Gebote. Heute befiehlt der Mensch in Feuer und Rauch: ‚Du sollst töten!'"

Die Plattform von Auschwitz trennte Ida auf immer von ihrem Vater, ihrer Mutter und den jüngeren Geschwistern. Ida und ihre ältere verheiratete Schwester überstanden die Selektion und wurden zur Arbeit für die deutsche Zivilbevölkerung und Kriegsmaschinerie des Reichs eingesetzt. Ida sortierte die Kleider der Vergasten, faltete sie zusammen und legte sie in gleichmäßigen Haufen, nach Größe und Qualität geordnet, zusammen, fertig zum Abtransport nach Deutschland, um von Deutschen getragen zu werden.

Eines Tages, als Ida gerade Kleider sortierte, kam ein SS-Offizier auf sie zu und sagte: „Warum lächelst du, jüdisches Schwein?" Und bevor Ida noch antworten konnte, sah sie einen schwarzen Stiefel auf sich zufliegen. Ein stechender Schmerz durchzuckte sie, sie fühlte ihr Blut hervorquellen, und als sie an sich heruntersah, erblickte sie in einer Blutlache auf dem Fußboden ihre Vorderzähne. „Hübsche weiße Zähne machen sich auf dem Boden besser als in einem dreckigen jüdischen Maul", sagte der SS-Mann. Er befahl Ida, das Blut von dem Stiefel abzuwischen, der ihr die Zähne ausgeschlagen hatte, und heiter, mit einer Melodie auf den Lippen, entfernte er sich.

Ida erkannte gleich ihre Lage. Sie wußte, daß ein gähnendes Loch in ihrem Mund bei der Selektion kein vorteilhafter Anblick für einen SS-Offizier sein würde. Sie ging zu dem Berg mit weggeworfenen Zahnbrücken hinüber und wählte sich hastig eine aus, setzte sie in ihren geschwollenen Mund und kehrte auf den ihr zugewiesenen Platz zurück.

In dieser Nacht war es in der Baracke fast unmöglich, einzuschlafen. Herzzerreißende Schreie, vermischt mit den Klagen von Müttern und Kindern, als man sie voneinander losriß, durchbohrten die Nacht. Langsam erstarben die Laute und machten den gewohnten tödlichen Geräuschen einer Nacht in Auschwitz Platz. Die meisten Mädchen in Idas Baracke waren eingeschlafen.

Auf einmal raschelte etwas unter der dreistöckigen Pritsche, auf der 36 Mädchen – zwölf pro Bett – wie Heringe zusammengepreßt schliefen. „Ratten! Das fehlt uns gerade noch; ein anderer Grund für sie, uns zu erschießen", sagte jemand. „Halt den Mund, ich bin müde", beschwerte sich eine andere Stimme. Das Geräusch hielt an. „Ida, du bist die Tapferste von uns, geh mal runter und sieh nach, was das ist." Die anderen elf Mädchen mußten alle rücken, damit Ida aus ihrem Lager, in dem sie eingekeilt war, hervorkriechen konnte.

Unter dem Bett lag, zusammengerollt in einer Ecke wie ein verängstigtes Stachelschwein, ein kleines Mädchen. Es erzählte, wie es weggelaufen war, als die Kinderaktion[2] begann, und sich in der Männertoilette zwischen Bergen von Chlorbüchsen versteckt hatte. Als es dunkel wurde, sei es in die Baracke gelaufen und habe sich unter dem Bett versteckt.

Das Mädchen hieß Esterke. Es hatte große blaue, angsterfüllte Augen, wunderschöne blonde Locken und zwei tiefe Grübchen. Ida fühlte sich sofort zu dem Kind hingezogen und konnte sie nicht oft genug bei den anderen Mädchen herumzeigen. „Sieht sie nicht aus wie eine kleine Schauspielerin?" Die Blockälteste forderte Ida auf, das Kind herauszugeben, andernfalls würden sie, ihre Schwester und vielleicht alle Mädchen in der Baracke mit ihrem Leben bezahlen, weil sie eine kleine Verbrecherin beherbergten. Ida stand da, das Kind an sich gepreßt. „Niemals werde ich sie im Stich lassen", erklärte sie bestimmt. Dann ging sie zur Blockältesten hinüber und bat sie um ein Gespräch unter vier Augen. „Ich weiß, daß dein Freund Jude ist und gefälschte arische Papiere hat. Mich, meine Schwester und die anderen zu töten wird dir nichts nützen. Andere Mädchen, ja sogar Menschen außerhalb der Baracke wissen es auch. Wir werden alle stillhalten, wenn du uns hilfst, Esterke zu retten. Tagsüber, wenn wir bei der Arbeit sind, mußt du Esterke mit auf dein Zimmer nehmen." Die

Blockälteste willigte ein. Ida hatte ihre erste Schlacht um das Leben von Esterke gewonnen.

Ida liebte das Kind. Alle ihre Gedanken kreisten um Esterke. Sie war von dem Gedanken besessen, das Kind zu retten, ja, es wurde ihr zur Lebensaufgabe. Dann verbreitete sich das Gerücht, daß Lager C in Block II, Idas Lager, geräumt werden sollte. Ida war verzweifelt. Ihr war klar, daß Esterke eine Selektion zur Verlegung in ein anderes Lager nicht überleben würde. Mit Hilfe ihrer älteren Schwester, die von Esterke ,Oma' gerufen wurde, sowie Männern aus dem Nachbarlager arbeitete Ida einen Plan aus.

Als die Evakuierung begann, wickelte Ida Esterke in eine Decke und warf sie über den elektrischen Zaun in die wartenden Arme eines männlichen Häftlings des angrenzenden Lagers, Block II d. Später am Nachmittag flog noch einmal ein Bündel über den Zaun, diesmal in Idas ausgebreitete Arme. Sie hatte ihre Esterke wieder. Zuvor war sie nach Block II e, ins Zigeunerlager, verlegt worden.

Im Verlauf der Selektion wurde Ida jedoch von ihrer Schwester getrennt, die zusammen mit einer Gruppe anderer Mädchen mit unbekanntem Ziel weggebracht wurde. Wieder verbreiteten sich Gerüchte, daß das Lager bald vollständig geräumt werden würde, denn die Ostfront sei auf dem Vormarsch. Und wieder grübelte Ida darüber nach, wie sie ihre kleine Esterke retten könnte. Am 18. Januar 1945 wurde das Lager evakuiert. Ida packte Esterke in einen Tornister, den sie zu diesem Zweck ,organisiert' hatte. Mit Esterke auf dem Rücken setzte sie sich mit den anderen zu dem furchtbaren Todesmarsch in Bewegung[3].

Bei stürmischem Wind, Schneefall und klirrendem Frost, mit vor Hunger knurrendem Magen, stapfte Ida vorwärts. In der Nacht teilte sie mit Esterke jeden Bissen trockenen Brotes, den sie auftreiben konnte. Sie tröstete das kleine Mädchen, wärmte die winzigen, verfrorenen Händchen und versicherte ihm, daß sie eines Tages wieder frei sein würden.

Nachdem sie viele Tage marschiert und in offenen Viehwaggons herumgereist waren, erreichte ein kleiner Rest derer, die am 18. Januar 1945 den Todesmarsch angetreten hatten, Bergen-Belsen. Unter ihnen war Ida mit ihrer vielgeliebten Esterke.

In Bergen-Belsen sah sich Ida mit noch schwierigeren Bedingungen konfrontiert als in Auschwitz. Mit der Räumung der Ostlager waren Tausende evakuierter Häftlinge nach Bergen-Belsen deportiert worden. Alle diese Menschen aufzunehmen ging weit über das Fassungsvermögen des Lagers. Wasser war rar, und ein paar trockene Brotkrusten sowie mangelnde hygienische Einrichtungen machten ein Leben so gut wie unmöglich. Flöhe, Dreck, Hunger und Epidemien breiteten sich aus. Ida fand Arbeit, für die sie ein Stück Brot und ein warmes Getränk erhielt, das man für Kaffee ausgab.

Eines Tages hörte Ida, während sie mit dem Reinigen der Waschräume beschäftigt war, eine vertraute Stimme ihren Namen rufen. Sie drehte sich um, erkannte jedoch kein bekanntes Gesicht. Da näherte sich ihr eine in Lumpen gehüllte Gestalt mit einem fleckigen, von Flöhen übersäten Gesicht. Ida wich zurück. „Ida, erkennst du deine eigene Schwester nicht mehr?"

Esterke war überglücklich. ‚Oma' war zurück, nun waren alle drei wieder vereint, wie in Auschwitz. Während Ida auf Essenssuche ging, blieben Esterke und ‚Oma' zusammen. Doch ihr Glück währte nicht lange. ‚Oma' wurde von Typhus befallen. Esterke wich nicht von ihrer Seite und versuchte, ihr die Qualen zu erleichtern. Eines Tages, Ida war gerade um Kaffee für ihre sterbende Schwester unterwegs, brachte das Aufräumkommando, das täglich die Toten einsammeln kam, die Schwester mit anderen Leichen zusammen weg. Esterke protestierte, sie beteuerte, daß ihre ‚Oma' noch lebe. Sie flehte umsonst. Esterke folgte dem Kommando, und als ‚Oma' zu dem großen Haufen Leichen geworfen wurde, gelang es Esterke, sie unter den toten Körpern hervorzuziehen. So gut sie konnte, wärmte sie ‚Oma' mit ihrem eigenen Körper.

Als Ida mit dem Kaffee zurückkehrte und erfuhr, daß Esterke und ihre Schwester mit den Toten fortgeschafft worden waren, fühlte sie ihre Knie weich werden; sie war dem Zusammenbruch nahe. Doch rasch hatte sie sich wieder gefaßt. So schnell ließ Ida sich nicht unterkriegen. Sie nahm den Kaffee und machte sich auf die Suche nach den beiden. Da, neben einem Berg von Leichen fand sie Esterke und ihre Schwester wieder. Ida verlor keine Minute. Während Esterke auf den Kaffee aufpaßte, erweckte Ida ihre Schwester mit Mund-zu-Mund-Beatmung, Massagen und ein paar Tropfen Kaffee, die sie ihr auf die ausgetrockneten Lippen träufelte, wieder zum Leben. Tausende starben, doch dank der Liebe von Ida und Esterke genas ‚Oma'. Ihre Freude war übergroß.

Am 15. April 1945 wurde Bergen-Belsen von der britischen Armee befreit. Die beiden Schwestern und Esterke machten sich mit den Massen anderer Flüchtlinge auf den Heimweg in die Tschechoslowakei. Jeder versuchte, in seine Heimat zu gelangen, alle hofften sie, daß vielleicht andere Verwandte überlebt hatten und die Familien wieder zueinander finden würden.

Nachdem sie vorübergehend in Prag Unterkunft gefunden hatten, brachen die drei in verschiedene Richtungen auf, um nach überlebenden Familienangehörigen zu forschen. Esterke reiste nach Breslau in der Hoffnung, ihren Vater, die Mutter oder einige ihrer acht Brüder und Schwestern wiederzusehen. In der gleichen Hoffnung machte sich Ida mit ihrer Schwester auf die Suche. Die Trennung fiel Ida schwer. Seit jener schicksalhaften Nacht in Auschwitz war Ida nicht einen Augenblick von Esterkes Seite gewichen. Die drei vereinbarten ein genaues Datum und einen Ort, an dem sie sich, ungeachtet der Ergebnisse ihrer Reise, wiedertreffen wollten.

Die beiden verabredeten Wochen vergingen. Ida und ihre Schwester kehrten zur vereinbarten Zeit nach Prag zurück. Esterke jedoch blieb aus. Sie warteten ein paar Tage, doch noch immer gab es keine Spur von ihr. Daraufhin startete Ida eine große Suchaktion. Sie reiste nach Breslau, doch dort konnte sich keiner erinnern, ein Kind, auf das Esterkes Beschreibung paßte, gesehen zu haben. Ida setzte sich mit sämtlichen Kinderheimen und Flüchtlingslagern in Verbindung, doch ohne Erfolg. Esterke war verschwunden, ohne die geringste Spur oder einen Anhaltspunkt zu hinterlassen. Nach monatelanger Suche gab Ida auf. Sie lernte einen jungen Mann kennen, einen Überlebenden wie sie selbst, und heiratete. Auch ihre Schwester hatte Glück. Ihr Mann hatte die Lager überlebt, und eines Tages liefen sie sich in Prag auf offener Straße in die Arme.

Wieder trennten sich die beiden Schwestern. Ida ging mit ihrem Mann nach Amerika. Die Schwester, ihr Mann und ihr neugeborenes Kind schlossen sich einer illegalen Einwanderergruppe nach Israel an. Sie überlisteten die britische Blockade und erreichten schließlich die Küste von Palästina.

In den frühen fünfziger Jahren reiste Ida in den jungen Staat Israel, um ihre Schwester zu besuchen. An einem sehr heißen Tag verlor Ida auf der Straße das Bewußtsein. Zwei junge israelische Soldaten, die zufällig vorbeikamen, hoben sie auf und brachten sie mit ihrem Jeep ins nächste Krankenhaus. Am darauffolgenden Tag kamen die Soldaten wieder, um sich nach dem Wohlergehen ihrer Patientin zu erkundigen. Bald hatte Ida mit den beiden Soldaten Freundschaft geschlossen. Sie kamen jeden Tag zu Besuch. Als Idas Entlassung aus dem Krankenhaus bevorstand, fragte sie die beiden Männer, wie sie ihnen ihre Freundlichkeit vergelten könne. Jossi, der größere von beiden, eröffnete Ida, daß er in ein paar Tagen heiraten werde. Die größte Belohnung wäre es, wenn sie zu seiner Hochzeit kommen würde.

„Aber ich kenne doch gar niemanden dort", protestierte sie.

„Sie kennen mich, und ich bin eine ganz schön wichtige Person auf dieser Hochzeit", erwiderte Jossi mit seinem gutherzigen Lächeln.

Jerusalem lag im Glanz eines wundervollen Sonnenuntergangs. Eine sanfte Sommerbrise, erfüllt mit dem Duft der Pinien, entschädigte für die Hitze des Tages. Die Sonne hing wie eine riesige Apfelsine tief über den Hügeln Judäas, die in atemberaubendem rosagrauem Licht aufglühten.

Ida stand mitten unter den Gästen und hoffte, ein vertrautes Gesicht zu entdecken. „Die Braut kommt", sagte jemand neben ihr. Ida arbeitete sich nach vorne durch, um die Braut zu sehen, die Jossi ihr so liebevoll beschrieben hatte. Die Tür öffnete sich, die Braut trat ein. Es war niemand anders als ihre eigene, verloren geglaubte Esterke! Unter den leuchtenden Sternen, die über der Ewigen Stadt und den judäischen Bergen erstrahlten, trat Ida vor und geleitete ihre über alles geliebte Esterke unter den Traubaldachin.

Eine seltsame Atmosphäre durchzog den Raum. Ida war überzeugt, daß ihr Vater in diesem heiligen Augenblick in Jerusalem anwesend war, ja sie sah sogar das Lächeln in seinem Gesicht und hörte seine gütige Stimme sagen: „Wer immer eine einzige Seele rettet, der ist, als habe er die ganze Welt gerettet."[4]

Nach einem Interview von Marcy Miller mit Ida Hoenig vom 16. April 1976.

Die Tat eines jungen Priesters

Es war im Juni des Jahres 1942; das Morden an Juden im Krakauer Getto war auf dem Höhepunkt angelangt. An die 5000 Opfer wurden in das Todeslager von Belzec deportiert. Hunderte hatte man bereits im Getto umgebracht, erschossen in seinen Gassen auf dem Weg zum Abtransport. Unter ihnen befanden sich Dr. Arthur Rosenzweig, Vorsitzender des Judenrates, der berühmte jüdische Dichter Mordechai Gebirtig[1] sowie der angesehene alte Künstler Abraham Neumann.

Die Familie Hiller erkannte, daß ihre Tage im Getto von Krakau gezählt waren; auch sie würden bald von einer der nächsten Aktionen mit fortgerissen werden. Trotzdem gab es noch einen Hoffnungsschimmer. Sie waren jung und qualifizierte Facharbeiter. In einem Arbeitslager hätten sie vielleicht noch eine Überlebenschance. Anders sah es mit ihrem kleinen Sohn Schachne aus. Kleine Kinder waren im Getto immer seltener geworden. Hunger, Krankheiten und die sich ständig häufenden Selektionen forderten ihren Preis. Helene und Moses Hiller begannen in fieberhafter Eile die Rettung ihres kleinen Schachne vorzubereiten. Nachdem man mehrere Möglichkeiten erörtert hatte, wurde beschlossen, sich an Freunde der Familie im arischen Teil der kleinen Stadt Dombrowa zu wenden, an die kinderlose Familie Jachowitch.

Mit Hilfe des jüdischen Untergrunds schlug Helene Hiller

sich nach Dombrowa durch[2]. Sie bat Herrn Josef Jachowitch und dessen Frau, den kleinen Jungen unter ihre Obhut zu nehmen. Obwohl sie dieses Risiko nur unter Lebensgefahr eingehen konnten, willigten die christlichen Freunde ein.

Trotz der ständig wachsenden Gefahren des Gettos brachten es die jungen Eltern nicht übers Herz, sich von ihrem einzigen Kind zu trennen. Erst nach der großen Aktion vom 28. Oktober 1942, als 6000 weitere Juden nach Belzec verschickt und die Patienten des jüdischen Krankenhauses, die Bewohner des Altenheims sowie 300 Waisenhauskinder an Ort und Stelle erschossen worden waren, entschloß sich die Familie Hiller zum Handeln[3].

Am 15. November 1942 schleuste Helene Hiller ihren kleinen Jungen aus dem Getto. Zusammen mit ihrem Sohn überreichte sie ihren christlichen Freunden zwei große Briefumschläge. Ein Umschlag enthielt Hillers Wertsachen, der andere Briefe und ein Testament. Einer der Briefe war an das Ehepaar Jachowitch gerichtet mit der Bitte, sich des kleinen Schachne anzunehmen, ihn als Juden großzuziehen und im Falle ihres Todes seinem Volk zurückzugeben. Die Hillers dankten Familie Jachowitch für ihr menschliches Verhalten und versprachen, sie für ihre gute Tat zu entschädigen. Des weiteren enthielt der Brief Namen und Adressen von Verwandten in Montreal und Washington.

Der zweite Brief war an Schachne selbst gerichtet. Darin beteuerten die Eltern ihre große Liebe zu ihm, die sie veranlaßt habe, ihn diesen Fremden, guten und edlen Menschen, zu überlassen. Sie klärten ihn über sein Judesein auf und äußerten die Hoffnung, er möge zu einem Mann heranwachsen, der mit Stolz auf sein jüdisches Erbe blicke.

Der dritte Brief enthielt das Testament von Helenes Mutter und war an ihre Schwägerin Jenny Berger in Washington adressiert. Er berichtete von den schrecklichen Zuständen im Getto, den Deportationen, dem Tod von Familienmitgliedern und dem drohenden Unheil. Sie schrieb: „Unser Enkel mit Namen Schachne Hiller, geboren am 18. des Monats Aw, dem 22. August 1940, ist guten Leuten übergeben worden. Ich bitte Dich, sollte niemand von uns zurückkehren, nimm das Kind zu Dir, und zieh es zu einem rechtschaffenen Menschen heran. Vergelte den guten Leuten ihre Mühe, und Gott gebe den Eltern des Kindes Leben. Grüße und Küsse, Deine Schwägerin Reizel Wurtzel"[4].

Als Helene Frau Jachowitch die Briefe übergab, wiederholte sie ihre Anordnungen: „Sollte ich oder mein Mann nicht zurückkehren, wenn dieser Wahnsinn vorbei ist, dann senden Sie diesen Brief unseren Verwandten in Amerika. Sie werden ganz gewiß antworten und das Kind zu sich nehmen. Was auch immer das Schicksal meines Mannes oder meines sein wird, ich möchte, daß mein Sohn als Jude aufwächst." Die Frauen umarmten sich, und Frau Jachowitch versprach, ihr Bestes zu tun. Die junge Mutter gab ihrem kleinen Kind einen flüchtigen Kuß und verließ eilig das Haus in der Angst, daß ihre Gefühle sie überwältigten und ihr die Kraft raubten, den kleinen Sohn in diesem fremden Haus zurückzulassen und sie ihn wieder mit zurück ins Getto nähme.

Es war ein wunderschöner Herbsttag. In den Wassern der Vistula spiegelte sich das Laub eines polnischen Herbstes. Die Wawel, diese alte Burg der polnischen Könige, lag da in angestammter Majestät. Mütter gingen mit ihren Kindern spazieren, und sie, die junge jüdische Mutter, hielt nur mit Mühe ihre Tränen zurück. Sie verlangsamte ihre hastigen, nervösen Schritte, um sich nicht zu verraten. Gemächlich schlenderte sie durch die Straßen, als wäre sie unterwegs, um die Sehenswürdigkeiten des alten Krakau zu bewundern. Um jeglichen Verdacht von sich abzulenken, holte sie ihr großes Kreuz hervor, daß sie um den Hals trug, und betrat für einen kurzen Augenblick die Kirche der Heiligen Jungfrau auf dem Alten Platz.

Gerade rechtzeitig hatte sie den kleinen Schachne aus dem Getto heraus auf die arische Seite geschmuggelt. Im März 1943 wurde das Getto von Krakau liquidiert. Die Menschen im angrenzenden Arbeitslager wurden in das nahegelegene Plaszow verlegt bzw. in das entferntere Auschwitz abtransportiert. Jeder, der in einem Versteck aufgestöbert wurde, wurde auf der Stelle erschossen. Krakau, die erste jüdische Ansiedlung auf polnischer Erde, deren Geschichte bis ins 13. Jahrhundert zurückreicht, war ‚judenrein'!

Herr und Frau Jachowitch hielten sich ständig über den Verbleib der jungen Eltern auf dem laufenden. Schließlich mußten sie erfahren, daß die Hillers das Schicksal der meisten Krakauer Juden ereilt hatte. Beide waren von den Flammen des Holocaust verzehrt worden.

Auch die Jachowitchs machten eine gefährliche Zeit durch. Sie gaben ihre Wohnung auf und zogen in eine andere Stadt. Einige Male mußten sie in Scheunen und Heuschobern Zuflucht suchen. Zuzeiten, wenn der kleine Schachne einen seiner Weinkrämpfe bekam und nach Vater und Mutter schrie, fürchteten sie, daß übelgesinnte und argwöhnische Nachbarn sie an die Gestapo verraten würden. Doch Zeit ist immer noch das beste Heilmittel. Allmählich hörte der kleine Schachne auf zu weinen. Frau Jachowitch faßte eine tiefe Zuneigung zu dem Kind und liebte es wie ihr eigenes. Sie war sehr stolz auf ‚ihren Sohn'. Mit seinen großen, klugen Augen blickte er stets forschend und lebhaft um sich. Beide versäumten niemals einen Sonntagsgottesdienst, und bald kannten sie alle Kirchenlieder auswendig. Als fromme Katholikin, die Frau Jachowitch war, entschloß sie sich, das Kind taufen zu lassen und es so praktisch zu einem vollwertigen Katholiken heranzuziehen.

Sie wandte sich an einen jungen, frisch ordinierten Pfarrer, der in dem Ruf stand, ein kluger und vertrauenswürdiger Mensch zu sein. Frau Jachowitch weihte ihn in ihr Geheimnis um die wahre Identität des kleinen Jungen ein, den man ihr und ihrem Mann Josef anvertraut hatte, und teilte ihm ihren Wunsch mit, ihn taufen zu lassen, damit ein wahrer Christ und frommer Katholik wie sie selbst aus ihm würde. Der junge Priester hörte sich die Geschichte der Frau aufmerksam an und fragte, als sie geendet hatte: „Und was war der Wunsch der Eltern, als sie Ihnen und Ihrem Gatten ihr einziges Kind anvertrauten?" Frau Jachowitch erzählte ihm von den Briefen und der letzten Bitte der Mutter, das Kind über seine jüdische Herkunft aufzuklären und im Falle ihres Todes seinem Volk zurückzugeben.

Der junge Pfarrer erklärte Frau Jachowitch, es sei nicht recht, das Kind zu taufen, solange noch die Hoffnung bestünde, daß Verwandte des Kindes ihn zu sich nehmen. Er vollzog die Taufzeremonie nicht[5]. Das war im Jahr 1946.

Einige Zeit später schickte Herr Jachowitch die Briefe in die Vereinigten Staaten und nach Kanada. Sowohl Jenny Berger in Washington als auch Familie Aron in Montreal antworteten und bekundeten ihre Bereitschaft, das Kind umgehend zu sich zu holen. Doch jetzt begann erst einmal der juristische Kleinkrieg auf beiden Seiten des Atlantiks, der sich vier volle Jahre hinziehen sollte! Nach polnischem Gesetz war polnischen Waisenkindern das Verlassen des Landes untersagt. Die USA und Kanada hatten strenge Einwanderungsbestimmungen, der kleine Schachne erhielt kein Visum. Schließlich, 1949, wurde dem Jüdischen Kongreß Kanadas von der kanadischen Regierung die Erlaubnis erteilt, 1210 Waisen ins Land zu bringen. Es wurden Vorkehrungen getroffen, Schachne als einziges Kind direkt aus Polen der Gruppe anzuschließen.

In der Zwischenzeit wurde in Krakau ein Gerichtsverfahren abgehalten, und Schachne wurde auf Betreiben eines polnischen Richters den Vertretern der amerikanisch-kanadischen Verwandtschaft zugesprochen.

Im Juni 1949 ging Schachne Hiller an Bord des polnischen Passagierdampfers MS „Batory". Die Trennung von Frau Jachowitch war schmerzlich. Beide weinten, doch Frau Jachowitch tröstete den kleinen Schachne, dies sei der Wille seiner wirklichen Mutter gewesen, daß er eines Tages zu seinen eigenen Leuten zurückkehre.

Am 3. Juli 1949 legte die „Batory" am Landesteg 88 am Ende der 48. Straße West in New York an. An Bord befand sich der kleine Schachne, Passagier der Ersten Klasse von Kabine 228. Seine Verwandten, Frau Berger und Frau Aron, nahmen ihn in Empfang[6]. Das folgende Jahr lebte Schachne in Montreal[7]. Am 19. Dezember 1950, nach zwei Jahren unermüdlichen Kampfes, unterzeichnete der Präsident Harry S. Truman eine Gesetzesvorlage, die Familie Berger den Jungen Schachne Hiller als Mündel zusprach. Als Schachne am Freitag, dem 9. Februar 1951 im Haus der Bergers eintraf, widmete die „Washington Post" dem Ereignis ihre Titelgeschichte[8].

Mehr als acht Jahre waren vergangen, seitdem Schachnes

Großmutter Reizel Wurtzel im Getto von Krakau den Brief an ihre Schwägerin (seine Großtante) Jenny Berger geschrieben und sie gebeten hatte, ihren kleinen Enkel in ihr Haus und in ihr Herz aufzunehmen. Ihr letzter Wille war schließlich vollstreckt worden.

Jahre vergingen. Der junge Schachne erhielt seine Ausbildung an amerikanischen Universitäten und wuchs zu einem erfolgreichen Geschäftsmann, Vizepräsident einer Gesellschaft, wie auch zu einem frommen Juden heran. Die Verbindung zwischen ihm und Frau Jachowitch blieb bestehen. Sie korrespondierten, und sowohl Schachne als auch seine Großtante Jenny Berger schickten regelmäßig Pakete und Geld und bemühten sich, alles in ihren Kräften Stehende zu tun, um der Frau das Alter etwas zu erleichtern. Schachne zog es vor, mit seiner Frau, den Zwillingssöhnen, der Familie oder Freunden nicht über den Holocaust zu reden. Indes kannten alle die beiden wundervollen Menschen Herr und Frau Jachowitch, die das Leben eines jüdischen Kindes gerettet hatten und alles daransetzten, ihn seinem Volk zurückzugeben.

Im Oktober 1978 erhielt Schachne, nun Stanley, einen Brief von Frau Jachowitch. Darin enthüllte sie ihm zum erstenmal ihre damalige Absicht, ihn taufen zu lassen und als Katholiken großzuziehen. Dann beschrieb sie in aller Ausführlichkeit ihre Begegnung mit dem jungen Pfarrer an jenem schicksalhaften Tag. Und wahrhaftig, dieser junge Pfarrer war niemand anders als der Mann, der als Karol Wojtyła Kardinal von Krakau wurde und am 16. Oktober 1978 vom Kardinalskollegium zum Papst gewählt wurde – Papst Johannes Paul II.!

Als der Großrabbiner von Bluzhov, Rabbi Israel Spira, diese Geschichte hörte, sagte er: „Gott hat geheimnisvolle, wundersame Wege, den Menschen verborgen. Vielleicht war es das Verdienst, eine einzige jüdische Seele gerettet zu haben, die ihm die Wahl zum Papst eintrug. Dies ist eine Geschichte, die weitererzählt werden muß."

Nach meinen Gesprächen mit Schachne Hiller (Stanley Berger), seiner Familie und seiner Schwiegermutter, Frau Anne Wolozin, September 1977 – 1. Oktober 1981.

Dritter Teil

Der Geist allein

Es gibt nichts Heileres auf der ganzen Welt als ein gebroche-
nes jüdisches Herz.

Rabbi Menachem Mendl von Kotsk

Die Beschneidung

„Ich will dir eine andere Geschichte erzählen", sagte Rabbi Israel Spira zu seinem Studenten Baruch Bär Singer, „eine Geschichte, die sich im Straßenlager von Janowska zugetragen hat. Janowska war eines der Lager, über die man, sollte sich jemand an alle Ereignisse im Verlauf eines Jahres erinnern, Seiten mit Geschichten von Heldentum, Leiden und Tod füllen könnte. Nicht nur ein Buch, sondern zehn. Und sogar das wäre nur ein Tropfen im Ozean.

Man hat mich oft gebeten, die Geschichten aus Janowska in einem Buch zusammenzufassen. Ich habe erklärt, daß ich keine Bücher mehr schreibe. Es sollte genügen, die schon vorhandenen aufmerksam zu lesen. Folgendes Erlebnis jedoch muß festgehalten werden. Es zu erzählen ist eine Mizwa, denn es zeugt von der Hingabe und Aufopferung einer Tochter Israels.

Eines Morgens war ich gerade mit einem anderen Kazetnik (Lagerinsassen) beim Holzsägen. Um die Erniedrigung vollkommen zu machen, hatte man mir einen sehr kleinen Mann als Mitarbeiter zugeteilt. Wie du siehst, gehöre ich Gott sei Dank nicht zu den Kleinsten. Dieser Umstand machte nun das Sägen mühsam und lächerlich zugleich. Bei jedem Zug der Säge reckte sich mein Partner bis auf die Zehenspitzen, während ich mich vornüber beugte, bis meine schmerzenden, geschwollenen Füße bluteten. Und die Deutschen standen dabei und machten sich über unser Elend lustig.

An jenem Morgen, an Hoschana-Rabba, geschah es. Wir waren gerade beim Holzsägen, da trug der Wind durchdringende, zerquälte Schreie zu uns herüber, wie ich sie selbst in der Hölle von Janowska noch nicht gehört habe. Näher und näher kam das verzweifelte Klagen. Es war, als erfüllte das Weinen den gesamten Weltenraum und ließ ihn in bitteren Tränen untergehen.

‚Das ist eine Kinderaktion, kleine Engel aus der ganzen Umgebung, aus Drohobycz, Borislow, Lemberg, Stryj, Stanislaw und anderswoher sind nach Janowska gebracht worden, um hier ihren Schöpfer zu treffen', bemerkte ein Kazetnik im Vorbeigehen, einen Schubkarren vor sich herschiebend, ohne auch nur einen Blick in unsere Richtung zu werfen. Ich dachte, die Schreie müßten die Fundamente des Weltgebäudes erschüttern. Unsere Augen füllten sich mit Tränen, während wir mit dem Sägen fortfuhren.

Plötzlich hörte ich direkt neben uns die Stimme einer Frau. ,Juden, habt Erbarmen mit mir und gebt mir ein Messer!' Vor mir stand eine Frau, weiß wie die Wand. Nur in ihren Augen loderte ein seltsames Feuer. Ich glaubte, sie wolle sich umbringen. Ich blickte um mich, und als ich sah, daß kein Deutscher in Sicht war, sagte ich zu ihr: ,Warum haben Sie es so eilig, in die Welt der Wahrheit einzugehen? Früher oder später werden wir dort schon eintreffen. Was bedeutet ein Tag mehr oder weniger?'

,Hund, was hast du zu der Frau gesagt?' Ein junger, hochaufgeschossener Deutscher war wie aus dem Nichts aufgetaucht und forderte eine Antwort, während er seinen Gummiknüppel über meinem Kopf kreisen ließ. ,Die Frau bat mich um ein Messer. Da erklärte ich ihr, daß es uns als Juden nicht erlaubt ist, uns das Leben zu nehmen. Denn unser Leben liegt in Gottes Hand.' Dann fügte ich eilig hinzu: ,Und ich hoffe, daß auch Sie unser Leben verschonen werden.' Der Deutsche überhörte meine letzten Worte. Er wandte sich an die Frau und verlangte eine Erklärung. Sie erwiderte schroff: ,Ich habe um ein Messer gebeten.' Während sie sprach, musterte sie den Deutschen mit ihren fiebernden Augen. Plötzlich heftete sich ihr Blick wie gebannt auf die Brusttasche seiner Uniform. Durch die Tasche waren deutlich die Umrisse eines Messers zu erkennen. ,Geben Sie mir das Taschenmesser!' herrschte sie den Mann an. Verdutzt reichte der Deutsche ihr sein Messer.

Sie bückte sich und hob etwas auf. Erst jetzt bemerkte ich auf der Erde neben den Sägespänen ein Bündel Lumpen. Als sie es aufwickelte, kam ein schlafendes, neugeborenes Kind auf einem schneeweißen Kissen zum Vorschein. Mit sicherer Hand klappte sie das Messer auf und beschnitt den Säugling. Dann sprach sie mit klarer, eindringlicher Stimme den Segen zur Beschneidung: ,Gelobt seist du, Ewiger, unser Gott, König der

Welt, der du uns geheiligt durch deine Gebote und uns die Beschneidung befohlen.'

Dann richtete sie sich auf, erhob ihre Augen gen Himmel und sagte: ‚Herr der Welt, du hast mir ein gesundes Kind gegeben, ich gebe dir einen gesunden, koscheren Juden zurück.' Sie schritt auf den Deutschen zu, gab ihm sein blutverschmiertes Messer wieder und überreichte ihm ihr Kind auf dem schneeweißen Kissen.

Mit tränenverhangenen Augen sagte ich mir, daß diese Beschneidung die Grundfesten von Himmel und Erde erschüttern müßte. Wo findet man nach Abraham auf dem Berge Morija[1] einen größeren Akt des Glaubens als den dieser jüdischen Mutter?"

Unter Tränen blickte der Rabbi seinen Studenten an und sagte: „Seit der Befreiung ist es mein Brauch, zu jeder Beschneidung, bei der ich die Ehre habe, Sandak (Pate) zu sein, diese Geschichte zu erzählen."

Nach einem Gespräch des Großrabbiners von Bluzhov, Rabbi Israel Spira, mit Baruch Singer vom 3. Janur 1975.

Der Tod eines geliebten Sohnes

Am 8. Juli 1941 steckten deutsche Soldaten und ukrainischer Pöbel die berühmte Synagoge von Przemysl in Galizien in Brand. Jeder Jude, dessen man auf der Straße habhaft werden konnte, wurde lebendig in die brennende Synagoge gestoßen. Mehr als vierzig Juden heiligten den Namen Gottes in den Flammen der Synagoge und starben den Heldentod.

Seit seiner Ankunft in Przemysl vor einigen Monaten hatte es sich der Rabbi von Belz, Rabbi Aaron Rokeach, zur Gewohnheit gemacht, täglich in dieser Synagoge zu beten. Als sein ältester Sohn Moschele die brennende Synagoge sah, glaubte er, sein Vater, der Zaddik von Belz, sei in dem Gebäude eingeschlossen. Ohne nachzudenken stürzte er aus dem Haus und rannte auf die Synagoge zu. Unterwegs rief er nach seinem Vater, um ihn zu beruhigen, daß er auf dem Weg war, ihn zu retten: „Vater, Vater, ich komme, um dich herauszuholen, ich bin gleich da, wo bist du?"

Nahe der Synagoge wurde er von den Ukrainern geschnappt und in die lodernden Flammen geworfen.

Einer der dem Rabbi nahestehenden Chassidim überbrachte dem Vater die tragische Nachricht. Als er das Zimmer betrat und dem Rabbi berichtete, was vorgefallen war, hob dieser seine betrübten Augen zum Himmel empor und sprach: „Gott ist barmherzig; auch ich habe geopfert."

Das war alles, was der Zaddik von Belz sagte, nie wieder erwähnte er den Tod seines geliebten Sohnes.

Obwohl er den Todestag seines Sohnes kannte – den 8. Juli, den 13. Tammus – beging er niemals die Jahrzeit, den Jahrestag seines Todes, wie enge Freunde des Rabbi berichten. Auch trauerte er niemals in der Öffentlichkeit um seine dreiunddreißig nahen Familienangehörigen, die vom Feuer des Holocaust verschlungen wurden[1].

Der Zaddik von Belz war bekannt für seine grenzenlose Liebe und sein Mitgefühl für das jüdische Volk. „Wie kann jemand den Tod eines einzelnen beklagen", sagte er, „selbst eines innig geliebten Sohnes, wenn er von dem kollektiven Leid einer Nation, die um 6 Millionen Tote trauert, überwältigt wird!"

Diese Geschichte wurde von mir nach Berichten von Belzer Chassidim im Januar 1979 aufgezeichnet.

Der Enkel des Arugat Ha-Bosem

David, ein junger ungarischer Jude, teilte das Schicksal seiner jüdischen Brüder, als auch er in die Todeslager deportiert wurde. Im Winter 1944/45 leistete er Zwangsarbeit für die deutsche Kriegsindustrie in der österreichischen Stadt Gusen. Als eine Typhusepidemie ausbrach, warf es auch ihn aufs Krankenlager. Eine Zeitlang konnten seine Freunde ihn vor den suchenden Blicken der Kapos und SS-Leute verbergen und ihn vor dem sicheren Unheil, das alle Kranken und Sterbenden unweigerlich ereilte, bewahren. Jeden Morgen schleppten sie ihn aus der Baracke zum Appellplatz und lehnten ihn gegen einen Pfeiler, dessen oberes Ende sie in seiner Häftlingsjacke verbargen, so daß es aussah, als stünde David auf seinen eigenen zwei Beinen. Bei der Arbeit setzten sie ihn an seine Maschine, arbeiteten abwechselnd an ihren eigenen und an Davids und erledigten so an einem Tag zu dem ihrigen auch Davids Arbeitspensum. Wenn der deutsche Aufseher vorbeikam, bewegte David seine Hände, um den Eindruck zu erwekken, als arbeite er auf Hochtouren.

Doch Davids Körper war den Strapazen nicht gewachsen; seine Finger wurden taub, und seine Füße verweigerten ihm den Dienst. Eines Morgens, als seine Freunde ihn zur Arbeit schleppen wollten, stellten sie fest, daß sein Körper kalt war. Er reagierte auf keine ihrer Wiederbelebungsversuche. Sie baten ihn um Vergebung für ihre Unfähigkeit, sein Leben zu retten, obwohl sie alles in ihrer Macht Stehende getan hatten. Ohne David marschierten sie zum Zählappell und von dort zu ihrer gewohnten Arbeit in die Munitionsfabrik.

Als sie am Abend in ihre Baracke zurückkehrten, war Davids Körper verschwunden. Er war zusammen mit all den anderen Leichen in den Totenbau geschafft worden, wo sie bis zur Vernichtung aufbewahrt wurden.

In jener Nacht hatte Davids bester Freund, der sich mit ihm und anderen die oberste der dreistöckigen Holzpritschen geteilt hatte, einen Traum. Ein Mann mit langem Bart forderte ihn auf: „Geh in die Todeskammer und wünsche David baldige und vollständige Genesung." Der Freund erwachte. Obwohl der Traum einen tiefen Eindruck in ihm hinterließ, beachtete er ihn nicht weiter und schlief wieder ein. Und noch einmal träumte er genau denselben Traum. Diesmal erwachte er voller Angst.

Der Traum war tatsächlich ein Befehl, zum Totenbau zu gehen, der sich am anderen Ende des Lagers befand. Sich dort um diese Stunde herumzutreiben bedeutete den eigenen Tod. Das Verlassen der Baracke zur Nachtzeit war unter Todesstrafe verboten. Die Angst um sein eigenes Leben war stärker als der

Traum, und Davids Freund, aus Angst vor den Kugeln der deutschen Wachen, entschloß sich zu bleiben. Und wieder übermannte ihn der Schlaf. Noch einmal träumte er. Diesmal sprach der alte Mann mit dem wallenden Bart: „Ich bin der Arugat Ha-Bosem, Davids Großvater[1]. Geh und teile David mit, ich lasse ihm ausrichten, daß er bald vollkommen genesen wird. Dir selbst wird kein Leid geschehen, und du wirst dir große Verdienste erwerben."

Jetzt sprang der Freund mit einem Satz aus dem Bett und lief voller Angst, ohne nachzudenken, zum Totenbau. Wie durch ein Wunder begegnete er weder einem Aufseher, noch wurde er von jemandem bemerkt.

Die Totenkammer war randvoll mit Leichen gefüllt, die wie trockene Holzscheite übereinandergestapelt dalagen. Nachdem er den Körper seines Freundes David herausgefunden hatte, legte er ihn auf die Erde, stellte sich daneben und sagte, wie ihm im Traum aufgetragen worden war: „Dein Großvater, der Arugat Ha-Bosem, läßt dir ausrichten, daß du, David, bald und vollständig genesen wirst." Da streckte David plötzlich seinen Arm aus, packte den Freund bei der Hand und sprach: „Wiederhole, was du gerade gesagt hast." „Dein Großvater, der Arugat Ha-Bosem, läßt dir ausrichten, daß du bald und vollständig genesen wirst!" Der Freund wollte weglaufen, doch David ließ ihn nicht los. Seine erfrorenen Finger hielten die Hand des Freundes fest umklammert.

„Sag's mir noch einmal!" beschwor David seinen vor Angst schlotternden Freund. Fast zwanzigmal mußte er den Satz wiederholen. Endlich lockerte David seinen Griff und gab die Hand seines Freundes frei. Zu Tode erschrocken, rannte der mit letzter Kraft in seine Baracke zurück.

Am nächsten Morgen traf der für den Totenbau zuständige Deutsche im Leichenhaus ein. Vor Kälte zitternd saß David aufrecht mitten zwischen den toten Körpern. Ein Funke Menschlichkeit flackerte im Herzen des Nazis auf. Er brachte David ins Lagerkrankenhaus.

David genas vollständig und wurde im Frühjahr 1945 von der amerikanischen Armee befreit. Heute ist er ein frommer Chassid und lebt mit seiner Familie in Williamsburg, Brook-

lyn, nur ein paar Schritte vom Haus seines Freundes entfernt[2].

Nach dem Bericht eines Zeilemer Chassids, 15. April 1978.

Ein Hügel in Bergen-Belsen

Unter den Zehntausenden von Häftlingen in Bergen-Belsen,
die von einer Typhusepidemie heimgesucht wurden, befand
sich auch Anna[1]. Ihre Freundinnen hatten sie schon aufgegeben und versuchten ihr beizubringen, es sei sinnlos, den
Kampf gegen den Tod fortzusetzen. Anna jedoch hatte sich
entschlossen zu leben. Ihr war bewußt, daß es mit ihr zu
Ende gehen würde, sobald sie sich niederlegte. Sie würde sterben wie so viele um sie herum. So torkelte sie in todkrankem
Zustand im Lager umher, stolperte über Tote und Sterbende.
Doch dann verließen sie die Kräfte. Die Füße verweigerten
ihr den Dienst. Als sie sich von dem kalten, nassen Boden
aufzurappeln versuchte, bemerkte sie in der Ferne einen in
dichten Nebel gehüllten Berg. Eine seltsame Empfindung
durchzuckte Anna. Mit einemmal wurde ihr dieser in der
Ferne auftauchende Hügel zum Symbol des Lebens. Wenn sie
ihn erreichte, würde sie überleben, wenn nicht, würde der
Typhus über sie triumphieren, davon war sie überzeugt. Unter Aufgebot all ihrer Kräfte versuchte sie, auf den Hügel zu-
zugehen, der mehr und mehr die Form eines Erdwalls, eines
riesigen Grabes annahm. Für Anna jedoch blieb er Sinnbild
des Lebens, sie mußte ihn erreichen. Mit Händen und Füßen
kroch sie auf den merkwürdigen Erdwall zu, der ihr zur Verheißung geworden war. Viele Stunden vergingen, bis Anna
ihr Ziel erreichte. Ihre fiebernden Hände berührten den kalten Erdklumpen. Mit letzter Kraft kletterte sie den Hügel
hinauf, dann brach sie zusammen. Tränen liefen ihr die
Wangen hinunter, echte, warme Menschentränen, die ersten
Tränen seit ihrer Deportation in die Konzentrationslager vor
vier Jahren. Sie begann nach ihrem Vater zu rufen: „Bitte

Papa, komm und hilf mir! Ich weiß, daß du auch im Lager bist. Bitte hilf mir, Papa, ich kann nicht mehr!"

Da spürte sie plötzlich eine warme Hand auf ihrem Haar. Es war ihr Vater, der sie streichelte, genau wie einst, als er ihr jeden Freitagabend die Hände zum Segen aufs Haupt legte. Anna erkannte des Vaters warme, tröstende Hände. Unter heftigem Schluchzen erklärte sie ihm, daß sie keine Kraft mehr habe, weiterzuleben. Ihr Vater hörte zu und streichelte ihr Haar wie damals. Er sprach nicht den üblichen Segen, sondern sagte statt dessen: „Hab keine Angst, mein Kind. Du mußt nur noch wenige Tage durchhalten, die Befreiung steht nahe bevor."

Dies ereignete sich Mittwochnacht, den 11. April 1945. Am Sonntag, dem 15. April, rückte der erste britische Panzer in Bergen-Belsen ein[2].

Als Anna so weit wiederhergestellt war, daß sie das Krankenhaus in der Britischen Zone verlassen konnte, in das man sie wegen Typhus eingeliefert hatte, kehrte sie nach Bergen-Belsen zurück. Erst jetzt erfuhr sie, daß der Erdhügel auf dem großen Platz, auf dem sie jene schicksalhafte Nacht des 11. April im Kampf gegen den Typhus zugebracht hatte, ein riesiges Massengrab war. Mit Tausenden von Opfern lag auch ihr Vater hier unter der Erde begraben – er war schon vor Monaten in Bergen-Belsen umgekommen. In jener Nacht, als sie über den Tod siegte, hatte Anna an ihres Vaters Grab geweint.

Nach einem Interview von Kalia Dingott mit Anna, Mai 1976 (Der Familienname wird auf ausdrücklichen Wunsch nicht genannt).

Ein Vatersegen

In dem berüchtigten Lager Hidegseg bei Sapron in Ungarn war der Schwarztyphus ausgebrochen. Von 1200 jungen Männern zwischen zwanzig und fünfundzwanzig waren bis Anfang März 1945 nur noch ungefähr 500 übriggeblieben. Doch je heftiger die Epidemie im Lager wütete, desto entschlossener wuchs in Adolf Herschkowitz der Lebenswille.

„Ich will leben!" Stets wiederholte er sich diese Worte, dabei ständig bemüht, den Schaufeln und Werkzeugen auszuweichen, die die ungarischen Aufseher knapp an seinem Kopf vorbei denen entgegenschleuderten, die, taumelnd vor Typhus und Erschöpfung, ihre Arbeit nicht mehr mit der erforderlichen Geschwindigkeit verrichten konnten. Mit jedem Hieb der Schaufel machten sie Opfer wie Überlebendem gleichermaßen deutlich, daß Kugeln für Juden zu teuer waren[1].

Mitte März spürte Adolf zum erstenmal Anzeichen des Schwarztyphus an sich. Er wurde schwindelig, die Umgebung verschwamm vor seinen Augen, und er fing an, doppelt zu sehen. Er wandte sich an einen jüdischen Arzt aus Polen namens Zolte um Hilfe, doch dieser gestand ihm, er sei selbst hilflos. Den einzigen Rat, den er ihm geben könnte, sei, sich auf keinen Fall niederzulegen, denn das wäre sein Ende.

Doch Adolf fühlte sich unfähig, dem Rat dieses guten Mannes zu folgen. Eines Morgens brach er zusammen und konnte sich nicht mehr bewegen. Vor dem Hieb mit der Schaufel blieb er verschont, statt dessen warf man ihn in einen Schuppen zu den sterbenden Typhusopfern. Adolf sah sich um und zählte die Menschen. Sollte die Mehrheit mit dem Leben davonkommen, dann würde auch er leben, bestimmte er, wenn nicht, würde auch sein Schicksal besiegelt sein.

In der Nacht verlor er seine Decke und zitterte am ganzen Leib vor Kälte und Krankheit. Er war zu schwach, um sich aufzusetzen und seine Decke zu suchen; um sich herum fühlte er nichts als kalte, tote Körper. Ohne Essen, Wärme oder Arznei, das wußte er, war sein Ende nicht mehr weit. Den Tod abwartend, wollte er das Viddui sprechen, das Bekenntnis vor dem Tod, doch er fand nicht die Kraft, die Worte auszusprechen, noch war er fähig, seine Lippen zu bewegen. Statt dessen sagte er sich die Worte in seinem Gedächtnis auf, bis er in einen angenehmen, tiefen Schlaf versank, der ihn in eine andere Welt entführte.

Im Traum war er wieder zu Hause. Es war Freitagnachmittag, die ganze Familie – Vater, Mutter und seine Geschwister – waren beim Schuheputzen zu Ehren des herannahenden Schabbat. Auf dem Tisch lag ein weißes Tischtuch ausgebreitet, und darauf standen zwei herrlich glänzende Kerzenleuchter. Mutter zündete die Schabbatkerzen an. Neben dem Platz des Vaters stand die Kristallflasche mit dem Wein, die nur zu Schabbat und den Feiertagen hervorgeholt wurde. Der Vater ging mit seinen drei Brüdern zur Schul. Die Synagoge war bis auf den letzten Platz besetzt, keiner fehlte, und alle beteten mit großer Andacht. Nach Hause zurückgekehrt, gingen sie in die Küche, wo eine große Schüssel an der Wand hing. Es war die Schüssel, in der Adolfs Mutter immer seinen Lieblingskuchen, die Schabbatbabka, anrührte. Vater und Mutter nahmen die Babka, reichten Adolf ein Stück mit einem Schluck Wein, während der Vater ihn ermunterte: „Trink das, dann wirst du ein ehrlicher Jude. Du wirst ein gesunder Jude sein und leben."

Adolf erwachte. Es war ihm, als trinke er immer noch, als wären seine Eltern dicht neben ihm. Er hatte so viel Kraft wiedererlangt, daß er sich aufsetzen konnte. Er fand seine Decke und wickelte sich darin ein. Er war überzeugt, sein Traum sei Wirklichkeit und er wäre wieder zu Hause bei seiner Familie. Als er sich jedoch umschaute, stellte er fest, daß er sich noch immer in demselben Schuppen bei den Toten und Sterbenden befand. Doch gleichzeitig spürte er den Geschmack des Getränkes auf seiner Zunge, das die Eltern ihm verabreicht hatten. Adolf wußte zu dieser Zeit noch nicht, daß sie nicht mehr unter den Lebenden weilten.

Es war Pessach, der 28. März 1945. Adolf fühlte seine Kräfte zurückkehren; trotzdem verließ er den Schuppen nicht, um zur Arbeit zu gehen. Als die russische Front sich Hidegseg näherte, brach die Lagerverwaltung zusammen. Die Lagerräume standen offen, so daß jemand etwas Mehl für Adolf erstehen konnte. Adolf buk es über einem offenen Feuer, bis etwas herauskam, das wie Matzen aussah.

Das Lager wurde aufgelöst. Adolfs Freund, der Arzt, verhalf ihm zur Flucht und pflegte ihn. Infolge des Typhus konnte Adolf nicht richtig hören oder klar denken. Sie überquerten einen tiefen Fluß. Drei Tage saßen sie in einem leckgeschlagenen Boot in den Sümpfen. Der Doktor hatte etwas Brot bei sich, das er mit Adolf teilen wollte, doch da Pessach war, weigerte dieser sich zu essen. Hier, in diesem lecken Boot mitten im

Moor hörte der Doktor, ein assimilierter Jude, zum erstenmal die Geschichte von Pessach, unter einem von ‚Stalinkerzen' erleuchteten Himmel.

Sich an Adolf wendend, bemerkte der Arzt: „Wenn Pessach wirklich das ist, was du mir davon erzählt hast, der Feiertag des Auszuges aus der Sklaverei in die Freiheit, dann mußt du essen, um zu leben und diese Freiheit zu erleben. Ich bin sicher, daß Gott, wenn er jetzt in diesem Augenblick vom Himmel herabschaute, es billigen würde." Er schnitt das Brot in sehr dünne Scheiben, so dünn wie Matzen, gab es Adolf und drängte ihn: „Iß, auf daß du den Untergang der modernen Pharaonen und deine Freiheit erlebst."

Drei Tage später wurden sie befreit.

Nach einem Interview von Sharon Silverman mit Adolf Hershkowitz, 24. April 1978.

Ein Zeichen vom Himmel

Das Inferno von Auschwitz erreichte im Sommer 1944 seinen Höhepunkt. Dr. Joseph Mengele, der elegante ‚Todesengel', dirigierte mit einem Lächeln auf den Lippen Hunderttausende neuangekommene ungarische Juden in sein bevorzugtes Kommando, das ‚Himmelskommando' im Krematorium, dem Ort ohne Wiederkehr.

In diesem Sommer rauchten die Schornsteine Tag und Nacht. Ständig hing ein feiner Dunst über dem Lager, der die Luft mit dem Gestank von rohem Menschenfleisch erfüllte.

Unter den Neuankömmlingen befand sich auch Elaine Seidenfeld aus Chust. Sie wurde mit der Wirklichkeit von Auschwitz schon auf der riesigen Plattform der Bahnstation vertraut gemacht, auf der man sie gewaltsam von ihrem Mann und allen männlichen Verwandten, die mit dem Transport eingetroffen waren, trennte.

Im Laufe ihrer ersten Nacht in Auschwitz wurde sie, zusammengepreßt wie ein Hering zwischen zwölf anderen jungen Frauen auf der obersten der dreistöckigen Pritschen, in die Hölle von Auschwitz eingeweiht. Die Veteranen im Lager C verschonten Elaine nicht. Sie klärten sie über die grauenerregenden Tatsachen von Auschwitz auf. „Heute sind sie dran, morgen wir", meinte ein abgemagertes polnisches Mädchen und deutete mit ihrem knöchernen Finger auf den rotglühenden Himmel. „Ich nicht", widersprach die entsetzte Elaine, „ich werde es überleben. Ich will leben und meinen Mann wiederfinden."

„Du bist neu hier", erwiderte die Polin. „Wir alle wollten einmal leben, doch das hilft uns nichts."

„Ich will leben", beschwörte Elaine das Mädchen. „Ich muß leben, ich muß meinen Mann wiedersehen." Keiner reagierte auf ihren Protest. In der Ferne hörte man einen Schrei, dann war wieder alles still. Nur Elaine flüsterte: „Ich will leben. Ich will leben."

Von Mai bis August stand Elaine mehrere Selektionen durch. Manchmal waren es zwei an einem Tag, morgens der Zählappell und abends der Namensaufruf. Am meisten fürchtete sie sich vor Dr. Mengele und einer weiblichen Kapo, von der das Gerücht umging, sie sei die Tochter eines bekannten slowakischen Rabbi. Und dann geschah es. Ihre Ängste wurden Wirklichkeit. Sie wurde herausgesucht, als einzige aus ihrer Gruppe. Sie bat eine Bekannte aus Chust, die in Lager C zu einer kleinen Position aufgestiegen war, sie auszuwechseln und in ihre frühere Gruppe zurückzubringen, doch vergeblich.

Und so wurde Elaine an einem schwülen Augusttag des Jahres 1944 unter den Klängen des Frauenorchesters von Auschwitz von SS-Männern, die mit ihren Schäferhunden den Weg säumten, zusammen mit 3000 anderen weiblichen Häftlingen aus Lager C zu den Gaskammern geleitet. Je näher sie kamen, desto fieberhafter wiederholte Elaine ihre einzige Bitte, die sie seit ihrer Ankunft in Auschwitz ständig auf den Lippen trug. „Ich will leben, ich will meinen Mann finden." Vor den Gaskammern kam der Zug zum Stehen.

Jemand pfiff, und sie wurden in eine große leere Halle geführt. Hier befahl man ihnen, sich auszuziehen, die Kleider sorgfältig zusammenzulegen und unter die Duschen zu gehen.

Elaine schloß die Augen. Echtes kaltes Wasser ergoß sich über ihren Körper. Das Wasser stellte sich automatisch ab. Dann wurden sie wiederum in eine andere Halle gebracht. Jedes Mädchen erhielt ein einfaches graues Kleid mit einer auf den Ärmel eingenähten Nummer und ein paar Schuhe. Wieder marschierten sie, diesmal an Lager C vorbei zur Bahnstation. Man verfrachtete sie auf geschlossene Viehwaggons, 150 Mädchen pro Waggon. Elaine preßte sich gegen die Zugwand in der Hoffnung, einen Spalt zwischen den Brettern zu entdecken, aus dem heraus sie die Richtung des Zuges, ihr Schicksal, ausmachen konnte. Es gelang ihr nicht, der Zug war dicht verriegelt. Es war dunkel, die Mädchen standen aneinandergereiht wie Holzbretter.

„Ich will leben", sagte sie sich immer wieder. „Ich will leben. Wenn ich nur ein verheißungsvolles Zeichen entdecken würde, irgend etwas, das mir zeigt, daß ich leben werde."

Plötzlich kam der Zug mit einem Ruck zum Stehen, die Balken hinter Elaine ächzten und ein schmaler Lichtstrahl wurde sichtbar. Zwischen den Brettern hatte sich ein Riß gebildet. Durch diesen winzigen Spalt erblickte Elaine den klaren blauen Himmel, ein Himmel, der nicht zum Totenreich von Auschwitz gehörte. Und da, am hellblauen Firmament verlief eine weiße Linie. Ein Glücksgefühl durchströmte Elaine. Ihr Gebet war erhört worden, der Himmel hatte ihr ein Zeichen geschickt, sie würde überleben! Dies war das Zeichen, um das sie gebetet hatte. Der strahlendweiße Strich war ein Urteil, im Himmel gefällt, wer sterben und wer leben sollte. All das Blut, der brennende Himmel über Auschwitz verwandelten sich eigens für sie in eine einzige klare, weiße Linie – ihre Lebenslinie. „O Gott, du hast Noach einen Regenbogen gegeben und mir diesen weißen Strich am Himmel. Auch ich werde diese Sintflut aus Blut überleben, denn dies ist ein Zeichen vom Himmel, daß du mich ins Buch des Lebens eingetragen hast."

Der Zug erreichte Stutthof[1]. Die Mädchen mußten bald erfahren, daß Stutthof gegenüber Auschwitz keine Verbesserung bedeutete. Viele starben infolge von Zwangsarbeit, Hunger und Wassermangel, andere schickte man in die Gaskammern. Doch nicht Elaine; sie hatte Glück. Mit aller Kraft klammerte sie sich an ihre unsichtbare weiße Linie, ihr himmlisches Versprechen. Sie ergab sich nicht in die tödliche Wirklichkeit von Stutthof. In den letzten Monaten des Jahres 1944 wurden 4000 Frauen aus Stutthof und den Außenlagern nach Dachau, Buchenwald, Neuengamme und Flossenbürg deportiert. Elaine blieb wie durch ein Wunder verschont.

Als im Januar 1945 die russische Front sich Stutthof näherte, wurde Elaine mit 26000 anderen Frauen evakuiert. Viele wurden in der Ostsee ertränkt, andere auf den langen Todesmarsch geschickt. Tausende kamen unterwegs um. Der gefrorene Boden, tiefer Schnee, beißende Winde, Hunger und Durst forderten ihren Preis. Doch Elaine marschierte weiter. In einem dünnen Sommerkleid und mit schäbigen Holzschuhen an den Füßen heftete sie ihre Schritte auf die weiße Lebenslinie; sie führte Elaines blutende Füße durch den zertrampelten Schnee. Im von Rauch und Asche geschwängerten schwarzen Himmel über ihr konnte sie diese Linie sehen. Mit jedem Atemzug hielt sich ihre Seele an dem schnurgeraden weißen Strich fest.

Dann war alles vorbei. Der Krieg war zu Ende, die Gewehre schwiegen. Leichen bedeckten das Angesicht der Erde. Die Deutschen ergriffen die Flucht vor den roten Befreiern, die ihren Siegespreis forderten: das Gehirn des Menschen und den Körper der Frauen. Elaine vertraute ihrer weißen Linie, die sie nach Hause, nach Chust, zu ihrem Mann zurückgeleiten würde.

Einsame Überlebende, alles, was von einer ganzen Familie oder Stadt übriggeblieben war, zogen durch ein verwüstetes Europa. Sie kehrten in ihre Heimatorte zurück auf der Suche nach Überresten einer verlorengegangenen Zeit. Sie passierten dieselben Bahnhöfe, reisten auf denselben Gleisen, die noch Monate zuvor in die Gaskammern führten und die Öfen fütterten. Diesmal fuhren sie gen ‚Heimat'. Elaine war auf dem Weg nach Chust. Dann, auf einem überfüllten Bahnsteig, sah sie ihren Mann ebenfalls einen Zug nach Chust besteigen.

„Was, glauben Sie, war dieser weiße Strich am Himmel, den Sie aus dem Spalt im Viehwagen nach Stutthof gesehen haben, wirklich?" fragte die Interviewerin Elaine dreißig Jahre danach in ihrem Heim in Brooklyn.

„Sehen Sie, um zu überleben, müssen Sie an etwas glauben. Sie brauchen eine Quelle der Hoffnung, des Mutes, etwas, das größer ist als Sie selbst, etwas, um die Wirklichkeit zu bewältigen. Jene Linie war meine Hoffnungsquelle, mein Zeichen vom Himmel. Viele Jahre später, nach der Befreiung, als meine Kinder groß wurden, dämmerte es mir, daß der weiße Strich die Abgase aus dem Auspuffrohr eines vorüberfliegenden Flugzeugs gewesen sein könnte, doch ist das wirklich wichtig?"

Nach einem Interview von Sharon Lynn Perris mit Elaine Seidenfeld, April 1978.

Eine Bobower Melodie

Unter den Zehntausenden von Zwangsarbeitern in Mauthausen und den zahlreichen umliegenden Lagern war ein junger Bursche namens Mosche. 1944, als die Ostfront näherrückte, hatte man ihn zusammen mit Tausenden Häftlingen aus Auschwitz hierhergebracht.

Mosche, 14 Jahre alt, war der Sohn des Leiters der Bobower Jeschiwa und einziger Überlebender einer großen Familie. Der junge Mosche war ein glühender Chassid, ein frommer Anhänger und Verehrer des Großrabbiners von Bobow, Rabbi Ben-Zion Halberstam. Die Weisheit und das heiligmäßige Wesen des Rabbi, seine herrlichen Melodien, die er komponierte, lockten viele Chassidim nach Bobow[1]. Besonders für junge Leute, die ihm unbegrenzte Bewunderung und jugendlichen Enthusiasmus entgegenbrachten, zeigte der Rabbi eine tiefe Zuneigung.

Jeden Freitagabend ging der junge Mosche gemeinsam mit allen männlichen Familienmitgliedern zum Haus des Rabbi, um den Schabbat mit Tanz und Gesängen zu empfangen. Mosches Lieblingsmelodie war die von dem Rabbi für den heiligen Sohar komponierte, jenes mystische ‚Buch des Glanzes'. Mosche war überzeugt davon, daß die Engel mit dieser Melodie dem Herrn huldigten.

Als Mosche auf immer den Armen seiner Mutter entrissen und auch von seinem Vater getrennt worden war, ahnte er noch nicht, daß sein geliebter Rabbi nicht mehr unter den Lebenden weilte, daß seine heiligen Lippen nie mehr die herrlichen Gesänge anstimmen würden. Denn am ‚Schwarzen Freitag‘, dem 25. Juli 1941, war in Lemberg die Aktion Petliura durchgeführt worden. Der Großrabbiner von Bobow, Rabbi Ben-Zion Halberstam, und seine ganze Familie befanden sich unter den 2000 verhafteten Juden. Vier Tage später, an einem Montag, dem 4. Aw, marschierte Rabbi Ben-Zion Halberstam in seinem langen seidenen Schabbatrock und mit seinem Streml, dem Pelzhut auf dem Kopf in den Tod. Man hatte ihn beschworen, zu fliehen. Doch er hatte nur gesagt: „Man läuft nicht dem Geräusch der Fußstapfen des Messias davon", und mit seinem würdevollen Schritt hatte der Rabbi von Bobow seinen Weg nach Janow fortgesetzt, wo im Wald die offenen Gräben auf ihn warteten. Er wurde von den Nazis und deren ukrainischen Kollaborateuren umgebracht. Sein geheiligtes Andenken sei gesegnet.

Im Elend von Mauthausen verlor der junge Mosche niemals den Glauben an seinen Rabbi. Er war sicher, daß der Rabbi ihn führte, selbst inmitten der unerträglich rauhen Lagerwirklichkeit. Das Bild des Rabbi, wie er es von zahlreichen Besuchen am Freitagabend in seinem Haus in Erinnerung hatte, war ihm stets vor Augen. In den schwierigsten Augenblicken im Lager, trotz totaler physischer Erschöpfung nach einem harten Arbeitstag im Granitsteinbruch oder in der unterirdischen Flugzeugfabrik, inmitten all der Verzweiflung und des Hungers spürte er die unmittelbare Gegenwart des Rabbi. Seine beruhigende Stimme sprach ihm Trost zu und gebot ihm zu leben.

Wo immer Mosche ging, der Bobower Rabbi leitete seine Schritte, als ob er ihn vorwärtsstieß oder zurückhielt, oft genug verwehrte er ihm die Richtung, die Mosche selbst einschlagen wollte. Wenn Mosche die Kräfte verließen, dann konzentrierte er sich und rief sich die schöne Melodie ins Gedächtnis, mit der der Rabbi den heiligen Sohar angestimmt hatte. Die Erinnerung an diese Melodie erfüllte ihn mit Mut und Willenskraft, weiterzumachen. Manchmal hätte Mosche am liebsten geweint, seine Schmerzen und Ängste hinausgeschrien, doch er hatte keine Tränen. Der Brunnen war versiegt und mit ihm alle anderen menschlichen Regungen. Dann entsann sich Mosche der Soharmelodie des Rabbi, bis seine Augen sich mit Tränen, warmen Menschentränen füllten und ihm die hohlen Wangen herunterliefen. Der Gesang des Rabbi erfüllte Mosches Dasein und vertrieb für lange Zeit die rauhe Wirklichkeit von Mauthausen.

Ein bitterkalter österreichischer Winter brach über Mauthausen herein. Viele Häftlinge starben an Entkräftung, Krankheit und Hunger, doch nicht Mosche, inzwischen ein vierzehnjähriges Bündel aus Haut und Knochen. Mit all seiner Kraft und seinem Glauben klammerte er sich an das Leben.

Dann war ,Entlausungstag', ein kalter Dezembertag des Jahres 1944. Die zerlumpten, gestreiften Uniformen wurden gegen saubere ausgetauscht und alle Gefangenen über den großen Platz des Lagers unter die Duschen gejagt, während ein Kapo in gewohnter Weise Köpfe zählte. Unter den Schauern hörten die Häftlinge plötzlich das vertraute Kommando: „Zählappell!" Namensaufruf! Kapos trieben die noch nassen Gefangenen mit Keulen und Knüppeln auf den Lagerplatz hinaus, in die eiskalten Stürme eines frostklirrenden Wintertages. Splitternackte, völlig durchnäßte lebendige Skelette stellten sich in Reih und Glied auf dem Lagerplatz auf. Das Ritual begann. Es stellte sich heraus, daß die Liste des Kapo mit der Zahl der anwesenden Gefangenen nicht übereinstimmte. Einer fehlte. Das Abzählen begann von neuem, doch die Diskrepanz blieb bestehen. Langsam überzog eine hauchdünne Schicht Reif die nackten Körper der Lagerinsassen; das Atmen fiel zunehmend schwerer, und die Menschen fielen in den Schnee wie steifgefrorene Wäschestücke von einer Wäscheleine. Die Suche nach dem fehlenden Mann wurde fortgesetzt. Die Reihen der noch aufrecht stehenden Gefangenen lichteten sich; die Menschen sanken reihenweise in den zertrampelten Schnee.

Der junge Mosche versuchte, seine Hände und Füße zu bewegen, doch sein Körper folgte seinen Befehlen nicht mehr. Er merkte, wie auch er langsam zu einer Eissäule erstarrte und in den weißen Schnee hinabgezogen wurde. Da spürte er mit einemmal, wie der Rabbi von Bobow, Rabbi Ben-Zion Halberstam, ihn stützte, und dessen beruhigende Stimme erklang in seinen Ohren: „Fall nicht, mein junger Freund, stolpere nicht. Du mußt überleben! Ein Chassid muß singen, ein Chassid muß tanzen, das ist das Geheimnis unseres Überlebens." Die Melodie des Rabbi ging Mosche nicht mehr aus dem Kopf, sie hallte in seinen Ohren wider, doch seine erfrorenen Lippen brachten keinen einzigen Ton hervor. Dann, langsam, begannen seine Lippen sich zu bewegen. Ein Ton zwängte sich hindurch, dann ein zweiter und dritter Ton, die Noten reihten sich aneinander zu einer Melodie, zur Nigun des Rabbi. Wie brennende Kohlen versengte das Lied seine eben noch bleichen Lippen und entflammte seinen ganzen Körper. Ein Fuß bewegte sich, schüttelte seine vereisten Ketten ab. Das Eis knackte; ein Fuß fing an zu tanzen. Der andere Fuß riß sich von dem klebrigen Eis los. Der Schnee färbte sich rot von der Haut seiner Fußsohle, die im Eis steckenblieb. Knochen, Muskeln und Sehnen kamen in Schwung, stapften im Schnee, tanzten nach des Rabbis Weise. Mosche wurde es warm ums Herz. Heiße Tränen strömten ihm über sein Gesicht, als Körper und Seele die Bobower Melodie anstimmten.

Der Zählappell war zu Ende. Der Lagerplatz von Mauthausen war mit zahllosen Körpern übersät. Doch Mosches rote Fußspuren versengten den weißen Schnee mit der Glut einer Bobower Melodie.

In seinem Heim in Monsey, New York, singt Mosche mit seiner Frau, sechs Kindern sowie seinen Enkeln jeden Freitagabend beim Schabbatmahl des Rabbi Nigun. In der häuslichen Wärme, im Glanz der Schabbatkerzen und unter dem gütigmahnenden Bildnis des Bobower Rabbi glitzern Tränen in den Augen von Rabbi Mosche. Seine Knochen und Sehnen sind wieder von Fleisch umgeben. Die Spur von Mauthausen nach Monsey hatte ein leidenschaftlicher Glaube gebrannt.

Nach einem Interview von Brenda Glatt mit Rabbi Mosche, einem Bobower Chassid, Mai 1977.

155

Adolf Haas ist ein Mensch!

Eine bestimmte Selektion geht Zwi nicht aus dem Sinn. Fünfunddreißig Jahre danach ist sie ihm noch immer so lebendig wie an dem Tag, als er sie, siebenjährig, in Bergen-Belsen miterlebte. Vom Fenster seiner Baracke aus konnte er beobachten, wie ein neuer Transport im angrenzenden Lager ankam. Seit dem Kasztnertransport in die Schweiz hatte es beinahe leergestanden.

Die Neuankömmlinge blieben nicht lange. Doch hatten sie nicht das Glück ihrer Vorgänger. Ihre Körper sollten Bergen-Belsen niemals verlassen.

Eines Morgens wurden die Häftlinge vor aller Augen mit Stöcken, Knüppeln und Bleirohren zu Tode geprügelt. Nur gelegentlich fiel ein Schuß. Der Stoß mit toten Körpern wuchs und wuchs, er wuchs zu einem Berg von zerfetztem Menschenfleisch und Strömen von Blut.

Mit jedem frischen Opfer, das sich unter ihren Händen aus einem menschlichen Wesen in ein Bündel gebrochener Knochen, zerrissenen Fleisches und Sehnen verwandelte, leuchteten die Gesichter der Deutschen in einer sonderbaren Fröhlichkeit auf. Selbst Adolf Haas, der Lagerkommandant, erschien zur Inspektion. Akkurat gekleidet, mit auf Hochglanz polierten Stiefeln, einem herrlichen warmen, gut sitzenden Mantel, weißen Handschuhen und einer Offiziersmütze sah er aus wie die Vollkommenheit in Person, wie er da stand, um sich die Vernichtung der Gefangenen anzusehen. Zwi war davon überzeugt, daß Haas eine solche Brutalität nicht zulassen würde. Er betrachtete sein schönes Gesicht, die ebenmäßigen, kraftvollen Züge, wie ein geheimnisvoller Gott der Gewalt und des Blutes. Zwi glaubte seinen eigenen Vater in ihm wiederzuerkennen, den er zuletzt im Todeszug gesehen hatte. Unbewegt verfolgte Haas, wie die Menschen zu Tode geprügelt wurden. Der kleine Zwi verlor das Bewußtsein.

Als er wieder zu sich kam, sah er neue Berge von hingemetzelten Juden, „Mutti, Mutti, wird das jemals aufhören? Müssen wir auch sterben?" Zwi forderte eine Antwort von seiner Mutter. Sie versicherte ihm, daß er überleben werde, denn ein

frommer Mann habe es ihr versprochen. Doch Zwi war arg-
wöhnisch. Eine seltsame, lähmende Furcht, wie er sie noch nie
vorher erlebt hatte, bemächtigte sich seines kleinen Herzens.
Die Menschen versicherten ihm, alles werde gut enden, denn
ihr Lagerkommandant, Adolf Haas, sei ein guter Mensch; alle
im Lager würden überleben. Doch Zwi hatte Haas während der
grauenhaften Selektionen beobachtet. Seinen Augen entquoll
keine einzige Träne, kein Seufzer kam über seine Lippen. Er
stand da wie der Satan in der Hölle. „Nichts wird jemals wieder
so, wie es war", vertraute Zwi seinem kleinen Brüderchen Itzchak an. „Nur wenn Haas menschlich ist, wie die Leute sagen,
dann besteht die Möglichkeit, daß wir heil aus dieser Hölle auf
Erden herauskommen."

Und dann erhielt Zwi eines Tages ein sehr ungewöhnliches
Zeichen. Er sah den Lagerkommandanten vorbeirennen. Haas
war halbnackt und machte einen verstörten Eindruck. Seine
Augen vor Entsetzen geweitet, suchte er Schutz vor den engli-
schen Fliegern, die tief über seinem Kopf hinwegbrausten. Eine
Maschine kappte sogar den Schornstein der Küche neben Zwis
Baracke. Adolf Haas versuchte den Kugeln auszuweichen, die
die englischen Flugzeuge auf ihn abfeuerten.

Von diesem Tag an wußte Zwi, daß die Deutschen den Krieg
verlieren würden. Sie waren menschliche Wesen, wie die Juden – voll Angst im Angesicht des Todes. Sogar Adolf Haas war
ein Mensch!

Nach einem Interview von Dina Spira mit Rabbi Zwi Spira, 12. Mai 1976.

Ein Wunder im Kartoffelacker

David Junger hatte gerade eine der Selektionen in Auschwitz
überstanden. Die Bedingung dafür war gewesen, daß man ein
„junger jüdischer Mann, nicht in Polen geboren" war. David
hatte sich als geeignet erwiesen. Er war am 23. Mai 1925 in
Kralowa Nad Tisou in der Tschechoslowakei geboren worden. „Ist es in einer Röhrenfabrik wirklich so wichtig, wo ei-

ner geboren ist? Am Ende werden wir alle in Rauch aufgehen",
bemerkte ein junger Kerl neben ihm.

Die polnischen Juden standen abseits von einer großen
Gruppe junger jüdischer Männer aus allen Teilen Europas,
viele aus Ungarn und der Tschechoslowakei sowie aus anderen
Ländern. Diese jungen Menschen wurden auf geschlossene
Viehwaggons verladen und mit unbekanntem Ziel abtransportiert. Sie wurden in ein Warschauer Lager gebracht, das hollän-
dische und griechische Juden ein Jahr zuvor hier errichtet
hatten, nachdem man sie aus Auschwitz hergeschickt hatte,
um den Schutt des zerstörten Warschauer Gettos wegzuräu-
men.

In diesem Lager lebte nun David und die anderen Neuankömmlinge. Die Gruppe erhielt die Bezeichnung ‚Berliner
Baubrigade'. Ihre Aufgabe bestand wie die ihrer Vorgänger
darin, die unbeschädigten Ziegelsteine auszusortieren und fertig zum Verladen aufeinanderzustapeln. Dann wurden sie
nach Deutschland abtransportiert, um damit die von den Alliierten ausgebombten Fabriken wiederaufzubauen. Einen Zie-
gelstein fallenzulassen und zu zerbrechen galt als schweres
Verbrechen. Viele junge jüdische Männer bezahlten dafür mit
dem Leben. Sobald die Steine für den Versand bereit waren,
wurden sie von den Polen auf schweren Lastwagen weggefah-
ren.

Das Essen im Konzentrationslager Warschau war dürftig,
selbst nach den Maßstäben von Auschwitz. Je häufiger die russischen Bombenangriffe wurden, desto armseliger fielen die rationierten Essensportionen aus. Mit diesen Lagerrationen zu
überleben war über längere Zeit hinweg unmöglich. Ungeachtet der Tatsache, daß polnische Juden für diese Aufgabe nicht
ausgesucht zu werden pflegten, hatten es einige anscheinend
doch fertiggebracht, mit dem Warschauer Transport mitzu-
kommen. Ihre Kenntnis der polnischen Sprache und der örtlichen Vegetation war eine entscheidende Überlebenshilfe. Sie
wußten mit der ortsansässigen Bevölkerung Tauschhandel zu
treiben und aus einheimischen Blumen und immergrünen
Pflanzen Tee zuzubereiten.

Als sich die Ostfront den Toren von Warschau näherte, hob

sich im Lager die Stimmung, jedoch nicht für lange. Die Front kam zum Stillstand, und man forderte die Zwangsarbeiter auf, tiefe Gräben zu schaufeln. Die Botschaft war unmißverständlich: Im Falle eines überstürzten Rückzugs der Deutschen sollten die Juden auf immer in Warschau zurückbleiben.

Dann, am 28. Juli 1944, wurde die Weisung erteilt, das Konzentrationslager in den Ruinen des Warschauer Gettos an der Gesiastraße zu evakuieren. An die 4000 jüdische Häftlinge, David mit ihnen, setzten sich zum Todesmarsch in Bewegung. Sie marschierten an den Ufern des Flusses Vistula entlang. Es war ein heißer Julitag, und die Menschen hatten Durst. Aus dem Fluß zu trinken war verboten. Jeder, der aus den Reihen ausscherte und trank, wurde erschossen. Durst, Hunger und die glühende Hitze waren unerträglich, so daß viele zum Fluß liefen. Augenblicke später trugen die sanften Wellen der Vistula die Körper flußabwärts. Der Marsch wurde fortgesetzt. Nach einer Weile verbreitete sich der Name Dachau wie ein Gerücht von Mund zu Mund. Ihr Ziel sollte Dachau sein, doch zuerst mußten sie einen Bahnhof erreichen, der von deutschen Zügen angefahren wurde. Die Marschkolonne schrumpfte immer mehr zusammen[1]; die stechende Sonne brannte unbarmherzig auf die Gruppe nieder.

Es war Tischa B'Aw, ein Fasttag zum Gedenken an die Zerstörung des Ersten und Zweiten Tempels vor vielen Jahrhunderten in Jerusalem. Fasten war kein Problem. Ihre letzte Essensration hatte man ihnen vor mehreren Tagen gegeben. Ihr Durst war unerträglich. Die kühlen Wasser der Vistula waren so nah und verlockend. Doch plötzlich bogen sie scharf nach links ab. Der Abstand zwischen dem Fluß und der marschierenden Kolonne wurde immer breiter, bis die durststillenden Wasser nicht mehr zu sehen waren.

Spät in der Nacht kamen sie auf einem riesengroßen offenen Feld an. Unerwartet wurde Befehl zum Lagern gegeben. Erschöpft warfen sie ihre ausgezehrten Körper auf den kühlen Erdboden und schliefen ein. Einer der Leute fing, statt zu schlafen, mit bloßen Händen zu buddeln an, und nachdem er einen halben Meter tief gegraben hatte, fand er – Wasser! Wasser, schlammiges, braunes Wasser, doch immerhin, Wasser. Das

Wort verbreitete sich wie ein Lauffeuer. Als ob die Toten auf-
erstehen, so hoben die skelettierten Körper ihre Köpfe vom
Erdboden und begannen ihrerseits wie wahnsinnig zu wühlen,
und in einem merkwürdigen Chor erklangen in allen Sprachen
die Worte: „Wasser, Wasser, Wasser!" Nach einiger Zeit war
der polnische Acker mit Hunderten aufgeworfener Wasserlö-
cher durchzogen, kleine Brunnen, in denen sich der bleiche
Mond und die ausgemergelten, hohlwangigen Gesichter widerspiegelten. Doch nicht nur Wasser brachte das Feld hervor,
sondern auch Kartoffeln, kleine, frische Kartoffeln.

Und so, um kleine Wasserpfützen in einem Kartoffelacker
zwischen dem zerstörten jüdischen Warschau und den wartenden Todeslagern Deutschlands versammelt, brachen die jüdischen Zwangsarbeiter ihren Fasttag zum Gedenken an die
Zerstörung des Tempels in Jerusalem vor Hunderten von Jahren.

Dicht bei Davids Gruppe am Rand des Feldes beobachteten
die deutschen Offiziere belustigt und bewundernd, mit welcher Verbissenheit die Juden nach Wasser und Nahrung schau-
felten, und wie das Feld ihnen auf wundersame Weise seinen
Ertrag darbot. Ein hochgewachsener deutscher Offizier, beträchtlich älter als die anderen, bemerkte dazu: „Jetzt verstehe
ich, daß unsere Bemühungen vergeblich sind. Die Juden werden niemals vernichtet werden. Denn ihr Lebenswille über-
trifft den jedes anderen Volkes. Wahrlich, sie müssen das
ewige Volk sein."

Nach einem Interview von Eva Slomovics mit David Junger, 28. November 1979.

Vierter Teil

Am Tor zur Freiheit

Das größte Wunder von allen ist, daß wir, die Überlebenden, nach allem, was wir mit angesehen und durchgemacht haben, immer noch an den allmächtigen Gott – sein Name sei gesegnet! – glauben und auf ihn vertrauen. Das, meine Freunde, ist das Wunder der Wunder, das größte Wunder, das sich jemals ereignete.

Der Rabbi von Klausenburg,
Rabbi Yekutiel Yehuda Halberstam.

Die Blutplage

Im Februar 1946 traf Rabbi Israel Spira in New York ein. Unter den Menschen, die ihn am Hafen begrüßten, war auch ein amerikanischer G.I. der Neunten Armee, die den Rabbi mit anderen zusammen befreit hatte, als sie aus dem Todeszug in einen Wald bei Magdeburg flüchteten.

Der G.I. aus Philadelphia deutete voller Stolz auf die Freiheitsstatue, die die Einwanderer an den Gestaden der Freiheit empfängt. „Auf ihrem Sockel ist eine Inschrift aus der Feder der jüdisch-amerikanischen Dichterin Emma Lazarus eingraviert", erklärte er dem Rabbi: „,Gebt mir eure müden, eure armen, eure zusammengepferchten Massen, die sich danach sehnen, frei zu atmen.'" Der G.I. übersetzte die Worte für den Rabbi ins Jiddische.

Der Rabbi hörte aufmerksam zu und wischte sich eine Träne aus seinem Auge. Hier war er also, der einzige Überlebende seiner Familie; sein Bart war versengt, Körper und Gesicht durch die Schläge mit Knüppeln, Stiefeln und Eisenstangen noch immer mit offenen Wunden bedeckt. Er war ein einsamer Mann an den Pforten der Freiheit. Er legte dem G.I. seine Hand auf die Schulter und sagte: „Mein Freund, die Worte, die du mir gerade übersetzt hast, sind in der Tat einzigartig. Wir, die wenigen Überlebenden, die an diesem Ufer anlegen, sind wirklich arm, müde und hungrig nach Freiheit. Doch Massen gibt es nicht mehr. Wir sind ein Rest, ein armseliger Haufen gebrochener Individuen auf der Suche nach ein bißchen Frieden auf dieser Welt und mit der Hoffnung, in diesem Land ein paar Verwandte zu finden. Denn wir haben überlebt, ,einer aus jeder Stadt und zwei aus jeder Sippe'[1]."

Bald nach seiner Ankunft in New York veranstaltete eine Gruppe namhafter amerikanischer Rabbiner einen Begrüßungsempfang für den Rabbi von Bluzhov in der Bialer Schul am Unteren East Side. Da der Rabbi einer der ersten Überlebenden war, die nach dem Kriege in Amerika eintrafen, bat man ihn, über seine Erlebnisse während des Krieges zu berichten.

Am Schluß der Veranstaltung war unter der Zuhörerschaft keiner, dessen Auge trocken geblieben wäre. Die Menschen reagierten schockiert, als sie von dem Ausmaß des Todes, der Zerstörung und der Qualen erfuhren und erkannten, wie wenig sie über die sich vollziehende Katastrophe informiert gewesen waren.

Rabbi Jacob Rosenheim (1870–1965), Gründer und Präsident der Agudat Israel, sah, daß der Rabbi völlig mittellos war, und erklärte ihm, es sei amerikanischer Brauch, dem Redner ein Honorar zu zahlen. „Ein schöner Brauch", antwortete der Rabbi von Bluzhov, „denn ein Mensch soll für seine Arbeit entlohnt werden. Doch für diese meine besondere Arbeit hier, der Leiden in den Lagern und Gettos zu gedenken, für meinen Bericht über die größten jemals in der Geschichte vergossenen Ströme Blutes, für diese Art von Arbeit kann ich kein Geld annehmen."

Dann fuhr er fort: „Als unser Gott, der Allmächtige, die Plage des Blutes über die Ägypter brachte, als die Wasser des Nils, die Teiche und Staubecken sowie alles Wasser in den Trinkgefäßen zu Hause sich in Blut verwandelte, da geschah etwas Seltsames. Der Midrasch berichtet uns, daß der einzige Weg für die Ägypter, zu Wasser zu kommen, der war, in das jüdische Viertel zu gehen, das von der Plage verschont geblieben war[2]. Doch dann ereignete sich etwas noch Merkwürdigeres. Als ein Jude einem Ägypter Wasser reichte, wurde es zu Blut, sogar dann, wenn der Jude kurz zuvor aus demselben Becher getrunken hatte. Erst als der Ägypter für das Wasser bezahlte, wurde kein Blut daraus. Für den Juden bot sich hier die einmalige Gelegenheit, reich zu werden, und viele wurden es. Doch die Mehrheit weigerte sich, an anderen Menschen, die unter der Blutplage litten, Geld zu verdienen.

Ich bin hierher gekommen, um Ihnen von der größten Blutplage zu berichten, von den schwersten Leiden, von denen Juden und so viele andere Menschen in Europa jemals heimgesucht wurden. Wie kann ich Bezahlung entgegennehmen, wenn die Flüsse Europas Asche und Blut mit sich führen? Niemals werden meine Hände solches Geld antasten."

Und so pflegt der Rabbi bis auf den heutigen Tag keinerlei

Vergütung anzunehmen für sein Bemühen, ständig an die Leiden des Holocaust zu gemahnen.

Diese Geschichte hörte ich im Haus des Großrabbiners von Bluzhov, Rabbi Israel Spira, am 26. April 1979.

„Ich beneide Sie"

Rabbi Aaron Kotler, der Gründer der Lakewood Jeschiwa in New Jersey, war einer der letzten bedeutenden Gegner der chassidischen Bewegung. Nach seinem Tod wurde sein Sohn, Rabbi Schneur Kotler, Leiter der Jeschiwa, Rosch Jeschiwa.

Heute ist diese Jeschiwa ein Talmudzentrum für zahlreiche Studenten mit oder ohne chassidischen Hintergrund. Nichts ist mehr zu spüren von der alten Feindseligkeit, die die Kluft zwischen Chassidismus und seinen litauischen Gegnern, den Mitnagdim, kennzeichnete.

Als Rabbi Schneur Kotler seinen jungen Sohn verlor, reiste der Rabbi von Bluzhov, obgleich in schon fortgeschrittenem Alter, mit seinem treuen Schüler Baruch Baer aus Brooklyn nach New Jersey, um Rabbi Schneur während der Zeit der Schiwa den traditionellen Beileidsbesuch abzustatten.

Der Rabbi von Bluzhov war entsetzt über den Anblick, der sich ihm bot, als er das Haus Rabbi Schneurs betrat. Dieser saß, dem Brauch gemäß, auf einem niedrigen Trauerhocker. Um ihn herum saßen an die sechzig Männer, Rabbiner und Jeschiwaschüler, doch keiner von ihnen sagte etwas oder gab auch nur einen einzigen Laut von sich. Die flackernden Kerzen trieben ihr Spiel mit den reglosen Schatten an der Wand; Totenstille lag über dem Raum. Als Rabbi Spira eintrat, wurde sofort ein Stuhl an Rabbi Kotlers Seite für ihn bereitgestellt. Alles blieb still, obwohl das Trauergesetz dem Trauernden vorschreibt, das Gespräch zu eröffnen[1]. Da Rabbi Kotler in seinem Schweigen verharrte, entschloß sich der Rabbi von Bluzhov zu reden.

„Ich beneide Sie, Rabbi Schneur. Ihr Sohn ging dahin, doch er hinterließ eine junge Frau und ein Kind, seinen Namen weiterzutragen. Sie kennen den Ort, an dem Ihr Sohn begraben liegt. Gott segnete Sie mit weiteren Kindern, und so viele Menschen kommen, um Ihnen in Ihrem Kummer beizustehen. Ich hatte eine Tochter, deren Antlitz die Erde erhellte, einen höchst vielversprechenden jungen Gelehrten zum Schwiegersohn und ein Enkelkind, das war die Wonne meines Herzens. Dann kam der Holocaust. Ich weiß nicht einmal, an welchem Tag man sie umbrachte oder wo sie begraben sind, wenn sie überhaupt ein Grab haben. Keiner kam, um mich zu trösten, alle waren sie ermordet worden. Wie sollte ich Sie nicht beneiden?"

Dann fuhr er fort: „Man sagt: ‚Geteiltes Leid ist halbes Leid.‘ So viele Menschen, Rabbiner, Schüler, Freunde, Nachbarn, sind gekommen, Ihr Leid zu teilen, damit Sie getröstet werden. Ich bitte Sie, seien Sie stark, denn auf eine bestimmte Weise sind Sie privilegiert."

Einige Tage später, als die Schiwa vorüber war, rief Rabbi Schneur Kotler den Rabbi von Bluzhov an und dankte ihm für den Mut und die Kraft, die er ihm durch seine Worte gegeben hatte, um die schwersten Tage seines Lebens zu überstehen.

Diese Geschichte hörte ich im Haus des Großrabbiners von Bluzhov, Rabbi Israel Spira, am 26. April 1979.

„Bete für uns!"

Ezekiel, der Sohn des Rabbi Ruttner aus Targumures, wurde schon in sehr jungen Jahren zum Rabbiner ordiniert. Er hoffte, die rabbinische Tradition seiner Familie fortsetzen zu können. Doch das Dritte Reich hatte andere Pläne mit dem jungen Ezekiel. Er wurde in ein Arbeitsbataillon gesteckt. Dann, im Sommer 1944, wurde er gemeinsam mit anderen tschechischen, ungarischen und griechischen Juden aus Auschwitz in das Lager an der Gesiastraße in Warschau deportiert, um das Gelände des früheren Gettos aufzuräumen.

Die Bedingungen im Lager waren schwer. Nahrung war knapp, die Sommertage lang und heiß, und die Nächte brachten jedesmal mehr Terror und Tod. Der Himmel leuchtete unter den ‚Stalinkerzen' auf, als die russischen Bomber ihre todbringende Last abwarfen. Die Lagerinsassen waren zugleich erfreut und erschreckt. Sie wußten, daß die Befreiung nahe bevorstand, doch ob sie überleben würden, das wußte keiner. Mit jedem Bombenangriff nahm die Grausamkeit der Deutschen zu, und die frisch aufgeworfenen Gräben waren eine ständige Mahnung, daß die Deutschen es bitter ernst meinten mit der ‚Endlösung', die sie selbst in der letzten, kritischen Phase des Dritten Reiches unter allen Umständen durchzuführen gedachten.

Eines Nachts waren die russischen Bombenangriffe besonders schwer. In ihrer Angst rannten die Deutschen zu den Schutzräumen der Juden, sicher, daß die russischen Piloten über die Lage der Bunker für jüdische Häftlinge genau informiert waren und alles daransetzten, keinem Juden Schaden zuzufügen. Ein junger deutscher SS-Offizier, sichtlich erregt, verfolgte gespannt das Drama am Himmel. Es gab mehrere Explosionen. Nebenan wurde ein Unterstand unter Sand, Holzspänen und Steinen begraben. Jeden Augenblick mußte ihr Unterschlupf getroffen werden.

„Gibt es einen Rabbiner unter euch?" fragte der junge deutsche Offizier. Keiner antwortete. Es gab zwar ein paar junge Rabbiner in der Gruppe, doch das Wahren der Anonymität war im Lager eine unumgängliche Vorsichtsmaßnahme.

„Ist ein Rabbiner unter euch?" wiederholte der deutsche Offizier, bemüht, das ängstliche Zittern in seiner Stimme zu unterdrücken. Da gab sich Ezekiel Ruttner zu erkennen. Er erhob sich. Die Konzentrationslageruniform schlotterte lose um seine hochgewachsene Gestalt. Sein geschorenes Haupt war mit zartem, rötlich-braunem Haarflaum bedeckt.

„Ich bin Rabbiner", sagte er mit ruhiger, leiser Stimme.

„Bete für uns! Bete, daß wir vor den bolschewistisch-jüdischen Hunden bewahrt werden", befahl der SS-Mann, auf die über seinen Kopf hinwegdonnernden Bomber deutend.

Der junge Rabbi aus Targumures war sprachlos vor Erstaunen. Das war das Letzte, was er aus dem Mund eines SS-Offiziers erwartet hätte. Als er sich gefaßt hatte, erwiderte er: „Ich werde beten. Doch das Gebet in der Gruppe ist wirkungsvoller.

Im Judentum ist die Vereinigung von Menschen wesentlich. Zehn Leute sind zum Gebet erforderlich."

Der SS-Offizier willigte ein. Und so beteten sie, auf deutschen Wunsch hin, in traditioneller jüdischer Weise inmitten der Ruinen des zerstörten jüdischen Warschau. Die Bomben fielen, doch die Deutschen waren sichtlich erleichtert, voll Zuversicht, daß des Rabbis uralte hebräische Weise sie wie ein magischer Kreis umschloß. Der Rabbi trug Psalmen vor:
Sie sinken hin und fallen,
wir aber stehen aufrecht und halten uns. Ewiger, hilf![1]

Wie durch ein Wunder wurden weder Juden noch Deutsche von den russischen Bombern getroffen. Es war dies das letzte gemeinschaftlich gehaltene jüdische Gebet in Warschau.

Wenige Tage darauf wurden die jüdischen Häftlinge auf den Todesmarsch nach Deutschland geschickt. Unter den Überlebenden, die Zeugen der Befreiung wurden, war auch der junge Rabbi Ruttner.

Nach einem Interview von Perry Shulman mit Rabbi Ezekiel Ruttner, 1974.

Ein Kwitl auf dem Grab des Frankfurters

Rabbi Israel Perlow (1869–1922), bekannt als der ‚Babe von Karlin-Stolin', war einer der berühmtesten chassidischen Rabbiner des litauischen Chassidismus. Im Alter von vier Jahren wurde er chassidischer Führer, als sein Vater, Rabbi Ascher von Karlin, aus dem Leben schied. Rabbi Israel war ein Gelehrter und guter Dichter, mit profunden Kenntnissen in den Wissenschaften. Auf einer seiner vielen Reisen verstarb er in Frankfurt am Main und wurde hier begraben. Nach seinem Tod bezog man sich von Zeit zu Zeit auf ihn als den ‚Frankfurter'. Trotz der Schändung vieler jüdischer Friedhöfe im Nazideutschland blieb das Grab des Rabbi verschont.

Nach der Befreiung wurde Deutschland zum Zentrum für Vertriebene, für DPs – displaced persons. Die meisten waren aus den Konzentrationslagern Gerettete. Andere kamen, um mögliche Überlebende ihrer Familie zu suchen bzw. Mittel und Wege zu finden, um nach Palästina oder Amerika zu gelangen. Unter den vielen Flüchtlingen befand sich auch eine Handvoll Chassidim aus Karlin-Stolin. Ihnen spendete das Grab des Frankfurters Kraft und Trost.

Eines Tages trat ein Chassid aus Karlin-Stolin, der zusammen mit seinem Sohn die Schrecken des Krieges glücklich überstanden hatte, zum Beten an das Grab des Rabbi. Wie es Brauch ist, legte er einen Kiesel auf den Grabstein und rezitierte ein paar Psalmen. Dann schüttelte er vor dem heiligen Grab sein Herz aus. Er ersuchte den Frankfurter, seine Heiligkeit möge sich bei dem Allmächtigen dafür verwenden, daß sein Sohn eine passende Lebensgefährtin finden möge, wie es sich für einen jungen frommen Mann schickte. Nach alter Tradition kritzelte er den Namen seines Sohnes zusammen mit der Bitte auf einen Zettel, faltete das Kwitl sorgfältig zusammen und steckte es in eine der Ritzen im Grabstein. Dann entfernte sich der Chassid guten Mutes in der Zuversicht, daß seine Gebete und Bitten erhört würden.

Einige Tage später kam ein anderer chassidischer Jude, ebenfalls ein Karlin-Stoliner Chassid, zum Grab des Babe von Stolin in Frankfurt. Wie Tausende vor ihm erzählte auch er seine bittere Geschichte und bat um des Rabbi Segen. Auch er hatte Glück gehabt, mehr noch als viele andere. Obwohl er fast seine gesamte Familie verloren hatte, war ihm doch eine Tochter in heiratsfähigem Alter verblieben. Nun betete er im Namen seiner Tochter, sie möge einen jüdischen Jungen treffen, der Gunst in den Augen Gottes und der Menschen finden und wenn möglich auch ein Karlin-Stoliner Chassid sein sollte. Gerade wollte er sich anschicken, seine Bitte niederzuschreiben, als er feststellte, daß er kein Papier bei sich hatte, um darauf zu schreiben. Im selben Augenblick schwebte, von einem zarten Windstoß getragen, ein kleiner Papierzettel auf ihn zu und landete zu seinen Füßen. Er hob ihn auf und schrieb in gewohnter Weise seine Bitte nieder. Erst als er das Kwitl zusammenfaltete, bemerkte er, daß die andere Seite schon beschrieben war. Es war niemandes anderen Kwitl als das des ersten Chassiden aus Karlin-Stolin, der vor ihm hier gewesen war.

Kurze Zeit darauf fand in einem DP-Lager in Deutschland eine Hochzeit statt. Die beiden jungen Leute, deren Väter an des Zaddiks Grab gebetet hatten, schlossen den Bund fürs Leben. Hieraus kann man ersehen, daß der Frankfurter Rebbe bis heute nicht aufgehört hat, Wunder zu wirken.

Diese Geschichte erzählte mir mein Schwager, Rabbi Zvi Yehiel Eliach, ein Chassid aus Karlin-Stolin, 24. Februar 1980.

Im Griff der heiligen Buchstaben

Joav Kimmelman aus Sosnowitz wuchs in einem frommen jüdischen Elternhaus auf. Beide Eltern waren Chassidim und begeisterte Anhänger der Dynastie berühmter Gerer Zaddikim. Im Alter von sechzehn Jahren wurde Joav in die Hölle der nationalsozialistischen Konzentrationslager deportiert und vier Jahre später von der amerikanischen Armee aus Buchenwald befreit[1]. Bald mußte er erfahren, daß er der einzige Überlebende seiner einstmals großen gottesfürchtigen Familie war. Wie viele andere religiöse Juden hörte Joav angesichts der Greueltaten der Nazis und seiner Auswirkungen auf, sein Judentum zu praktizieren.

Heute, siebenunddreißig Jahre nach seiner Errettung aus Buchenwald, entsinnt er sich noch lebhaft des ersten Freitagabends in der neugewonnenen Freiheit. Er und einige andere Überlebende hatten ein Stück Speck gefunden. Sie brieten es mit Zwiebeln zu Ehren ihres ersten Schabbatmahls als freie Menschen. Um den Tisch herum versammelt, trugen sie den Kiddusch vor, sangen Semirot und unterhielten sich. „Die Schabbatlieder, die wir an diesem Freitagabend im befreiten Buchenwald sangen, waren nicht in erster Linie Gott zugedacht, sondern vor allem den Nazis, um sie zu ärgern und ihnen zu zeigen, daß sie uns nicht zerbrochen haben", erinnerte sich Kimmelman vor nicht allzu langer Zeit in seinem behaglichen Heim in Melbourne.

„Während der ersten Wochen nach der Befreiung waren

169

wir freiheitstrunken, wir konnten hingehen, wo es uns beliebte, wir konnten im nächsten Dorf alles bekommen, was unser Herz begehrte. Vier Jahre lang hatten wir uns in den Lagern, wo wir ständig auf Abruf lebten, den Luxus nicht erlauben können, an die Zukunft zu denken, ja nicht einmal an die nächste Sekunde. Jetzt, da wir frei waren, wollten wir die Gegenwart in vollen Zügen genießen. Zu jenem Zeitpunkt hätten wir unser ganzes restliches Leben in Deutschland verbringen können, einfach das gute Leben auskostend."

Ein amerikanischer Armeerabbiner, Hershel Schachter[2], betreute diese jungen Überlebenden. Für ihn bestand der erste Schritt ihrer seelischen Genesung darin, daß sie Deutschland verließen. Er nahm Kontakt auf mit internationalen Flüchtlingshilfeorganisationen, und so gelang es Rabbi Schachter, mit der Schweizer Regierung ein Abkommen zu treffen, durch die sie, wenn auch ungern, dem Roten Kreuz gestattete, die jungen Leute zur Erholung und Genesung in die Schweiz zu schicken.

Joav Kimmelman hatte kein Interesse, sich einer solchen Gruppe anzuschließen, und erklärte dem Rabbiner, er habe die Absicht, in Deutschland zu bleiben. Rabbi Schachter bat Joav, dann doch zumindest die Gruppe bis zum Bahnhof zu begleiten und sie dort zu verabschieden. Widerwillig kam er der Bitte nach. Als der Zug eben aus der Station fuhr, verständigte sich der Rabbi mit einem amerikanischen Soldaten, Joav zu packen und in ein Wagenabteil zu hieven. Joav sträubte sich vergeblich. Jetzt war also auch er mit den anderen jungen Männern auf dem Weg in die Schweiz. So wenig er Lust gehabt hatte zu gehen, so wenig konnte er umhin, die Tat des Rabbiners zu bewundern. Schachters aufrichtige Anteilnahme und sein tiefes Mitgefühl rührten Joav, ein Gefühl, das er lange nicht mehr erlebt hatte.

Der Zug fuhr mehrere Tage, bis er die Schweizer Grenze bei Rheinfelden in der Nähe von Basel erreichte. Der Lokführer war nicht gerade darauf erpicht, die Flüchtlinge in die Schweiz hineinzufahren, so daß ein amerikanischer Soldat ins Führerhäuschen abkommandiert werden mußte, um sich seiner Mithilfe zu versichern.

170

In der Schweiz angekommen, wurde die Gruppe vom Roten Kreuz in Empfang genommen. Der Anblick des Lagers in Rheinfelden jedoch, das von nun an ihr Aufenthaltsort sein sollte, ließ sie erstarren. Das Lager war mit einem Stacheldraht umzäunt. Die jungen Leute fingen aus Leibeskräften an zu schreien und zu toben: „Was habt ihr mit uns gemacht! Uns in die deutschen Konzentrationslager zurückgebracht?" („Genau wie die Juden, als sie sich bei Moses beschwerten, nachdem er sie aus Ägypten herausgeführt hat", bemerkt Joav ironisch.) Doch inzwischen war der Zug wieder abgefahren, und die jungen Leute hatten keine andere Wahl, als sich mit der Situation abzufinden.

In Kürze verwandelte sich das Lager Rheinfelden in eine Zentralstelle für zahlreiche jüdische Organisationen, angefangen von der rechten Agudat Israel bis zum linken Haschomer Hazair, jede von ihnen bemüht, die jungen Leute für ihre jeweilige Ideologie anzuwerben. Joav sah dieser ‚Seelenjagd', die um ihn herum stattfand, teilnahmslos zu. Selbst als Rabbi Mosche Soloveichik eines Schabbats aus Luzern im Lager eintraf, ging Joav mit einer Zigarette im Mund im Lager spazieren. An jenem Samstagnachmittag trat jemand an Joav heran mit der Bitte, sich als zehnter Mann für den Minjan zur Verfügung zu stellen. „Obwohl ich zu damaliger Zeit Skeptiker war, wollte ich die anderen nicht um den Minjan bringen und ging mit ihnen", erinnert sich Joav seiner Überlegungen an jenem Nachmittag. Sie begannen Mincha zu beten, das Nachmittagsgebet.

Bald stellte es sich heraus, daß man mit dem Gottesdienst nicht fortfahren konnte, denn niemand wußte, wie man die Tora mit der entsprechenden liturgischen Melodie und den Akzenten las[3]. Aus einem bestimmten Grund las Rabbi Soloveichik zu diesem Minchagebet die Tora nicht. „Ist hier jemand, der die Tora lesen kann?" wurde gefragt. Joav reagierte nicht. Die Suche nach einem geeigneten Mann setzte sich eine ganze Weile fort. Endlich erhob sich Joav und sagte, obwohl er lange Zeit kein Sefer Tora mehr gelesen hatte, würde er sich wahrscheinlich noch daran erinnern, wie sie gelesen wird. Dann sah er sich den zu lesenden Abschnitt im Chumasch

(Pentateuch) an, ging zur Bima und begann vor der geöffneten Torarolle die Worte in ihrer uralten Weise vorzutragen.

Als er vor der heiligen Rolle stand, fühlte er, wie die Buchstaben aus dem Pergament heraus nach ihm griffen und ihn in ihren Bann zogen. Nachdem er die Lesung beendet hatte und im Begriff war zurückzutreten, wollten die Buchstaben ihn nicht gehen lassen; sie hatten ihn fest im Griff.

Jahre später sagte er, inzwischen wieder ein gläubiger Jude, zu dem Interviewer: „Wie Sie sehen, haben die Lettern ihren Griff bis zum heutigen Tage nicht gelockert."

Nach einem Interview von Dr. Joel B. Wolowelsky mit Joav Kimmelman vom 9. August 1981.

Puff …!

Eines Tages im Winter 1946 öffnete sich im DP-Lager Neufreimann die Tür zur Wohnung der Fischelbergs. Auf der Schwelle stand ein gutgekleideter Herr mit einer großen, schrecklich blonden Frau.

„Hallo, Schalom Aleichem, Herr Fischelberg! Erinnern Sie sich noch an mich?" Die Stimme hatte einen vertrauten Klang, doch Wolf Fischelberg konnte sich nicht entsinnen, wo er sie zuletzt gehört hatte. ‚Wahrscheinlich war es in Bergen-Belsen, als er nichts als ein Bündel Haut und Knochen war', dachte sich Fischelberg.

„Nun, ich nehme an, Sie werden einige Schwierigkeiten haben, mich unterzubringen. Denn der, der hier vor Ihnen steht, ist ein neuer Mensch. In meinem früheren Leben, ich will es so nennen, hatte ich eine Frau und sechs Kinder, 150 Jahre weit in die Geschichte zurückreichend chassidische Ahnen und rabbinische Tradition, aber jetzt, puff! All das hat sich in Rauch aufgelöst." Er brach in ein wildes Gelächter aus, stellte sich auf die Zehenspitzen, um die gewaltige Frau auf die knallrot geschminkten Lippen zu küssen.

„Sehen Sie diese Schickse, diese deutsche Frau? Ihr gehört

172

die Zukunft; die Vergangenheit hat sich in Rauch aufgelöst!"
Er grabschte sich die Hand der großen blonden Frau und brach
erneut in schallendes Gelächter aus. „Puff, die Vergangenheit
hat sich in Rauch aufgelöst! Puff ... puff ... puff ..." Er schlug
die Tür zu und ging.

Wie gelähmt saß Fischelberg auf seinem Stuhl und versuchte noch immer sich zu erinnern, wo er diesen seltsamen
Besucher zum erstenmal gesehen hatte. Auf einmal wurde er
blaß. Er wußte es wieder. Dieser Mann war einer der fromm-
sten chassidischen Schächter seiner Heimatstadt gewesen.

Nach einem Interview von Bella Linshitz mit Miriam Lesser, geb. Fischelberg, Mai 1975.

Der Weg zur Mutter

Ich kannte Frau Gross schon viele Jahre. Sie ist die Inhaberin
eines gutgehenden Lebensmittelladens in Brooklyn. Ihr
schwarzes Haar ist stets sorgfältig am Hinterkopf zu einem
Knoten zusammengefaßt, ihre großen grauen Augen begrüßen einen mit warmem Lächeln und zwei tiefen mädchen-
haften Grübchen auf ihren Wangen. Den Sommer über,
wenn die Ärmel ihres weißen Arbeitskittels hochgekrempelt
sind, starrt dir ihre blaue Auschwitznummer entgegen.

Eines frühen Morgens, es war Muttertag 1978, Frau Gross
bediente mich gerade, stürmte eine Kundin in den Laden,
eine gutgepflegte Dame mit scharlachrotem Haar. Mit einer
Zigarette im Mundwinkel, ihrem gleichfalls gutgepflegten
französischen Pudel Handküßchen zuwerfend, reichte sie
Frau Gross ihre schriftliche Bestellung über den Ladentisch.
Nachdem Frau Gross ihr die Bestellung zur Sicherheit noch
einmal laut vorgelesen hatte, sagte die Frau: „Ich hätte nie ge-
glaubt, daß meine Mutter zu solch einer nichtsnutzigen, nör-
gelnden Alten herunterkommen würde, uns allen eine Last
und besonders mir. Ich bin die einzige, die sie noch in New
York hat. Sorgen Sie dafür, daß die Bestellung heute mittag

geliefert wird." Sie verließ den Laden und fuhr in ihrem schnittigen, silberfarbenen Wagen davon.

Die Augen von Frau Gross füllten sich mit Tränen. „Wenn ich nur meine Mutter noch hätte, sie würde mir teuer sein wie mein Augapfel! Es gibt nicht mal ein Grab, ein Plätzchen, wo ich hingehen und dieses wunderbare Wort: Mutter! flüstern könnte. Seit Jahren begegnet sie mir nicht einmal mehr in meinen Träumen. Vielleicht deshalb, weil ich schon bei Sonnenaufgang auf den Beinen bin, um rechtzeitig hier im Laden zu sein", meinte sie. „Direkt nach meiner Befreiung träumte ich sehr viel von ihr. Eigentlich war es immer derselbe Traum. Mutter steht vor unserem Haus in unserer kleinen tschechischen Stadt. Doch der Weg, der zur Mutter und nach Hause zurückführt, ist sehr schlammig, mit großen Pfützen und Bombentrichtern. Es ist sehr schwül, und eine eigenartige Wolke hängt tief am Himmel. Mutter ruft mich, ich soll nach Hause zurückkehren. Sie habe alle meine Lieblingsspeisen vorbereitet und meinen Lieblingskuchen gebacken. Während sie mit mir redet, stehe ich am anderen Ende der Straße. Ich versuche ihr entgegenzugehen, doch meine Füße sind wie am Boden festgeklebt, so daß ich keinen Schritt in ihre Richtung tun kann.

Als ich heiratete und schwanger wurde, hatte ich denselben Traum, nur viel intensiver. Es war eine komplizierte Schwangerschaft, und der Traum machte sie mir fast unerträglich. Immer wachte ich schweißgebadet daraus auf, die Schwüle und Feuchtigkeit begleiteten mich in den Tag hinein. Eines Nachts, zu Beginn des neunten Monats meiner Schwangerschaft, träumte ich wieder. Doch diesmal mit leichten Abweichungen. Die schlammige, ausgebombte Straße bestand noch zwischen Mutter und mir, doch diesmal bewegten sich meine Füße, und ich konnte gehen. Ich fing an zu laufen und landete in den ausgestreckten Armen meiner Mutter. Meine Seligkeit kannte keine Grenzen, als wir einander umarmten und küßten. Ich aß die Delikatessen, die Mutter mir vorbereitet hatte, sie schmeckten genau wie vor dem Krieg. Mutter bat mich, nicht wegzugehen, ich erklärte ihr: ‚Ich muß zu meinem Mann zurück. Er wartet am anderen Ende der Straße auf mich.' Ich entriß mich ihren Armen und lief davon. Ich sah sie dastehen, mit ausgestreckten Armen flehte sie mich an umzukehren. Doch ich lief schneller und schneller, zu meinem Mann, bis ich ihm am anderen Ende des Weges in die Arme fiel.

Als ich aufwachte, war ich in Schweiß gebadet und fühlte schreckliche Schmerzen. Mein Mann stand an meinem Bett. Am selben Tag wurde unser erstes Kind geboren. Es war eine Totgeburt. Ich träumte den Traum nie wieder, trotzdem erinnere ich mich an jede Einzelheit dieses Traums. Die Hitze und Feuchtigkeit war wie damals im Juni 1944 in Auschwitz, als Mengele mich auf immer von meiner Mutter, Schwester und anderen Verwandten trennte. In der Nacht darauf, meiner ersten Nacht in Auschwitz, erkundigte ich mich bei der tschechischen Stubowa nach meiner Mutter. Die kräftige Frau packte meine Hand, zog mich zur Barackentür und deutete auf die Schlote. ‚Dort ist deine Mutter!‘

Für manche ist heute Muttertag. Für andere wird es ihn niemals geben", sagte sie und begann, die Aufträge für den Muttertag zusammenzustellen.

Ich fuhr nach Hause zurück. Die Küche war geschmückt. Der Tisch war gedeckt, das Frühstück vorbereitet, und auf dem Tisch standen meine Lieblingsblumen. „Fröhlichen Muttertag!" begrüßten mich meine Kinder und mein Mann. Muttertag hatte mir nie so viel bedeutet.

Diese Geschichte hörte ich von Frau Gross am Muttertag, im Mai 1978.

„Gott lebt hier nicht mehr"

Am 1. August 1979, dem Vorabend von Tischa B'Aw, veranstalteten wir, die Mitglieder der Präsident-Carter-Holocaustkommission[1], nach unserer Rückkehr aus Auschwitz einen Abendgottesdienst in der alten Remasynagoge in Krakau[2]. Gerade in dem Augenblick, als wir die Klagelieder anstimmen wollten, trat Miles Lerman, ehemaliger Partisan und einziger Überlebender einer großen Familie, nach vorne, bestieg die herrliche Bima mit ihrer prächtigen, schmiedeeisernen

Konstruktion, hämmerte auf den Tisch und verkündete, er werde Gott vor ein Din Tora, ein Rabbinatsgericht, laden. Ohne Umschweife begann Miles auf englisch seine Beschwerden gegen den Angeklagten vorzubringen.

„Gott! Wie konntest du hier leben mit Auschwitz und Plaszow nebenan? Wo warst du, als deine Söhne und Töchter in ganz Europa auf den Altären verbrannten? Was hast du gemacht, als meine seligen Eltern in den Tod marschierten? Als man meine Geschwister kaltstellte?"

Miles' Stimme hallte von dem dicken, uralten Gemäuer der Remasynagoge wider. Ein roter Himmel hörte durch die Rundbogenfenster mit zu. Die heilige Lade blieb versiegelt wie die Gesichter der alten Menschen, Überreste der Krakauer Judenheit, die einer fremden, unverständlichen Sprache lauschten.

Miles trat zurück und kam auf mich zu. „Wollen Sie ein paar Worte sagen?" fragte er mich. Wollte man mich als Zeuge der Anklage vorladen? Ich lehnte ab. Nein, nicht ich. Mit Gott liege ich nicht im Streit, nur mit Menschen! Auch ich will einen Prozeß, aber weder in der Synagoge von Rema noch in Nürnberg oder Frankfurt. Ich würde jede westliche Universität und Bibliothek unter Anklage stellen, weil sie Millionen von boshaften Worten gegen ein altes Volk beherbergten, Worte, wie mörderische Dolche unter dem Deckmantel von Wahrheit und Wissenschaftlichkeit versteckt – die Propaganda der eingebildeten kleinen Leute. Ich möchte auf die Anklagebank schicken die Kanzeln zahlloser Kirchen, wo der Haß brannte wie das Ewige Licht. Ich möchte die Musik Bachs und Beethovens anklagen, die es zuließ, daß man sie spielte, während meine Brüder in den Tod geführt wurden. Ich möchte anklagen den Gärtner, weil er unter der Sonne von Auschwitz Blumen pflanzte, die Zugführer mit ihren kleinen roten Fähnchen, daß sie den Verkehr regelten wie üblich. Ich möchte Anklage erheben gegen die Ärzte im weißen Kittel, die so beiläufig töteten, die mit einer derartigen Leichtigkeit den Eid des Hippokrates ablegten, aus purer Heuchelei.

Ich möchte anklagen eine Zivilisation, für die der Mensch ein solch wertloses Geschöpf war. Aber Gott anklagen? Unter welchem Vorwurf? Weil er den Menschen mit der Fähigkeit ausgestattet hat, zwischen Gut und Böse zu wählen?

Als wir die Synagoge verließen, fragte mich ein alter Krakauer Jude: „Was hat Ihr amerikanischer Freund in der Sprache des Dollars gesagt?" Ich erzählte es ihm. „Sagen Sie ihm", wies er mich an, „dies ist nicht die Synagoge Gottes. Dies ist die Synagoge des Rema. Gott liebt in der heutigen Zeit große Ansammlungen von Juden, Gemeinden mit einer Vielzahl von Minjans. Gott weilt jetzt in Plaszow, Auschwitz, Sobibor, Treblinka, Majdanek und in vielen anderen dieser ‚Synagogen'. Gott lebt hier nicht mehr."

Aus meinem Tagebuch zur Zeit der Tatsachenfeststellung für Präsident Carters Holocaustkommission, 1. August 1979.

Der Telefonist

Es war ein herrlicher, klarer Winterabend in Jerusalem. Große helle Sterne standen tief über den Hügeln von Judäa und dem Miniaturmodell Jerusalems hinter dem Holyland-Hotel. Ich saß mit meiner Tochter Semadar im Speisesaal des Hotels und wartete auf unseren Abendbrotgast. Pünktlich zur verabredeten Zeit, um sieben Uhr dreißig, tauchte er auf, eine angesehene Persönlichkeit aus Deutschland. Nach einer hochinteressanten Unterhaltung über Kunst, Theater und Literatur kam die Rede auf das Unausweichliche: den Zweiten Weltkrieg. „Sie waren sicher damals noch gar nicht geboren", sagte er. „Ich habe es gerade noch geschafft, das Jahrhundertereignis nicht zu versäumen", erwiderte ich. „Dann müssen Sie noch ein Säugling gewesen sein – haben Sie irgendwelche Erinnerungen?" – „Ja, die habe ich."

Irgendwie hatte ich nicht die rechte Lust, an diesem Abend in Jerusalem über den Holocaust zu reden, obwohl das Treffen zu eben diesem Zweck vereinbart worden war. „Haben Sie jemals einen wirklichen Fall von Tötung miterlebt?" fuhr er fort, mich auszufragen. Das Ganze glich eher einem Verhör. „Ja, das habe ich, eines Tages …"

Vor meinen Augen erstand das Bild eines kleinen litauischen Städtchens, einer leeren Straße, übersät mit jüdischen
Körpern in ihren Schabbatkleidern. „Haben Sie an diesem Tag
Deutsche töten gesehen?" – „Nur litauische Kollaborateure." –
„Und Deutsche?" wollte er wissen. „Ja, ein Deutscher war dabei, aber der hat nicht geschossen." Ich hielt inne. Wieder
tauchten Bilder vor meinen Augen auf wie Dias auf einer Lein-
wand. Ein kleines jüdisches Mädchen in einem blauen Samt-
kleidchen mit weißem Kragen schrie nach seiner Mutter. Ein
polnischer Freund, in einen dicken Schal eingewickelt, hielt
das Mädchen an der Hand. Großmutters Haus. Ein lächelnder
Deutscher sitzt am Fenster und wirft dem kleinen Mädchen einen Handkuß zu, unterdessen telefoniert er. Eine dicke polnische Frau hebt das kleine Mädchen hoch und wickelt es in
einen langen Wollschal. Alles ist dunkel. Dann flüstert die polnische Frau dem Kind zu: „Wahrscheinlich telefoniert er gerade, um Mitteilung zu machen, daß alle Juden in Eisysky tot
sind. Aber wir haben sie angeschmiert, nicht wahr, mein kleines Ding, du lebst."

„Und was haben Sie während des Krieges gemacht?" fragte
ich den Gast. Er lächelte, es war ein gutherziges Lächeln.
„Nichts Aufregendes. Ich diente in der Wehrmacht. Ich war
Telefonist ..."

Das Gespräch fand statt am 20. Januar 1980.

Der Menschheit zurückgegeben

Seit Stellas Vater, Leibele Backenroth, der galizische Ölma-
gnat, in jener Nacht von dem Pogrom in seiner Heimat
Schodnica, der kleinen romantischen Stadt in den Karpaten,
nach Drohobycz zurückgekommen war, war er nicht mehr
der alte. Sein ganzer Unternehmungsgeist, sein Schwung und
sein Lebenswille waren dahin. Er war ein gebrochener Mann,
unfähig, sich den veränderten Verhältnissen anzupassen. Einmal, als Stella ihren Bruder ausschimpfte, weil er sich dem Vater gegenüber ungebührlich verhalten hatte, wehrte Leibele

Backenroth ab: „Das Kind hat recht. Ein Vater ist kein Vater mehr, wenn er seinen Kindern kein Stück Brot und kein Paar Schuhe mehr herbeischaffen kann. Ich verdiene den Respekt nicht, den man einem Vater zollt."

Die Last des Überlebenskampfes lag von nun an auf Stellas jungen Schultern. Bei Nacht und Nebel schlichen sich Stella und die anderen Mädchen aus Drohobycz durch die Wälder nach Schodnica zurück und ernteten Gemüse aus ihren eigenen Gärten. Beladen mit Dutzenden von Kilos, kehrten sie nach Drohobycz zurück. Stella gelang es sogar einmal, bei hellichtem Tag die Familienkuh aus Schodnica zu entführen und an den Fenstern des Gestapoquartiers vorbeimarschierend nach Drohobycz zu bringen. Drei Tage später wurde eine Verordnung bekanntgegeben, die es Juden verbot, Viehbestand zu unterhalten. Die Gestapo konfiszierte die Kuh. Stella gab nicht auf. Nichts war zu groß, zu gering oder zu schwierig für sie, solange es etwas Nahrung brachte für ihren Liebling Zygus, für ihre Eltern, Großeltern und die Tenzers, die sich ihnen angeschlossen hatten. Mit jedem Tag wurde die Situation im Lager schwieriger[1]. Stellas Vater wurde ins Arbeitslager nach Dachufka deportiert. Aktionen gegen kleine Kinder und alte Leute häuften sich. Das Leben ihres Bruders, der Mutter und der Großeltern war in ständiger Gefahr. Und dann passierte es. Im Sommer 1943 wurden Stellas Großeltern auf Güterwagen nach Bronica verschleppt[2]. Am Abend kehrten die Züge mit den Kleidern der Opfer nach Drohobycz zurück. Am 5. Siwan, dem 8. Mai 1943, wurden ihre Mutter und ihr Bruder in Bronica ermordet. Am 20. Tammus, dem 23. Juli 1943, erschoß man auch ihren Vater.

Auch Stella wurde auf einen der Wagen verladen, die nach Bronica fuhren, doch ein Mitglied des Judenrates holte sie wieder heraus: „Du bist noch zu jung, um zu sterben", erklärte er. „Du kannst dem Dritten Reich noch nützlich sein." Während sie noch völlig verwirrt dastand, fiel ihr Blick auf einen Gestapomann namens Landau, der sich im Scharfschießen übte. Instinktiv duckte sie sich. Doch heute hatte er es nicht auf Stella abgesehen. Er hatte eine Tasche voll Bonbons und war umringt von einer Schar Kinder, die man aus ihren Verstecken hervor-

179

gezerrt hatte. Landau fragte jedes einzelne, ob es einen Bonbon haben wolle, wenn ja, solle es seinen Mund aufmachen. Und so taten sie. Eines nach dem anderen schoß er in den offenen Mund. Stella brach ohnmächtig zusammen. (Bis heute wird ihr schlecht, wenn sie Puppen sieht. Sie repräsentieren für sie die kleinen, leblosen Körper der unschuldigen Kinder auf der Straße in Drohobycz.)

Nach der Liquidierung des Gettos gelang es Stella, in ihren Heimatort Schodnica zurückzukehren. Sie fand Zuflucht bei Stanislaw und Aniela Nendza in einem Keller unter dem Stall auf Backenroths Ölfeldern. Hier lebte sie mit vier Erwachsenen: ihren Onkeln Leon und David Thorne[3], Dr. Isidor Friedman, einem Rechtsanwalt, und Luisa Mahler. Der Keller war knapp zwei Quadratmeter groß, feucht und voller Ratten. Über ihnen, in der Freiheit, befanden sich in geräumigen Stallungen ein Schwein, eine Ziege, Hasen und Hühner. Das hätte Avrumche Backenroth sich nicht träumen lassen, daß sein innig geliebtes Enkelkind in dieser Weise von seinem Ölfeld Gebrauch machen würde!

Am Dienstag, dem 8. August 1944 um sieben Uhr früh, öffnete Benek, der sechzehnjährige Sohn von Janiewski, die Falltür zum Keller und brachte ihnen die Freiheitsbotschaft: Russische Truppen hatten soeben Schodnica befreit[4]. Stella und die anderen kletterten aus ihrem Versteck. Es war das erste Mal seit neun Monaten, daß sie den Himmel und die Sonne sah.

Mit geschwollenen Füßen, kaum fähig zu laufen, beschloß Stella, sich Schodnica noch einmal anzusehen. Die große Synagoge war in einen Pferdestall umfunktioniert worden. Ihr eigenes Haus wurde von drei ukrainischen Familien bewohnt. Um Großvater Backenroths großen Eßzimmertisch saßen ein paar betrunkene Ukrainer. Nur die Karpaten hatten ihre Majestät bewahrt, und die Backenrothschen Pumpen förderten noch immer Öl aus der blutgetränkten Erde von Schodnica zutage. Stella schwor sich, nie mehr ihren Fuß in diese verfluchte Stadt zu setzen, die sie einst so liebte. Sie fuhr nach Warschau. Hier lernte sie einen jungen Mann namens Mark Wieseltier kennen, einen Offizier der polnischen Armee, der den Krieg in

Sibirien verbracht hatte. Sie heirateten. Für einige Zeit lebten sie, als Christen getarnt, in einem Haus, das vollgestopft war mit Ikonen, in ständiger Furcht, sie könnten die nächsten auf der nicht endenwollenden Liste jüdischer Verunglückter sein, Juden nämlich, die den Krieg überlebten, nur um von feindlichen Polen getötet zu werden[5].

Im Herbst 1945 fand eine Hinrichtung von Nazikriegsverbrechern in Majdanek statt[6]. Stella entschloß sich, dem Geschehen beizuwohnen. Sie wollte Rache, Rache für jeden Juden, den sie mit ihren eigenen Händen begraben hatte, für jedes in Drohobycz erschossene Kind, für ihren Vater, ihre Mutter, die Großeltern, den geliebten Zygus, für ihre Jugendzeit, die man so brutal zerstört hatte. Sie reiste die ganze Nacht hindurch, um sich einen günstigen Platz zu sichern. Dann begann man mit dem Erhängen. Die Schlingen wurden den Verbrechern um den Hals gelegt, die Hocker unter ihren Füßen weggezogen, die Körper baumelten. Die Masse jubelte. Voller Entsetzen schloß Stella die Augen. „Mein Gott, was habe ich hier zu suchen?" murmelte sie. „Den Tod bejubeln? Tod erzeugt mehr Tod, Haß mehr Haß. Es bringt Vater, Mutter und Zygus nie und nimmer wieder." Ihre Rache war mit einem Schlag vorbei, hatte alle Süße verloren. Alles, was sie wollte, war, von hier wegzukommen, weg von Majdanek, fort aus Warschau, fort aus Polen, fort von diesem verfluchten Boden, der ihr einst Heimat gewesen – nun zum Friedhof ihres Volkes geworden war.

In diesem Augenblick merkte Stella, daß sie wieder ein Glied der Menschheit geworden war, einer Menschheit, die irgendwo, an irgendeinem Ort existieren mußte – in einer Welt wie die, die sie einst in Schodnica kannte.

Nach meinem Interview mit Stella Wieseltier, geb. Backenroth, am 17. und 22. Juni 1981.

Wörterverzeichnis

Agudat Israel: Hebr. für Vereinigung, Verband Israels. Weltorganisation des orthodoxen Judentums, gegr. 1912, bemüht sich, die Orthodoxie durch Ausrichtung an der Halacha als der leitenden Norm jüdischen Lebens in Familie und Gesellschaft zu etablieren.
Aktion: Maßnahme, bei der Juden in den Gettos zusammengetrieben und in die Todeslager deportiert bzw. an Ort und Stelle oder in der näheren Umgebung erschossen wurden.
Appell: Siehe Zählappell.
Askari: Suaheli für Soldat, Wache, Polizist. Im Zweiten Weltkrieg Bezeichnung für die Ukrainer, die sich der SS als Freiwillige zur Verfügung stellten. Die Bezeichnung stammt aus der Zeit des deutschen Kolonialismus in Ostafrika.

Baal Schem Tow: Israel ben Elieser, 1700–1760, Begründer und erster Führer des Chassidismus.
Bar-Mizwa: Aram. für Sohn, hebr. für Gebot oder Pflicht, daher „Sohn der Pflicht". Jüdischer Junge, der dreizehn Jahre alt wird und damit die religiösen Verpflichtungen auf sich nimmt. Er kann jetzt auch Teil eines Minjan werden. *Bar-Mizwa* bezeichnet auch die Zeremonie selbst.
Bet Midrasch: Hebr. für Lehrhaus. Synagoge oder angrenzendes Gebäude, in dem die Juden sich zum Studium der heiligen Schriften versammeln.
Bevorzugtenlager: Block im Konzentrationslager für Personen mit besonderen Privilegien.
Bima: Plattform in einer Synagoge, auf der das Pult für die Schriftlesung steht.
Blockälteste, Blockowa: Aufseherin eines Blocks im Konzentrationslager, selbst Häftling. Ihre Funktion, Titel und Privilegien waren von Lager zu Lager verschieden. Siehe auch *Stubowa.*
Bund: Nichtreligiöse jüdische Arbeiterbewegung, 1897 in Wilna ins Leben gerufen, kämpft für die jüdische Gleichberechtigung; ursprünglich antizionistisch, fördert Jiddisch als Volkssprache.

Challa: Besonderes weiches, weißes Brot, häufig in Zopfform, für Schabbat und Feiertage.

Chametz: Gesäuerte Nahrungsmittel, die während der Pessachfeiertage weder verzehrt noch im Haus gefunden oder besessen werden dürfen. Die Beseitigung geschieht auf dreierlei Art: verbrennen, für nichtig erklären oder verkaufen. Da die Beseitigung besonders größerer Mengen von Chametz den Besitzer in eine Notlage bringen könnte, beispielsweise wenn er sein Einkommen davon bestreitet, kann es für die Dauer der Feiertage an einen Nichtjuden verkauft werden. Der Verkauf wird durch eine Verkaufsurkunde rechtskräftig. Alles Chametz, das ein Jude ohne Nichtigkeitserklärung über Pessach aufbewahrt, darf nicht mehr von ihm benutzt werden.

Chanukka: Hebr. für Einweihung; Lichterfest, eine acht Tage dauernde Feier zum Gedenken an den Sieg des Judas Makkabäus über den syrischen König Antiochus Epiphanes und die darauffolgende Wiedereinweihung des Tempels im Jahre 165 v. d. Z.

Chanukkia: Leuchter oder Öllampe mit acht Armen oder Fächern für die Chanukkafeierlichkeiten.

Charosset: Brei aus Äpfeln, Nüssen, Zimt und Wein, der zur Sedermahlzeit verzehrt wird im Gedenken an den Ton, den er symbolisch darstellt, mit dem die Juden in der ägyptischen Sklaverei Ziegel brannten.

Chasan: Kantor, Vorbeter, stimmt die Liturgie an und leitet die Gebete in der Synagoge.

Chassid (Pl. Chassidim): Hebr. für fromm; Anhänger der von dem Baal Schem Tow begründeten Bewegung.

Diaspora: Von hellenistischen Juden ursprünglich benutzte griechische Bezeichnung für alle jüdischen Ansiedlungen außerhalb von Erez Israel; jedwedes Gebiet, in dem zerstreut Minderheiten leben, bes. religiöse.

Din Tora: Hebr. für Urteil oder Gesetz der Tora. Gericht, bestehend aus einer oder mehreren Personen, beschlagen in jüdischem Recht, das jüdische Rechtsfälle behandelt.

Drittes Schabbatmahl: Eine von drei obligatorischen Schabbatmahlzeiten von besonderer mystischer und spiritueller Bedeutung. Nach dem Talmud rührt die Verpflichtung, am Schabbat drei Mahlzeiten zu sich zu nehmen, von der dreifachen Wiederholung des Wortes „heute" in Ex 16,25 her.

Dibbuk: Hebr. für kleben, haften, festhalten. Seele eines Toten im Körper eines lebenden Menschen, den sie beherrscht (alter jüdischer Volksglaube).

Einsatzgruppen: Mobile Tötungsmannschaften. Nach der Invasion der Deutschen in Rußland am 22. Juni 1941 ermordeten die *Einsatzgruppen* schätzungsweise eineinhalb Millionen Juden und andere „gefährliche Personen", u. a. Kommunisten.

Elterlicher Segen: Das Segnen der Kinder durch die Eltern zu allen wichtigen Ereignissen, vor allem aber am Schabbatabend und an Feiertagen. Der Segensspruch ist für Jungen und Mädchen verschieden.

Endlösung: „Endlösung der Judenfrage". Nationalsozialistischer Euphemismus für den Plan der Ausrottung der Juden, verwandt vorwiegend im offiziellen Schrift- und Nachrichtenverkehr.

Erez Israel: Hebr. für Land Israel.

Gabbai: Von dem hebr. Verb für ‚einkassieren' abgeleitet. Synagogenvorsteher, ehrenamtlich gewählter Vorsteher einer jüdischen Gemeinde, der bei der Toralesung assisiert und verschiedene andere Funktionen ausübt. Ursprünglich ein Gebühren- und Steuereintreiber. In der chassidischen Gemeinde persönlicher Begleiter und Assistent des Rebbe.

Gebet um Tau: Am ersten Pessachtag wird in der Synagoge das Gebet um Tau gesprochen. Da es in Israel während der Sommermonate nicht regnet, also von Mai bis Oktober, ist Tau von entscheidender Wichtigkeit.

Gemara (Pl. *Gemarot):* Aram. für Vollendung (des Lernens). Die Überlieferungen, Diskussionen und Gesetzesauslegungen der Amoräer, Ergänzungen zu den Lehrsätzen der rabbinischen Gelehrten (Tannaim) der Mischna. Bildet neben letzterer Teil des Talmud.

Gestapo: Geheime Staatspolizei im Dritten Reich.

Gut Schabbes: Jiddisch für „Guten Schabbat". Traditioneller jüdischer Schabbatgruß.

Haggada: Hebr. für Erzählung. Festgelegte Abfolge von Segenssprüchen, Gebeten, Bibelzitaten und Liedern; zur Gattung der Midraschliteratur gehörend; wird während des Seders zu Pessach gelesen. Sie basiert auf der in der Mischna (Pesachim 10) vorgeschriebenen Gottesdienstordnung.

Halacha: Von dem hebräischen Verb ‚gehen' abgeleitet. Eine anerkannte rabbinische Gesetzesentscheidung. Auch der gesetzliche Teil des Talmud bzw. das gesamte jüdische Recht.

Halatl: Jiddisch für Talar; verniedlichender Ausdruck für das Gewand der Chassidim für festliche Anlässe und Feierlichkeiten zu Hause und in der Synagoge.

Hallel: Lobgebet (Psalmen 113–118), gesprochen an bestimmten Festtagen und am Neumondtag (Rosch Chodesch).

Hawdala: Hebr. für Unterscheidung, Trennung. Zeremoniell, das den Ausgang des Schabbats und der biblischen Feiertage anzeigt.

Hohe Feiertage: Rosch Ha-Schanna und Jom Kippur; in den Herbst fallende Tage der geistigen und religiösen Besinnung und Erneuerung, auch als Tage der Furcht bekannt.

Hoschanna Rabba: Der siebte Tag von Sukkot, dem Erntefest. Zur Zeit des Tempels der Höhepunkt des Festes. An diesem Tag wurden sieben Prozessionen um den Altar gemacht und das Hosannagebet mit dem wiederkehrenden Ruf „Hosanna!-Erlöse!" gesungen.

Jahrzeit: Jahrestag des Todes eines Menschen, an dem in der Synagoge das Kaddisch gebetet und eine Gedenkkerze angezündet wird.

Jarmulke: Wort slawischen Ursprungs, das von frommen Juden getragene Käppchen bezeichnend. Der religiöse Jude ist verpflichtet, sein Haupt zu bedecken. Wird auch Kippa oder Käppel genannt.

Jeschiwa (Pl. *Jeschiwot*): Hebr. für Sitz. Bildungseinrichtung für talmudische Studien. Die Jeschiwot sind Zentren traditionaller jüdischer Erziehung und des Torastudiums.

Jeschiwabocher: Unverheirateter Jeschiwaschüler.

Jewish Agency: Internationale offizielle Vertretung des Weltjudentums mit Sitz in Jerusalem, gebildet unter dem Mandat des Völkerbundes im Jahre 1922 mit dem Ziel, Juden in aller Welt beizustehen und sie zu ermutigen, beim Aufbau des Landes Israel mitzuwirken.

Jom Kippur: Bußtag, heiligster Tag des jüdischen Kalenders, ein Tag des Fastens und Gebetes. Siehe Hohe Feiertage.

Judenfrei: ‚Judenreine' Gebiete, deren jüdische Bewohner vollständig ausgerottet worden waren.

Judenrat: Aufgrund einer Anweisung Reinhard Heydrichs vom 21. September 1939 von den Besatzungsbehörden zur Verwaltung der Gettos gebildet.

Kaddisch: Aus dem Aramäischen für „heilig". Altes Gebet, ursprünglich nach Beendigung eines Lernabschnittes rezitiert, wird heute nach dem Tod der Eltern und anderer naher Verwandter während der ersten elf Monate und an den Jahrestagen öffentlich gebetet.

Kapo: Von den Nazis verwandter italienischer (capo = Kopf) Begriff für einen Lagerhäftling, der über die anderen Insassen zum Aufseher ernannt wurde.

Kapote: Langer schwarzer Mantel, früher von osteuropäischen, heute von manchen chassidischen Juden getragen.

Karpas: Sellerie, der während des Pessachsedermahles in Salzwasser getunkt verzehrt wird.

Kazetnik: Häftling eines Konzentrationslagers.

Kiddusch: Hebr. für Heiligung. Segen über Wein und Brot vor dem Abendessen und Frühstück am Schabbat und an Feiertagen. Auch das Festmahl an Schabbat und Feiertagen selbst, zu dem meistens Freunde eingeladen werden.

Kippa: Siehe Jarmulke.

Kittel: Weißes Gewand, von Männern an den Hohen Feiertagen und bei anderen Gelegenheiten getragen, symbolisiert sowohl Tod als auch Reinheit.

Kol Nidre: Wörtlich: alle Gelübde. Altes Gebet, das in aramäischer

Sprache am Vorabend von Jom Kippur bei Sonnenuntergang gesprochen wird.

Kwitl (Pl. *Kwitlach*): Jiddisch für Zettel oder Quittung. Zusammengefaltetes Stück Papier, an einen lebenden oder verstorbenen Zaddik adressiert, enthält eine besondere Bitte. Ein frommer Chassid glaubt daran, daß sein niedergeschriebener Wunsch durch des Zaddiks Fürsprache in Erfüllung geht.

Maror: Hebr. für bitteres Kraut. Traditionelle Beigabe zur Sedermahlzeit, die den Kindern Israels in Ägypten (Ex 12, 8) und „in jeder Generation" zu essen geboten wurde.

Matza (Pl. *Matzot, Matzen*): Vom hebräischen Verb für ‚auspressen'. Ungesäuertes Brot für die Pessachfeiertage zur Erinnerung an den hastigen Aufbruch der Israeliten beim Auszug aus Ägypten.

Melamed (Pl. *Melamdim*): Hebr. für Lehrer. Allgemein verwandt zur Bezeichnung eines Hauslehrers alten Stils.

Messias: Hebr. für Gesalbter. Ursprünglich ein König oder Priester, der mit heiligem Öl gesalbt und geweiht wurde, den Willen Gottes auszuführen. Später Kern der prophetischen Vision von der Wiederherstellung Israels und der Errichtung des gerechten Königreiches auf Erden. Die Sehnsucht nach der Ankunft des Messias ist fester Bestandteil der jüdischen Religion und Psyche.

Midrasch: Hebr. für Auslegung. Homiletischer Kommentar zur Heiligen Schrift, sowohl die Erörterung der gesetzlichen Teile (Midrasch Halacha) als auch in Sagen und Gleichnisse gehüllte Schriftdeutung (Midrasch Aggada). Auch Sammlung rabbinischer Lehrmeinungen.

Mikwe: Hebr. für Wasseransammlung. Rituelles Reinigungsbad. Das rituelle Untertauchen von Frauen in der Mikwe sieben Tage nach dem Ende der Menstruation ist eine fundamentale halachische Regel, die das traditionelle jüdische Familienleben bestimmt.

Minjan: Die für ein gemeinsames Gebet erforderliche Mindestzahl (zehn) erwachsener Männer ab 13 Jahren (religiöse Volljährigkeit).

Mischna: Hebr. für Lehre. Kodifikation der mündlichen Lehre des Judentums durch Jehuda ha Nassi (der Prinz) um 210 n. d. Z. Setzt sich zusammen aus sechs Ordnungen. Siehe *Talmud.*

Mitnaged (Pl. *Mitnagdim*): Hebr. für Gegner. Ursprünglich gegen den Chassidismus eingestellte osteuropäische, vorwiegend in Litauen ansässige Juden. Dann Synonym für die litauische Judenschaft als Ganze.

Misrach: Hebr. für Osten. Die Jerusalem zugewandte Ostwand der Synagoge, entlang deren die geachtetsten Männer, meist Gelehrte, Notabeln oder wohlhabende Persönlichkeiten saßen.

Misrachi: Religiöse zionistische Bewegung, gegr. 1904. 1957 mit dem Hapoel Hamisrachi zu einer religiös zionistischen Organisation vereinigt, die sowohl national wie auch weltweit tätig ist.

187

Mizwa (Pl. *Mizwot):* Hebr. für Befehl. Vorschrift, Gebot oder religiöse Pflicht, aus biblischer oder rabbinischer Quelle stammend. Auch eine verdienstvolle Handlung bzw. gute Tat.

Muselmann: Moslem. Bezeichnung für einen ausgemergelten KZ-Häftling, der seinen Lebenswillen verloren hat.

Neolog: Mitglied der jüdischen Reformbewegung in Ungarn.

Neunter Aw: Siehe Tischa B'Aw.

Nigun: Melodie, Weise, in der nach altem Brauch bestimmte Gebete rezitiert bzw. die an besonderen Feiertagen gesungen wird. Jede chassidische Dynastie hat ihre eigene Nigun, mit der sie sich von den anderen Dynastien unterscheidet und die manchmal vom Zaddik selbst komponiert wurde.

Pejot: Siehe Schläfenlocken.

Pessach: In Israel sieben, in der Diaspora acht Tage währender Frühlingsfeiertag, beginnend am 15. Nisan, mit dem man des Auszuges aus Ägypten gedenkt. Nichts Gesäuertes darf gegessen werden; anstelle von Brot ißt man Matzen. Das feierliche Gedenkmahl, der Seder, wird am ersten Abend, in der Diaspora auch am zweiten Abend zelebriert.

Pogrom: Aus dem Russischen für Verwüstung, Zerstörung. Organisiertes Massaker, bes. an Juden.

Reb: Ehrenbezeichnung; meist Anrede für einen älteren Juden.

Rebbe: Jiddische Form für Rabbi, mit der gewöhnlich ein Lehrer oder chassidischer spiritueller Führer betitelt wird.

Rebbezen: Frau eines Rebbe oder Rabbi.

Rosch Ha-Schanna: Das jüdische Neujahr, beginnend am ersten Tag des Monats Tischre, Auftakt zu den Hohen Feiertagen. Seit frühester Zeit ein Tag der Besinnung und Buße, an dem der einzelne sein Verhältnis zu Gott und den Mitmenschen prüft. Bekannt ist der Brauch des Schofarblasens an diesem Tag.

Sanhedrin: Oberste gerichtliche Instanz in Palästina zur Zeit der römischen Herrschaft, bestehend aus 71 Gelehrten. Auch Talmudtraktat.

Schalom Aleichem: Hebr. für ‚Friede sei mit euch', traditioneller jüdischer Gruß.

Schawuot: Wochenfest, das das Ende der sieben Wochen vom zweiten Pessachtag an bezeichnet. An ihm wurde ein Maß Getreide zum Tempel gebracht. An diesem Tag wird außerdem der Stiftung der Zehn Gebote gedacht.

Schekez: Ein nichtjüdischer Junge.

Schemini Azeret: Der achte Tag der Feierlichen Versammlung, nach dem siebten Tag des Sukkotfestes zelebriert.

Schickse: Nichtjüdisches Mädchen oder junge Frau.

Schiwa: Hebr. für ‚sieben'. Die auf die Beerdigung folgenden sieben Tage der Trauer.

Schläfenlocken: Ungeschnittene Koteletten der orthodoxen männlichen Juden gemäß Lev. 19,27: „Ihr sollt nicht rund abnehmen die Seitenenden eures Haupthaares, und nicht zerstören die Enden eures Bartes." Pejot auf Hebräisch.

Sch'ma Israel: „Höre, Israel". Einleitende Worte eines Glaubensbekenntnisses, das die absolute Einheit Gottes verkündet. Wird als Teil des täglichen Gebetes und vor dem Tod gesprochen.

Schochet: Ritueller Schächter von Tieren und Geflügel gemäß den jüdischen Speisevorschriften.

Schofar: Widderhorn, das zu Rosch Ha-Schanna, beim Ausgang von Jom Kippur und zu anderen Gelegenheiten geblasen wird.

Schul: Jiddisch für Synagoge, Studierräume. Nach dem Wort Schule.

Seder: Hebr. für Folge, Ordnung. Tischzeremonie zu Hause am Pessachabend nach der in der Haggada vorgeschriebenen Ordnung. Während der Zeremonie werden vier Becher Wein getrunken, eine Mahlzeit eingenommen, und die erwachsenen männlichen Teilnehmer sitzen zurückgelehnt, ein Symbol des freien Mannes.

Selektion: Auswahlprozeß von Häftlingen im Konzentrationslager zu Tod, Zwangsarbeit oder anderen Maßnahmen.

Semirot: Tischlieder, die während des Schabbatmahles gesungen werden. Verfaßt von Dichtern, Mystikern, Gelehrten und Zaddikim über Jahrhunderte hinweg. Bis auf den heutigen Tag kommen ständig neue hinzu.

Simchat Tora: Fest der Torafreude. In der Diaspora auf Schemini Azeret folgend, feiert man an diesem Tag den Abschluß der Lesung des Pentateuchs und den Neubeginn mit dem ersten Buch Mose. In Israel fallen die beiden Feiertage zusammen.

Sohar: Buch des Glanzes. Mystischer Pentateuchkommentar. Haupttext der Kabbala.

Stetl (Pl. *Stetlach*)*:* Jiddisch für Kleinstadt. Jüdische Kleinstadtgemeinden in Osteuropa.

Stibl (Pl. *Stiblach*)*:* Jiddisch für kleines Haus. Meist chassidische Gebetshäuser.

Strejmel (PL. *Strejmelach*)*:* Pelzbesetzter Hut, von einigen chassidischen Juden an Schabbat, den Feiertagen und bei freudigen Anlässen getragen.

Stubowa: Lagerinsassin, die die Aufsicht über einen Teil eines Blockes im Konzentrationslager hat. Ist der Blockowa untergeordnet.

Tachrichim: Leichentuch (im Hebr. Plural).

Tallit: Ein Gebetsschal in rechteckiger Form mit Fransen an den Enden.

Tallit Katan: Siehe Zizit.

Talmud: Hebr. für Belehrung, Studium. Das bedeutendste Werk der jüdischen Lehre, bestehend aus der hebräischen Mischna und der aramäischen Gemara. Verfaßt von Generationen von Wissenschaftlern und Rechtsgelehrten sowohl in Babylon als auch in Palästina zwischen dem dritten und fünften Jahrhundert n. d. Z. Er befaßt sich mit jedem Aspekt des menschlichen Lebens. In vielen jüdischen Heimen ist er ebenso zu finden wie in jedem Bet Midrasch.

Tefillin: Phylakterien; kleine Lederkästchen mit Bibelversen, die von männlichen Juden zum werktäglichen Morgengebet auf Stirn und Arm gebunden werden.

Tischa B'Aw: Neunter Tag des Monats Aw. Ein Fasttag, an dem der Zerstörung des Ersten und Zweiten Tempels gedacht wird. Auch anderes Unheil traf Israel an diesem Tag.

Tora: Hebr. für Lehre, Unterweisung. Die ersten fünf Bücher der Bibel oder die fünf Bücher Mose bzw. Pentateuch genannt. Tora heißt auch die Schriftrolle des Pentateuchs für die Lesung in der Synagoge sowie das gesamte Opus der traditionellen jüdischen Lehre und Literatur.

Umschlagplatz: Versammlungsstelle, von der aus im Warschauer Getto die Massendeportationen stattfanden.

Viddui: Hebr. für Bekenntnis. Zu verschiedenen Gelegenheiten gesprochenes Gebet, z.B. in Todesnähe. Die bekennende Person muß dabei bei vollem Bewußtsein sein.

Vier Fragen: Abschnitt in der Pessachhaggada. Das jüngste Kind, das am Seder teilnimmt, stellt vier Fragen, die vom Hausherrn mit einer Erzählung über den Auszug aus Ägypten und seiner Bedeutung für die Geschichte des jüdischen Volkes beantwortet werden.

Waschen der Hände: Von einem Segensspruch begleitetes obligatorisches Händewaschen vor einer Mahlzeit, zu der Brot verzehrt wird.

Yad Vashem: Israels Gedenkstätte für Märtyrer und Helden. Staatliche Einrichtung in Jerusalem, die durch Forschungsarbeiten, Dokumentationen und Veröffentlichungen zur Wachhaltung des Andenkens an die Märtyrer des Holocaust beitragen will.

Zaddik (Pl. *Zaddikim):* Geistiger Führer einer chassidischen Gemeinde. Auch gebräuchlich zur Bezeichnung eines heiligmäßigen Menschen.

Zählappell: Aufruf von Lagerinsassen zum Zwecke der Abzählung.

Zizit: Rechteckiges Kleidungsstück aus Leinen, Wolle oder Baumwolle mit wollenen Ziziot (hebr. für Fransen) an den Ecken, von frommen Juden tagsüber getragen. Die Anzahl der Fäden und der Knoten pro Faden ist vorgeschrieben, vgl. Num 15,37–41; Dtn 22,12.

Anmerkungen

Erster Teil:
Vorfahren und Glaube

Über dem Abgrund schweben

[1] Das Straßenlager von Janowska befand sich außerhalb der ukrainischen Stadt Lemberg in der Nähe der Friedhöfe. Es wurde im Oktober-November 1941 von dem Befehlshaber des Distrikts Galizien, Dr. Wechter, sowie dem Generalmajor Katzman, Polizeichef von Galizien, errichtet. Offiziell ein Zwangsarbeitslager, war es in Wirklichkeit ein Ort, an dem gefoltert und gemordet wurde. Schließlich wurde es von dem WVHA (Wirtschafts- und Verwaltungshauptamt), der Stelle, die die Konzentrationslager verwaltete, übernommen. Das Lager war berüchtigt für die Grausamkeit seiner deutschen Aufseher und ihrer ukrainischen und russischen Kollaborateure. Die Insassen wurden oft auf brutale Weise zur Unterhaltung der Lagerbeamten umgebracht. Zehntausende von Juden, hauptsächlich aus Ostgalizien, fanden hier den Tod. Aus Angst vor möglichem Widerstand liquidierten die Deutschen das Lager am 20. November 1943 in einer Überraschungsaktion. Die ‚Todesbrigade‘ wurde verschont, denn ihr fiel die Aufgabe zu, alle Spuren des Massakers zu verwischen. Körper wurden aus den Massengräbern ausgegraben, verbrannt und die Asche auf die Felder verstreut oder in der Erde vergraben. Nur wenige einzelne entkamen und überlebten. Vergleiche die Augenzeugenberichte bei *Leon Weliczker Wells*, The Death Brigade: The Janowska Road (Holocaust Lirbrary, New York 1978) (*Wells* war Angehöriger der Todesbrigade und führte im Lager ein Tagebuch); *Leon Thorne*, Out of the Ashes (Block Publ., New York 1976) (Dr. *Thorne* führte nach seiner Flucht aus Janowska im Versteck ein Tagebuch); *David Kahana*, Joman Getto Lwow (Yad Vashem, Jerusalem 1978).

Auch Kahana entkam Janowska. In seinem Tagebuch beschreibt er ausführlich seine Erfahrungen im Lemberger Getto und in Janowska. Wie die anderen Tagebücher bildet es eine primäre Informationsquelle. Kahana schrieb es während des Krieges in seinem Versteck in den Klöstern des Metropoliten Andreas Scheptytzkyj, der besondere Beachtung als einer der wenigen ‚Gerechten der Völker‘ aus der blut-

191

getränkten Gegend um Lemberg verdient. Sprößling einer der prominentesten katholischen Familien Polens, trat er 1886 aus der katholischen Kirche aus und der Vereinigten Ostkirche bei, in der er bald zum Erzbischof aufstieg. Im Jahre 1906 gründete er den Studitenorden, der sich u. a. sozialen Wohlfahrtsaufgaben widmete. Unter der Leitung des Metropoliten Scheptytzkyj und seines Bruders Clemens dienten die Studitenklöster als Unterschlupf für eine Reihe von Juden, besonders Kinder, zur Zeit des Zweiten Weltkrieges. Nach Kahanas Flucht aus Janowska versteckte er sich in den privaten Studierräumen des Metropoliten. Von besonderem Interesse ist der Hirtenbrief Scheptytzkyjs vom Juni 1941: ‚Du sollst nicht töten‘; vgl. *Kahana*, a. a. O., S. 135–185.

[2] Die Umgebung des Straßenlagers von Janowska war mit Bombentrichtern aus dem Ersten Weltkrieg übersät. Diese riesigen Krater wurden als Folterstätten und Massengräber benutzt. Vgl. Lochamej Hagetaot, Bilderarchiv, Bild-Nr. 19150.

Der Sohn des Schochet von Miedziborz

[1] Der deutsch-sowjetische Nichtangriffspakt wurde am 23. August 1939 unterzeichnet. Er enthielt u. a. eine Vereinbarung über die Abgrenzung der deutschen und russischen Interessensphären, in der die Vistula als Grenze zwischen beiden Gebieten festgelegt wurde. Am 17. September 1939 marschierten sowjetische Truppen in Polen ein und nahmen das Gebiet bis zum weiter westlich gelegenen Fluß Bug ein. Am 22. Oktober hielten die Russen in den neugewonnenen Gebieten Wahlen ab. Am 1. November 1939 erklärte der Oberste Sowjet der UdSSR die neuen Gebiete als Teile der Sowjetrepubliken Ukraine und Belorussia. Lwow (Lemberg) wurde ukrainische Stadt. Am 30. Juni 1941 wurde es von den Deutschen besetzt.

[2] Zur damaligen Zeit war er noch als Rabbi von Pruchnik bekannt. Dort war er bis zum Jahre 1932 Rabbiner gewesen. Erst nach seiner Ankunft in den Vereinigten Staaten 1946 nannte er sich Rabbi von Bluzhov. Sein Großvater, Rabbi Zevi Elimelekh (1841–1924), war der Begründer der Bluzhover Dynastie. Rabbi Israel Spira ist der einzige Überlebende der Dynastie. Ihre chassidischen Ursprünge reichen bis auf Rabbi Zwi Elimelech aus Dinow (1783–1841) zurück. Seine beiden Brüder Rabbi Elieser von Ribatisch und Rabbi Meir von Bluzhov kamen mit ihren Familien durch die Nazis um.

[3] Rabbi Abraham Jakob Friedman von Bojan-Lwow (1886–1942) lebte in Lemberg und kam mit seiner Frau Hanna im Holocaust ums Leben. Vgl. *Menasche Unger*, Admorim schenispu Baschoah (Mossad Haraw Kook, Jerusalem 1969), S. 14–17. Dieselbe Geschichte mit leichten Abweichungen wird hier wiedergegeben.

192

[4] Miedziborz ist eine kleine Stadt in Podolien, das heute zur Ukraine gehört. Es ist die Wiege des Chassidismus und mit dem Begründer der Bewegung, dem Baal Schem Tow, eng verknüpft. Er lebte hier von 1740 bis zu seinem Tode im Jahre 1760. Die Stadt blieb Mittelpunkt des Chassidismus bis zur Zerstörung der jüdischen Gemeinde im Holocaust.

Der Kuß

[1] Lemberg ist die deutsche Bezeichnung für Lwow in der westukrainischen UdSSR. Zwischen 1941 und 1944 war es von deutschen Truppen besetzt. In dieser Zeit wurde der Großteil seiner jüdischen Bevölkerung – ungefähr 100 000 Menschen – hingemetzelt.
[2] Juden mit fremden Pässen genossen Sonderrechte. Vgl. dazu die Erzählung im zweiten Teil: ‚Um der Freundschaft willen'.
[3] Sanhedrin 19/b; Megilla 13/a.

Das Halatl des Rabbi Baruch von Miedziborz

[1] Baruch von Miedziborz war einer der drei Söhne von Edel, der Tochter des Baal Schem Tow (1700–1760), des Begründers der chassidischen Bewegung.
[2] Augenzeugenberichte über Erlebnisse im Zusammenhang mit dem Badehaus Spitalna in Janowska bei *L. Thorne*, a.a.O., S. 57–63 sowie *D. Kahana*, a.a.O., S. 111–113.

Das erste Chanukkalicht in Bergen-Belsen

[1] Sische Zamletchkowski (1921–1974) stammt von bündischen Eltern aus Lodz ab und wurde in der Nähe von Warschau erzogen. Nach dem Zweiten Weltkrieg ließ er sich mit Frau und Mutter in Brichbach in Unterschlesien nieder, wo er Sekretär des Bundes wurde. 1951 wanderte er nach Israel aus und blieb dort bis zu seinem Tod am 21. Mai 1974 einer der Führer des Bundes. Vgl. ‚Nischto mer unser Sische', in: *Lebens Fragn Socialistische Chodes-Schrift far Politik, Wirtschaft un Cultur* (Israel, Tel Aviv, Juni 1974).
[2] Sima, eine litauische Jüdin, leitete ebenfalls Channukafeiern in Bergen-Belsen. Vgl. *Leslie H. Hardman* (erz.) und *Cecily Goodman* (geschr.), The Survivors (Valentine–Mitchell, London 1958), S. 27 f.

Sederabend in Bergen-Belsen

[1] Bergen-Belsen war ursprünglich als „Aufenthaltslager" eingerichtet worden. Im Frühjahr 1943 wurde ein Abkommen zwischen dem

deutschen Ministerium für Auswärtige Angelegenheiten und der SS-Führung vereinbart, 10 000 Juden mit ausländischen Pässen und Papieren zurückzuhalten, um sie gegen Deutsche in englisch- und amerikanisch-besetzten Gebieten auszutauschen. Um die 5000 ‚Austauschjuden' wurden zwischen 1943 und 1945 nach Bergen-Belsen deportiert. Lediglich 351 davon wurden auch wirklich ausgetauscht. Der Bochniatransport von ‚Austauschjuden' kam am 11. Juli 1943 an. Auf Anweisung Heinrich Himmlers, des SS-Reichsführers und späteren Reichsinnenministers, wurde das Aufenthaltslager Bergen-Belsen, das nicht den Status eines Internierungslagers hatte, dem SS-WVHA unterstellt und damit in das System der Konzentrationslager eingegliedert. Dies sollte verheerende Folgen haben.

[2] Ich besprach diesen Vorfall am 21. Januar 1980 mit Dr. Eberhard Kolb. Als Lagerkommandant besaß Haas die Vollmacht, eine solche Entscheidung zu treffen.

Haas war einer der Lagerkommandanten von Bergen-Belsen. Nachdem einer der Häftlinge ein Portrait von ihm angefertigt hatte, wurde er an die Ostfront versetzt.

[3] Aus dem Morgengebet für Schabbat und Feiertage.

[4] Sach 14,7; Jes 9,1.

Der Berlin–Bukarest-Expreß

[1] Das Massaker an den Juden von Shitomir wurde von einem Tötungskommando der Einsatztruppen verübt. Eine Darstellung dieses Vorfalles findet sich bei *Raul Hilberg*, Destruction of European Jewry (Harper Colophon Books, New York 1979), S. 197.

Die Erscheinung der roten Sterne

[1] Rabbi Schlomo Chanoch Rabinowitz von Radomsk (1882–1942) war einer der herausragendsten chassidischen Rabbiner Polens. Er errichtete eine Kette von 36 Jeschiwot, den *Keter Tora*, an denen Tausende von jungen Menschen studierten. Als erfolgreicher Geschäftsmann trug er selbst zur Finanzierung seiner Jeschiwot bei. Seine Bibliothek war die zweitgrößte nach der des Großrabbiners von Gur. Als der Zweite Weltkrieg ausbrach, floh der Radomsker Rabbi mit seiner Familie aus Sosnowiec nach Lodz und von dort nach Warschau. Sie alle wurden am 1. August 1942 im Warschauer Getto ermordet. Vgl. *M. Unger*, a. a. O., S. 283 f.

Du sollst deine Mutter ehren

[1] *Obozy Hitlerowskie na Ziemiach Polskich 1939–1945* (Panstwowe Wydawnictwo Nankowie, Warschau 1979), S. 118 f.

² Im Oktober 1938 trieb die Gestapo 15 000 Juden, polnische Staatsbürger, die in Deutschland lebten, zusammen und wies sie außer Landes. Zuerst weigerte sich Polen, sie aufzunehmen. Sie lebten unter
schrecklichen Bedingungen auf der polnischen Seite der Grenze in
Sbaszyn bei Rosen. Unter ihnen befand sich die Familie Koczicki.
³ Das Getto von Bochnia im Verwaltungsbezirk Krakau wurde am
15. Mai 1941 errichtet und im September 1943 aufgelöst. In dem
Getto befanden sich Juden aus Bochnia, den Nachbarstädten sowie
Flüchtlinge von überallher, alles in allem an die 15 000 Menschen.
Vgl. *Obozy Hitlerowskie na Ziemiach Polskich, a. a. O., S. 110 f.*

Ein Mutterherz

¹ *Obozy Hitlerowskie na Ziemiach Polskich,* a. a. 0., S. 110.

Gott ist überall ... nur ...

¹ Juden, die in den Werkstätten des Gettos Bochnia arbeiteten, erhielten spezielle Papiere, die sie für einige Zeit vor Hunger und Deportation bewahrten. Diese Papiere waren ein ‚Leben garantierendes
magisches Amulett', ohne das man den sofortigen, sicheren Tod zu
erwarten hatte. Vgl. The Black Book (Durrell, Sloan and Pearce, New
York 1946), S. 190–194.
Zu den vielen Handwerksbetrieben im Getto von Bochnia gehörten
Werkstätten für Kartonherstellung, Taschentücher, Unterwäsche,
Spielzeuge, Autos und elektrische Geräte sowie Schneiderei, Schuh-
macherei und Schlosserei. Siehe The Black Book S. 191.
² Rabbi Mosche Friedman (1881–1943) aus Bojan-Krakau, ein chassidischer Rabbi und hervorragender Gelehrter, war das geistige Haupt
der berühmten Hochschule „Jeschiwat Chachmej Lublin". 1941
flüchtete er nach Tarnow. Man versuchte, ihm ausländische Papiere
zu besorgen. Herr Chaim Eiss aus Zürich erstand für den Rabbiner
paraguayische Papiere; es war jedoch schon zu spät. Er war nach Belzec in die Gaskammern deportiert worden, wo er am zweiten Elul
1943 umkam. Vgl. *M. Unger,* a. a. O., S. 226. Es gibt allerdings wider-
sprüchliche Angaben über den Todesort des Rabbiners; vgl. *Ber Mark*
(Hrsg.), Megillat Auschwitz, Tel Aviv (University Press, Tel Aviv
1978), S. 221 f. Ein Tagebuch, das zu jener Zeit von einem Mitglied des
Sonderkommandos geführt wurde, gibt an, daß Rabbi Mosche Friedman aus Bojan in den Gaskammern von Auschwitz umkam. Dr. Menachem M. Brajer, der Vater des heutigen Bojaner Rebbe Rabbi
Nachum Dov Brajer, bestätigt diese Angaben in *Unger,* a. a. O. Vgl.
auch Hillel Zeidman, ‚Haraw Moische Friedman Admor Mi-Bojan', in:

Eleh Eskera, Bd. II (Research Institute of Religious Jewry, New York 1957), S. 109–117.

[3] Sanhedrin 37/a.

[4] Vgl. *Robert L. Hewitt*, Work Horse of the Western Front. The Story of the 30th Infantry Division, in: Infantry Journal Press (Washington 1946), S. 263–265.

Das Amulett des Belzer Rabbi

[1] *Obozy Hitlerowskie na Ziemiach Polskich*, a. a. O., S. 516.

„Jude, geh zurück ins Grab!"

[1] Ri 16,30.

[2] *Dr. Schaul Barkli/Perez Alufi* (Hrsg.), Eisyschok-Korotea we-Hurbana (Jerusalem 1950), S. 57–66, 125 f.

[3] *Leon Kahn*, No time to Mourn (Laurelton Press, Vancouver 1978), S. 17–45.

[4] Erstmals wurden in Eisysky Juden im Jahre 1145 erwähnt. Die Grabsteine auf dem alten Friedhof, auf dem im September 1941 die Juden der Stadt umgebracht wurden, datieren bis ins 13. Jahrhundert zurück. Eisysky wurde im Jahre 1070 von dem litauischen Prinzen Eisys begründet.

Gottes Bote, der Enkel des Pnej Jehoschua

[1] Im Judentum ist es üblich, den Autor eines Werkes nach dem Titel eines seiner Werke zu benennen. Joschua Falk, der Autor von Pnej Jehoschua, war ein berühmter Gelehrter und der Lehrer des großen chassidischen Führers Dow von Mesrich, dem Nachfolger des Baal Schem Tow.

[2] Jede jüdische Gemeinde hatte ein Gästehaus (Hachnassat Orachim), das hauptsächlich auf freiwilliger Basis von Frauen der Gemeinde betrieben wurde, um Menschen, die in die Stadt kamen und keine Verwandten hatten, eine Herberge zu bieten. Sie übernachteten dort kostenlos und wurden von Bürgern der Stadt zu den Mahlzeiten eingeladen. Diese Einladungen wurden gewöhnlich am Freitagabend in der Synagoge nach dem Abendgebet ausgesprochen.

[3] Wörtlich bedeutet das Wort eruw mischen, verschmelzen. Gemäß der Halacha (dem Gesetz) ist es Juden verboten, am Schabbat etwas von einem Bereich in den anderen zu tragen, außer, es wurde vorher ein Eruw vorbereitet. Es gibt mehrere Arten von Eruwim, die Zusammenlegung von Höfen ist eine davon. Auf folgende Weise wird er vorbereitet: Jeder Besitzer eines Hofes stellt etwas Essen zur Ver-

fügung, das freitags an einem bestimmten Platz hinterlegt wird. Damit soll ausgedrückt werden, daß die Bewohner miteinander verbunden sind. Sie besitzen sozusagen ein und dasselbe Essen, und keiner hat einen vor dem anderen abgeschlossenen Bereich.

[4] Einer der Talmudtraktate.

Rette dieses einzige Enkelkind

[1] *Obozy Hitlerowskie na Ziemiach Polskich*, a. a. O., S. 386.
[2] Über die Vernichtung der Zigeuner vgl. *Miriam Novitch*, Rezach Ha-zoanim Bejemej Haschilton hanazi. Lochamej Hagetaot, August 1969. Ebenso: The Gypsies and the Third Reich, in: The Wiener Library Bulletin, Bd. 8, 1949.

Ein Eimer Kartoffelschalen und zwei Halberstams

[1] Flossenbürg wurde von dem 358. Infanterieregiment, der 90. Infanteriedivision befreit. An diesem Tag befanden sich 1160 Insassen im Lager.

Des Bruders Tefillin

[1] Eine jüdische Ansiedlung in Rzeszow, Hauptstadt der Provinz Rzeszow im Südosten Polens, geht auf das 15. Jahrhundert zurück. Sie war ein Zentrum jüdischer Kultur, des Chassidismus und Zionismus. Die jüdische Gemeinde wurde während des Holocaust vernichtet und nach dem Zweiten Weltkrieg nicht wieder errichtet. Vgl. *Obozy Hitlerowskie na Ziemiach Polskich*, a. a. O., S. 441 f.

Ein natürlicher Sieg: Churchill und der Rabbi von Gur

[1] Eine genaue Beschreibung der spektakulären Rettung des Rabbi von Gur vgl. *Mosche Jeheskeeli*, Nes ha-Hazala schel ha-Rabbi mi-Gur, in: Jeschurun (Jerusalem 1959).
[2] Diese Geschichte ist auch erwähnt in: Notes from the Warsaw Ghetto, the Journal of Emmanuel Ringelblum (Schocken Books, New York 1974), S. 265.

Der Schofar des Rabbi von Radorzytz

[1] *Jitzchak Alfasi*, Hachassidut (Maariv, Tel Aviv 1977), S. 155 f.
[2] Ich bin Ilana Guri von Yad Vashem in Israel zu Dank verpflichtet,

die den Schofar und die Angaben von Mosche Ben-Dow (Winterer) –
Akte Nr. 1530 – ausfindig machte.

Die Wächter des Heiligen Tempels

[1] Rabbi Feifusch Aschkenasi aus Sefad in Israel war der Sprößling einer berühmten Familie von Gelehrten. Jahre vor dem Krieg besuchte
er den Satmarer Rabbi, der sich von ihm sehr beeindruckt zeigte
und ihn bat, bei ihm zu bleiben. Diese Geschichte erscheint leicht
abgewandelt bei *Schlomo Rosman* Sefer Raschej Golat Ariel, Bd. I
(Brooklyn 1975), S. 46 f.

[2] 1 Chr 9,23.

[3] Rabbi Aschkenasi hatte weniger Glück als das Buch, das sein Leben rettete. Nach der Flucht des Rabbi von Satmar nach Klausenburg blieb er zurück, um noch einige Angelegenheiten zu erledigen.
Er wurde von den Deutschen gefangengenommen und nach Auschwitz deportiert, wo er am 3. Juni 1944 ermordet wurde. Sein Sohn,
Rabbi Jossl Aschkenasi, blieb bei dem Satmarer Rebbe während des
ganzen Krieges und bis zum Tod des Rabbiners am 19. August
1979.

Ein Heiliges Buch

[1] *Andre Biss*, A Million Jews to Save (New English Library, London
1975), S. 64–70.

[2] Kasztners ursprünglicher Vorschlag war, 100 000 Juden ‚auf Eis' zu
legen. Schließlich willigte er ein, für jeden Juden, der am Leben blieb,
eine Mindestsumme von 100 Dollar zu zahlen. Vgl.: *Der Kastner-Be-
richt* (Basel 1964), S. 113 f. Das sog. „Blut gegen Lastwagen"-Abkom-
men sah den Austausch ungarischer Juden gegen Lastwagen und
andere Güter vor.

[3] *A. Biss*, a. a. O., S. 70.

Wer wird diesen Krieg gewinnen?

[1] Die Zweite Ungarische Armee wurde nach dem September 1941
an der Ostfront eingesetzt. Auf Befehl des Verteidigungsministers
wurden auch Juden mobilisiert. Jüdische Arbeitseinheiten wurden
auf militärischen Operationsgebieten eingesetzt, sogar Männer über
42 Jahren, der gesetzlichen Altershöchstgrenze für Fronteinsätze.
Zehntausende von Juden dienten an der Front unter den fürchter-
lichsten Bedingungen. Vgl. *Randolph L. Braham*, The Politics of Ge-
nocide, Bd. I (Columbia University Press, New York 1981),
S. 307–312.

[2] Die Pfeilkreuzler, die ungarische Nazipartei, wurde angeführt von Ferenc Szalasi, der 1946 wegen Kriegsverbrechen hingerichtet wurde.

[3] Die Organisation Todt war eine Arbeitstruppe, organisiert und angeführt von Fritz Todt. Weitere Angaben über Todt und die ungarischen Arbeitstruppen siehe *R. L. Braham*, a. a. O., S. 330 f., und *Dietrich Orlow*, The History of the Nazi Party, 1933–1945 (University of Pittsburgh Press, Pittsburgh 1973), S. 376 f.

[4] *R. L. Braham*, a. a. O., S. 313.

[5] Ebd. S. 306 f. Die Einführung der gelben Armbinde wurde seit Anfang Mai 1941 vom Generalstab gefordert, nachdem sich einige Ungarn angeblich beschwert hatten, daß sie beobachteten, wie Juden Armbinden mit den Nationalfarben trugen.

Zweiter Teil

Guten Morgen, Herr Müller

[1] Nach der Besetzung Polens durch die Deutschen brannten viele Volksdeutsche darauf, der nationalsozialistischen Sache zu dienen. Sie schlossen sich den Nazis an und rächten sich bei den polnischen Nachbarn für deren angebliche antivolksdeutsche Pogrome, die in den späten dreißiger Jahren in Polen stattgefunden haben sollen. Vgl. *Hans Schadesaldt*, Polish Acts of Atrocity against the German Minority in Poland: Documenting Evidence. Veröffentlicht im Auftrag des deutschen Außenministeriums (Berlin/New York 1940).

Zwei Kapseln Zyankali

[1] Auch das Verlassen und Zurückkehren der Häftlinge ins Lager fand bisweilen unter Musikbegleitung statt. Ein besonderes Musikstück, der ‚Todestango‘, wurde zu diesem Anlaß komponiert. Professor Striks und der berühmte Dirigent Mund wurden gezwungen, das Orchester zu leiten. Alle Musiker wurden zusammen mit ihrem Dirigenten liquidiert. Vgl. The Black Book, a. a. O., S. 308 f.

[2] Gift, insbesondere Zyankali, war ein kostbarer Schatz in den Lager und Gettos. Die Preise richteten sich nach Angebot und Nachfrage. Vor einer Aktion stieg der Preis, danach fiel er. Vgl. *L. Thorne*, a. a. O., S. 115, 124 f. sowie *D. Kahana*, a. a. O., S. 82.

Auf der Wartebank am Galgen

[1] Die Grausamkeit der Lagerverwaltung in Janowska kannte keine

Grenzen. Jeder SS-Aufseher hatte seine persönliche Foltermethode. Ein 23jähriger Aufseher namens Schanbach verlängerte die Qualen seiner Opfer, indem er ihnen etwas Essen und Wasser gab, nachdem er sie zusammengeschlagen hatte. Dann setzte er seine Quälerei fort (The Black Book, S. 308 f., 315 f.). Der Lagerleiter, Obersturmführer Wilhaus, war der Schwager des Generalmajors der SS und Polizeichefs von Galizien Katzmann. Wilhaus hatte im Lager eine herrliche Villa, die mit geplünderten Gegenständen und Kunstwerken eingerichtet war. Am Geburtstag seiner Tochter nahm er sie mit hinaus auf die vordere Veranda, zielte mit seinem Revolver auf die Häftlinge der ‚Krüppelbrigade' und tötete einen nach dem anderen. Hydka, der kleine Fratz, klatschte voller Freude in ihre Händchen. Wilhaus' Frau Ottilie hatte besonderes Vergnügen an den Aktionen im Lemberger Getto. Sie besaß eine eigens angefertigte Damenpistole, die sie auch ständig benutzte. Siehe den Augenzeugenbericht eines ehemaligen Lemberger Bürgers und Janowskahäftlings in: *D. Kahana,* a. a. O., S. 107 f.

[2] ‚Heißer Namensaufruf' war die Lagerbezeichnung der Insassen für einen Tag mit vielen Exekutionen. Siehe *L. Thorne,* a. a. O., S. 54.

Ein Schluck Kaffee

[1] *Obozy Hitlerowskie na Ziemiach Polskich,* a. a. O., S. 93 f. Ein Augenzeugenbericht, der Ende August 1942 in Belzec ankam, gibt an, daß 6700 Juden in einen Zug mit 45 Waggons zusammengepfercht wurden; 1540 kamen tot im Lager an. Siehe den Kurt-Gerstein-Bericht in: *Saul Friedländer,* Pius XII and the Third Reich (Alfred A. Knopf, New York 1966), S. 125–128.

[2] Perl, die Frau des Rabbiners, eine geborene Unger, wurde am 18. Oktober 1942 in Belzec ermordet; vgl. *Tarnow,* Sefer Sikaron, Bd. II (Israel 1968), S. 229 A.

[3] Die Kleidung und andere Habseligkeiten von ca. 600000 in Belzec ermordeten Juden wurden mit Wagen nach Janowska gebracht. Die dortigen Lagergebäude wurden von einem Nazi namens Blum sowie von drei von ihm ernannten Juden verwaltet. Siehe *D. Kahana,* a. a. O., S. 109.

[4] Im Lager konnte man Kaffee und andere Güter kaufen. Vgl. *L. W. Wells,* a. a. O., S. 135 f.; *L. Thorne,* a. a. O., S. 72 f. Die Tagesration in Janowska bestand aus wäßriger Suppe und einer dünnen Scheibe ‚Ersatzbrot'.

[5] Rabbi Meyer Landau ließ sich nach dem Zweiten Weltkrieg in Israel nieder.

[6] Gen 27, 22.

Um der Freundschaft willen

[1] Frauen setzten ihr Leben aufs Spiel, indem sie an die Stacheldrahtzäune gingen, um mit Freunden und Verwandten Kontakt aufzunehmen. Sie überbrachten Briefe und Essen. Aus dem Getto von Lemberg konnte man Pakete in das Straßenlager von Janowska schikken. Vgl. *D. Kahana*, a.a.O., S. 131; *L. W. Wells*, a.a.O., S. 63, 67–69.

[2] Von der Bekanntschaft des Rabbi mit dem Deutschen existiert eine andere Version, vgl. *L. Thorne*, a.a.O., S. 69. Rabbi Israel Spira bestätigt die hier vorliegende Darstellung.

[3] Zu Helmut Müller vgl. Trials of War Criminals before the Nuernberg Military Tribunals, Nuernberg, October 1946 – April 1949, Bd. 4 (U.S. Government Printing Office, Washington), S. 864–866, Grüne Reihe.

[4] Es gab weitere Fälle von Freundschaft und Liebe zwischen hohen Nazibeamten und Juden in Janowska. Obersturmführer Fritz Gerbauer hatte eine jüdische Geliebte; der Geliebte seiner Frau war ihr jüdischer Chauffeur; vgl. *L. W. Wells*, a.a.O., S. 87 f.

Unter dem blauen Himmel von Tel Aviv

[1] *Obozy Hitlerowskie na Ziemiach Polskich, a.a.O., S. 110.*

Der Jeschiwaschüler

[1] Ez 37,1–14.

[2] Bawa Kama 113/b.

Sterne

[1] Das Getto von Lodz wurde im April 1940 errichtet, sechs Monate vor dem Warschauer Getto. Es wurde endgültig liquidiert im Juli/August 1944.

[2] Die Auschwitzrampe war die Schwelle zwischen Leben und Tod. Gleich nach der Ankunft fand hier die erste Selektion statt. Die Männer wurden von den Frauen getrennt, Frauen mit Kleinkindern, Alte, Kranke und zur Arbeit Unfähige wurden nach links geschickt, geradewegs in die Gaskammern. Siehe *Primo Levi*, Survival in Auschwitz. Collier Books, New York 1961, S. 15–17.

[3] Josef Mengele war Oberarzt in Auschwitz und als solcher Spezialist für die, wie er es nannte, ,Zwillingswissenschaft'. Er führte zahlreiche Selektionen durch und zwar sowohl bei der Ankunft der Häftlinge auf der Plattform in Auschwitz als auch späterhin. Er war als der ,Todesengel' bekannt.

[4] Das Lager bei Ludwigslust wurde in der ersten Maiwoche 1945 von der 82. Luftlandedivision und der 8. Infanteriedivision befreit.

Ein Mädchen namens Esterke

[1] Gen 22, 12.

[2] Über das Schicksal der Kinder in Auschwitz vgl. die Aufzeichnungen aus Auschwitz: Amidst a Nightmare of Crime (Stadtmuseum Auschwitz, Auschwitz 1973), S. 118 f. sowie *B. Mark*, a. a. O., S. 22, 226 f.

[3] Vom November 1944 an wurden mehrere große Frauentransporte von Auschwitz-Birkenau nach Bergen-Belsen überführt; vgl. *Bertha Ferderber-Salz*, And the Sun Kept Shining ... (Holocaust Library, New York 1980), S. 142–157.

[4] Sanhedrin 19/b; Megilla 3/a.

Die Tat eines jungen Priesters

[1] Mordechai Gebirtig wurde 1877 in Krakau geboren. Sein berühmtestes Lied ist „Undzer Stetl Brent", das 1938 nach dem Pogrom von Przytyk herauskam. Seine prophetische Schau des untergehenden Stetl läßt das Gedicht zu einer echten Hymne werden. Sie wird häufig zu Holocaust-Gedenktagen gesungen. Vgl. *B. Ferderber-Salz*, a. a. O., S. 29–36.

[2] Das Krakauer Getto besaß einen aktiven Untergrund. Als Augenzeugenbericht vgl. *Gusta Davidson*, Jomana schel Justina (Haus der Gettokämpfer, Israel 1978). Bis zum gegenwärtigen Zeitpunkt wurden erst Teile des handgeschriebenen Tagebuchs entdeckt. Justina und ihr Mann waren zwei der aktivsten Mitglieder des Krakauer Untergrundes. Sie überlebten nicht.

[3] *Obozy Hitlerowskie na Ziemiach Polskich*, a. a. O., S. 249; *B. Ferderber-Salz*, a. a. O., S. 67–71.

[4] Der Brief ist abgedruckt in: Christian Women, Priest and Congress Co-operate to Save Polish Orphan, in: Congress Bulletin (Montreal, August–September 1949), S. 8.

[5] Ebd.

[6] Der *Montreal Daily Star* vom 4. Juli 1949 veröffentlichte ein Foto von Schachne Hiller auf der „Batory" mit der Überschrift: „Polish Boy to Live in Montreal".

[7] Siehe: Orphan who escaped Nazis to Learn Thrill of Camp Life, im *Montreal Daily Star* vom 6. Juli 1949.

[8] *Dorothea Andrews*, Boy, 10, Orphaned by Nazis, Reaches Haven in District, in: *The Washington Post* vom 9. Februar 1951.

Dritter Teil
Der Geist allein

Die Beschneidung

[1] Gen 22, 1–19.

Der Tod eines geliebten Sohnes

[1] Weitere Einzelheiten aus dem Leben des Rabbi von Belz zur Zeit des Holocaust in: *Jeheskeeli*, Hazalat ha-Rabbi mi-Belz (Jeschurun, Jerusalem 1960).

Der Enkel des Arugat Ha-Bosem

[1] Der Arugat Ha-Bosem, Rabbi Mosche Greenwald (1853–1911), wurde im Alter von vierzig Jahren als Rabbiner nach Chust in Ungarn berufen. Er war bekannt für seine Gelehrsamkeit und Führungsqualitäten. Berühmt wurde er durch seine Bücher: Arugat Ha-Bosem, Responsa in Halacha und dem Kommentar zu den fünf Büchern Mose.

[2] Dieselbe Geschichte erscheint in: Tora Umizo, Nr. 64 (ohne Jahresangabe).

Ein Hügel in Bergen-Belsen

[1] Über die Typhusepidemie in Bergen-Belsen siehe die Beschreibung eines ehemaligen Häftlings und Arztes im Lager, Dr. Leo Fritz, zitiert in: *L. H. Hardman – C. Goodman*, a. a. O., S. 3–9.

[2] Als die Engländer am 15. April 1945 Bergen-Belsen befreiten, befanden sich mehr als 40 000 Häftlinge im Lager. Davon benötigten 28 000 ärztliche Behandlung; 17 000 starben nachträglich an Typhus, Tuberkulose, Hunger und Ruhr. Vgl. die Darlegungen des Brigadegenerals *H. L. Glyn Hughes*, Belsen, April 1945, S. 94–97, und *Derick Sington*, The 15th of April, 1945, S. 69–80, in: *Belsen* (Narod Press, London 1957). Ein Bericht über den Gesundheitszustand der Insassen am Tag der Befreiung, den ein Sanitätsoffizier niedergeschrieben hat, nachdem er 24 Stunden mit den Insassen verbracht hatte, findet sich in: *W. R. F. Collis*, Belsen Camp, a Preliminary Report, in: British Medical Journal, 9. Juni 1945, S. 814–816.

Ein Vatersegen

[1] Mit dem Herannahen der Roten Armee wurden Tausende von Zwangsarbeitern kaltblütig umgebracht. Die Exhumierungen, die nach der Befreiung durchgeführt wurden, brachten in Hidegseg allein ein Massengrab mit 790 Körpern zum Vorschein; vgl. *R. L. Braham*, a. a. O., S. 342 f.

Ein Zeichen vom Himmel

[1] Das Konzentrationslager Stutthof befand sich ca. 35 km östlich von Danzig. Es existierte vom 2. September 1939 bis 9. Mai 1945. Im Frühjahr 1944 wurde es beträchtlich vergrößert und praktisch in ein Todeslager verwandelt. Neben dem Hauptlager wurden mehrere Nebenlager eingerichtet. Den größten Zuwachs an jüdischen Gefangenen erhielt es von Juni bis Oktober 1944, als mehr als 20 000 Juden, unter ihnen Elaine Seidenfeld, von Auschwitz nach Stutthof deportiert wurden. Siehe Arolsen, 1969, S. 221–240; *Obozy Hitlerowskie na Ziemiach Polskich* a. a. O., S. 492–506.

Eine Bobower Melodie

[1] Gesang und Tanz nehmen im Chassidismus eine einzigartige Stellung ein. Ein chassidischer Meister sagte einmal: „Wenn ich singen könnte, würde ich Gott zwingen, unter den Menschen zu weilen."

Ein Wunder im Kartoffelacker

[1] Eine große Gruppe von Häftlingen wurde schwerbewacht nach Kutno gebracht. Bei ihrer Ankunft wurden sie auf einen Zug verladen und nach Dachau verschickt, das sie am 9. August 1944 erreichten. Ungefähr ein Drittel der Insassen starb auf dem Todesmarsch.

Vierter Teil
Am Tor zur Freiheit

Die Blutplage

[1] Jer 3,14.
[2] Schemot Rabba 9/10.

„Ich beneide Sie"

[1] Jore-Deah, 376 ff.

„Bete für uns!"

[1] Ps 20,9.10.

Im Griff der heiligen Buchstaben

[1] Buchenwald wurde am 11. April 1945 von der Kampfgruppe der Sechsten Panzerdivision der US-Armee befreit; vgl. *Jaffa Eliach–Brana Gurewitsch* (Hrsg.), The Liberators (Center for Holocaust Studies, Brooklyn 1981), S. 16–25.
[2] Ebd. S. 20.
[3] Die Tora wird am Schabbatmorgen und -nachmittag sowie Montag und Donnerstag (zu biblischen Zeiten Markttage) und an Feiertagen in der Synagoge gelesen. Heutzutage ist es Brauch, die öffentliche Lesung in einem jährlichen Zyklus zu vollenden. Die fünf Bücher Mose sind in 54 Wochenabschnitte eingeteilt. Der Text in einer Sefer Tora, einer Pergamentrolle, wird ohne Vokale und liturgische Gesangszeichen geschrieben.

„Gott lebt hier nicht mehr"

[1] Im Jahre 1978 gründete der damalige Präsident der Vereinigten Staaten, Jimmy Carter, die nach ihm benannte Holocaustkommission, der die Aufgabe übertragen wurde, Vorschläge für eine würdige Gedenkstätte für die Opfer des Holocaust zu unterbreiten.

[2] Rema ist ein Akronym für Moses Isserles (1525 oder 1530–1572), einer der großen Gelehrten der polnischen Judenheit aus Krakau. Er war eine Autorität auf dem Gebiet der Halacha und der Sammlung von Gesetzestexten. Als seine erste Frau 1552 im Alter von zwanzig Jahren starb, ließ er ihr zu Gedenken eine herrliche Synagoge errichten, heute bekannt als die Remasynagoge.

[1] Über das Leben im Getto von Drohobycz siehe *L. Thorne*, a. a. O., S. 100–194.

[2] Ebd., S. 147–153.

[3] Dr. Thorne schrieb in diesem Keller sein Buch; vgl. S. 13–15.

[4] *L. Thorne*, a. a. O., S. 195–203.

[5] Es gab zahlreiche Pogrome gegen Juden in Polen. Das Bekannteste fand am 4. Juli 1946 in Kielce statt, als 41 Juden umgebracht wurden. Weitere Pogrome fanden schon früher statt, eines am 20. Oktober 1944; vgl. *Barkli/Alufi*, a. a. O., S. 67–70, 82–86.

[6] *Obozy Hitlerowskie na Ziemiach Polskich*, a. a. O., S. 302–312.

Elie Wiesel bei Herder/Spektrum

HERDER / SPEKTRUM

Judentum

Wolfgang Benz/
Werner Bergmann
Vorurteil und Völkermord
Entwicklungslinien des
Antisemitismus
Band 4577

Jakob J. Petuchowski/
Clemens Thoma
**Lexikon der jüdisch-christ-
lichen Begegnung**
Überarbeitete und erweiterte
Neuausgabe
Band 4581

Doron Arazi
**Itzhak Rabin – Held von Krieg
und Frieden**
Biographie
Band 4490

Evelyn Friedlander
**Ich will nach Hause,
aber ich war noch nie da**
Eine jüdische Frau sucht ihr
verborgenes Erbe
Band 4410

Grete Weil
Tramhalte Beethovenstraat
Roman
Band 4363

Hugo Ott
Laubhüttenfest 1940
Warum Therese Loewy
einsam sterben mußte
Band 4326

Vladimir Karbusicky
Jüdische Anekdoten aus Prag
Band 4241

Jakob J. Petuchowski
Es lehrten unsere Meister
Rabbinische Geschichten
Band 4132

Hartmut Stegemann
**Die Essener, Qumran,
Johannes der Täufer und Jesus**
Ein Sachbuch
Band 4128

Johann Maier
**Geschichte der jüdischen
Religion**
Band 4116

Jakob J. Petuchowski
Mein Judesein
Wege und Erfahrungen eines
deutschen Rabbiners
Band 4092

HERDER / SPEKTRUM